RESEARCH ON COMPETITION LAW

竞争法研究

肖小梅　著

法律出版社
LAW PRESS·CHINA
——北京——

图书在版编目(CIP)数据

竞争法研究 / 肖小梅著. -- 北京 : 法律出版社,
2023

ISBN 978-7-5197-8421-8

Ⅰ. ①竞… Ⅱ. ①肖… Ⅲ. ①反不正当竞争－经济法
－中国 Ⅳ. ①D922.294

中国国家版本馆 CIP 数据核字(2023)第 190390 号

竞争法研究
JINGZHENGFA YANJIU

肖小梅 著

责任编辑 马秋婧
装帧设计 贾丹丹

出版发行 法律出版社
编辑统筹 辞书·融出版编辑部
责任校对 晁明慧
责任印制 吕亚莉
经　　销 新华书店

开本 710 毫米×1000 毫米 1/16
印张 21　　字数 298 千
版本 2023 年 10 月第 1 版
印次 2023 年 10 月第 1 次印刷
印刷 北京建宏印刷有限公司

地址:北京市丰台区莲花池西里 7 号(100073)
网址:www.lawpress.com.cn
投稿邮箱:info@lawpress.com.cn
举报盗版邮箱:jbwq@lawpress.com.cn

销售电话:010-83938349
客服电话:010-83938350
咨询电话:010-63939796

书号:ISBN 978-7-5197-8421-8
定价:68.00 元

凡购买本社图书,如有印装错误,我社负责退换。电话:010-83938349

前　言

中国经济法的发展历程可谓独树一帜，在与世界经济法接轨的背景下，结合本国经济的发展实践，逐渐摸索出一套适合我国国情的经济法治体系。而随着我国经济逐渐步入高质量发展阶段，相应的经济法治要求也发生了变化。作为经济法重要组成内容之一的竞争法也应与时俱进，不断完善自身建设，为经济的高质量发展提供法治保障。

市场经济就是竞争经济，通过市场竞争可以有效配置市场资源，如何在市场经济稳定发展的同时保障市场经济的有序竞争，一直以来都是法律规制的难点所在。且有市场活动，就必然有管理，市场竞争秩序只有在监督之下才能有效运行。而无论是市场主体的行为活动，还是政府的监管活动，都离不开竞争法律的规制。综观世界，当今较发达的市场经济国家，竞争法规都较为成熟，如日本的《不正当竞争防止法》《关于禁止私人垄断和确保公正交易的法律》、德国的《反不正当竞争法》、美国的《谢尔曼法》《克莱顿法》《联邦贸易委员会法》等，其立法实践充分证明了竞争法规存在的合理性和必要性。建立规范的、符合中国国情的市场经济体制，离不开竞争法治的作用。中华人民共和国成立以后，由于我国长期实行高度集中的计划经济体制，经济社会发展的各个领域均受制于国家计划，在当时，并没有市场竞争机制发挥作用的基础。随着十一届三中全会确立了党和国家以经济建设为核心的工作重心和改革开放的基本国策，经济体制开始发生变化，竞争法开始出现。如 1980 年的《关于推动经济联合的暂行规定》，1981 年的《商业部关于严禁商品搭配的规定》，1982 年的《商标法》,1984 年的《专利法》等。而随着改革开放的不断深入,企业市场主体的作用日渐凸显,由于市场主体经济人理性的影响,各种不正当竞争手段相继出现。为商品经济的发展,我国于 1993 年制定了《反不正当竞争法》,其后又颁布了《广告法》《价格法》《反倾销和反补贴条例》《招标投标法》等。进入 21 世纪后,随着经济全球化的发展,国际竞争日益激烈,为进一步完善我国市场经济的发展,我国先后出台了《反倾销条例》《反补贴条例》《制止价格垄断行为暂行规定》《反垄断法》等,竞争法律体系得到进一步完善。由此可见,我国竞争法的发展是由个别走向全面,由国内法规逐渐向国际接轨的一个过程。但由于各方面因素的影响,我国的竞争法律制度本身还存在一些问题亟待完善。

综观我国已有研究,各学者从不同角度、不同领域、不同层面进行了竞争法治研究,但相对而言,基础理论研究较少,并不符合我国市场经济发展和法治建设的需要。且在我国经济法治逐渐完善的当下,竞争法学的研究也应当进入冷静和理性思考阶段,从整体上对中国竞争法学的发展进路进行检视和反思显得极为重要,唯有如此,才能发现原有竞争法学的不足,才能对中国的竞争法学有新认识,进而才能在新阶段确立起新的发展进路。基于此,本书从我国市场经济实践现状出发,讨论了竞争法的基本原理和具体规范制度的实际运用,着重研究了竞争法体系中的反垄断法和反不正当竞争法,以期为完善我国的经济法治作出贡献。

目　录

第一编　竞争法基础理论

第二编　反垄断法

第三编 反不正当竞争法

第一编　竞争法基础理论

第一章　市场规制法概述

竞争是市场经济的本质特征，良好的竞争秩序是市场经济健康发展的前提，但竞争发展的同时在刺激排除、限制竞争力量的产生和发展，从而影响竞争机制的正常发挥，因而需要竞争法对市场竞争秩序予以特别关注。竞争法构成了市场规制法的重要内容，欲学习竞争法，需先对市场规制法的基础理论有所了解。

第一节　市场规制的概念

一、市场规制的含义

市场规制是由“市场”和“规制”构成的一个复合名词，竞争在市场中进行，竞争法又体现了规制理念，因而，认识竞争法需先认识市场规制。

(一) 市场的概念

市场源于古时人们在固定时段或固定地点进行交易的场所的称呼，其起源和发展同社会分工和商品生产、商品交换的产生及其发展密切相关。当人类栖息地出现并且繁荣起来后，人们出于生活的需要，便有了交易的需求，由此需要有一个固定的地方可以让人们在此进行交易，从而形成集市，这样传统意义上的“市场”便形成了。后随着社会进步，社会化分工的加剧，不同生产者从事不同的劳动。为满足生产的需要，便产生了生产资料交换的需求，从而使一般劳动产品转化为商品,产品生产也转化为商品生产。正是在这一条件下,用来交换商品以满足不同生产者需要的市场应运而生。因此,市场与商品经济有着不可分割的内在联系。随着社会分工和市场经济的发展,市场的概念也在不断地发展、深化,体现出不同层次的多重含义。

市场的概念有狭义和广义之分,狭义上的市场是指买方和卖方聚集到一起进行商品交换的场所;广义上的市场则超出了时间和空间的限制,指为了达到某种交易目的,而由买方和卖方联系在一起的一个集合。依据不同的标准,市场可以被划分为不同类型,如资本市场、服务市场、金融市场、劳务市场、技术市场、信息市场、房地产市场、文化市场、旅游市场等。市场体系是由各市场组成的一个系统,涵盖了不同类型的市场,在市场体系中的各市场均有其特殊功能,它们相互依存、互相制约,共同作用于市场经济。而即便是同一类型的市场,也可作进一步划分,如资本市场,包括股票市场、债券市场和由此派生的商品期货市场、基金市场、银行间金融债券市场以及衍生产品市场等。且随着市场经济的发展变化,交易场所已变得不那么重要,虚拟经济的出现更是对实体经济产生了冲击。因而,现在所说的市场通常是指广义上的市场,既包括商品交换的场所,也包括各市场主体之间的交换关系乃至全部经济关系的总和,通常表现为市场主体对某种或某类商品的消费需求的集合关系。

(二)现代市场的基本特征

第一,跨区域的统一性。现代市场摆脱了古代市场地域的限制,市场资源可以跨区域流动,市场经济向区域经济和全球经济发展。一个统一市场有利于破除地区之间的贸易壁垒与市场分割,优化营商环境,促进商品与生产要素的有序流动,提高市场资源配置效率,不仅使消费者有更多的选择,促进消费者权益的保护,还能使企业有更好的选择,促进企业更好发展。

第二,竞争性。竞争(competition)是指各市场主体为了维护和扩大自身利益而采取的各种防御活动或扩张活动,努力在市场中创造竞争优势。一个竞争有效的市场不仅可以促进市场资源的有序流动,推动市场经济的健康发展,还可以推动科技进步,促进社会的全面发展。需要说明的是,严格的完全竞争状态在市场中并不存在,且其也不一定有利于市场健康发展,因而有效竞争的市场状态成为市场发展的关键。尽管什么是有效竞争的市场状态现在尚无定论,但通过对竞争市场模型的分析可以得到一些关于市场机制和资源配置的基本原理,一个竞争有效的市场至少应满足以下条件:

(1)市场上有适格的消费者和生产者。一个健康市场的发展需要有适格的消费者和生产者,商品生产的最终目的是消费,消费者决定着社会生产和再生产的目的、方向和前途,适格消费者可以保护消费者的合法权益免受非法侵害,促进市场经济的健康发展。同样,生产者作为市场经济的一端,在市场中发挥着作用,适格的生产者可以为市场提供充足的商品,推动市场资源的有序流动。

(2)促进市场资源的有序流动,不受壁垒限制,特别要注重要素资源的有序流动。要素资源流动是指自然资源、劳动力、资本、人才、技术、信息等生产要素可以在市场中有序流动,不受非法交易壁垒的限制。

(3)信息的对等性。这主要是针对消费者和销售者之间的信息传递,销售者相较于消费者而言,在市场中往往居于优势地位,在资本、技术等方面具有优势,掌握的市场信息远超消费者,销售者基于经济人理性往往会滥用这些市场优势,侵害消费者的合法权益,因而保障市场信息的对等性是促进市场有效竞争的关键。

第三,有效的市场治理体系。一方面,市场可以对市场主体的违规行为进行处罚,市场主体间的互动可以成为一种有效的合规方式,交易相对方、同业竞争者、行业协会、消费者组织等市场主体的监督与执行可以构成市场治理体系的一部分,促进市场经济的健康发展。另一方面,市场主体的经济人理性和机会主义倾向也会导致其无序竞争,而规范、法律规章和其他环境要素可以作为外部规制促进市场经济的健康发展。这要求完善行政执法、行业自律、舆论监督、群众参与相结合的市场治理体系。

(三)规制的概念

"规制",是日本学者从英文 regulation 或者 regulatory constrain 翻译而来的

术语，其含义是“规范、制约”或者“根据规范的管理”。在中国，有人将 regulation 翻译为“管制”或“监管”，具有强烈的行政主义色彩。在汉语词汇中，“管制”或“监管”的主体一般是政府，具有鲜明的强制性特征。因而，狭义上的管制仅指政府对经济行为的管理或制约。而“规制”更接近英文原义，“规制”有以规则、规章、法规从市场主体外部对市场主体及市场行为进行规范和控制之意。[1] 它所强调的是通过各种规章制度对市场主体的行为进行约束和规制来促进市场经济的发展，因而规制主体的身份并不具有唯一性。市场主体也可以通过契约、知识、资本等方面的优势来获得对其他市场主体的规制力量。正因为主体上的差异，管制与规制的含义并不相同，二者并不能同义替换。规制最早可追溯到 19 世纪初的英国工厂法，但公认的现代规制的开端是美国 1887 年的《州际贸易法》，这是第一部规制市场经济的法律，因而具有建设性的意义。

规制依力量来源不同，可以将其分为公权力规制和非公权力规制。公权力规制是指为了社会公共利益而赋予一定组织规制市场的权力，这个组织通常是政府，因其权力行使有国家强制力的保障，所以称为公权力规制。政府不仅可以直接规制市场，还可以通过依法授权赋予一定的社会组织规制市场。非公权力规制通常是指不是由国家强制力保障实施的规制，如企业内部规制，企业的存在为个人或群体提供了一块相对受保护的飞地，而外部规制只能解决企业外部的冲突，并不会介入企业内部的纠纷。相应地，冲突双方必须在企业内部解决矛盾，内部组织通常因契约或管理权限而获得了规制权。此外，按照不同的划分标准，规制也可以划分为不同类型，如依规制目的不同，可以划分为竞争性规制和保护性规制；依规制方式不同，可以划分为直接规制和间接规制；依规制内容不同，可以划分为社会规制、经济规制等。

因而，所谓规制，是指具有规制权力的组织依一定的标准或一定的程序对构成特定社会的个人或者构成特定组织的市场主体进行强制、禁止、限制的活

[1] 薛克鹏主编：《经济法学》，中国政法大学出版社 2018 年版，第 135 页。

动。其规制权力既有法律赋予的正式权力,也有基于契约、管理经验、资本等获得的非正式的规制权。尽管规制可能产生激励、促进作用,但与治理不同,规制方式仍体现的是禁止性的强制活动,被规制者通常并不具有讨价还价的能力。

(四)市场规制的概念

市场规制即对市场进行规制,通常是指国家有权机关依法对市场主体进行监管、规范的活动,从而保障市场的有序竞争,促进市场经济的发展。市场规制的概念同样有广义和狭义之分,广义上的市场规制是指国家权力机关对市场的规制,而狭义上的市场规制通常特指行政规制,是指市场监管机关依法对市场主体的行为进行监督管理的活动。一般而言,市场规制指向的是特定市场主体,该主体的行为一般对国民经济具有重要影响,如果放任其无序发展,将会影响整个市场。市场规制较多采取的是确认、许可、禁止、排除、限制等行为,对市场主体的规制往往具有强制性,市场主体往往不具有讨价还价的余地。需要说明的是,市场规制与宏观调控是国家为实现特定目标而干预市场的两大手段,二者相互作用,共同推进市场经济的发展。但国家规制也存在一定的缺点,"国家并不是一个具有无所不在、正确无误天赋的神圣建筑,我们没有丝毫理由认为政治市场一定比经济市场更道德、更公正、更人道"[1],即国家规制也可能存在权力滥用现象,为了防止国家权力的滥用、误用,需要给国家权力的行使划定合理限度。而"法律是最杰出的智慧……经由光明与真理的检验精致而优雅"[2],以法律规制规范政府权力的行使成为市场规制的必然。

二、市场规制理论概述

市场规制的理论演变经历了三个理论基础,即公共利益理论、俘获理论和新兴市场规制理论。公共利益理论认为市场规制的原因在于市场失灵,市场的规制力量不足以应对市场风险,需要政府介入进行纠正。而俘获理论则认为市

〔1〕[法]亨利·勒帕日:《美国新自由主义经济学》,李燕生译,北京大学出版社 1985 年版,第 314 页。

〔2〕[英]沙龙·汉森:《法律方法与法律推理》(第 2 版),李桂林译,武汉大学出版社 2010 年版,第 19 页。

场规制和市场失灵之间并没有必然的关系。施蒂格勒通过研究发现受市场规制的产业并不比无市场规制的产业具有更高的效率和更低的价格,[1]因而市场规制的原因在于政府被市场利益所俘获,即规制者被利益集团以最大化自己的利益所诱惑而行使规制权,其前提在于国家和市场主体都具有最大化效用理性。新市场规制理论包括激励规制理论、可竞争市场理论和新制度经济学规制理论、寻租理论等。下面就一些相关理论进行介绍。需要说明的是,尽管政府失灵理论并不直接构成市场规制的来源,但鉴于市场规制也可能存在失灵,因而也对其进行了介绍。

(一)市场失灵理论

市场失灵是指市场机制在调节资源配置的过程中发生失灵,即市场本身具有的局限性导致其不能发挥市场配置的作用。首先,市场经济的本质是自由竞争的经济,市场主体的行为完全是自发的,市场资源也主要是通过市场机制的引导来让市场主体进行有效配置与组合。但"人们奋斗所争取的一切,都同他们的利益相关"[2],市场主体的经济活动也不例外。人的本性中既有值得信任的一面,也有机会主义的一面。[3] 为了获取足够的利益,市场主体可能会滥用其在市场中的权利,由此引发市场失灵。即市场主体作为典型的经济人,在理性主义的指导下更可能追求自身利益的最大化。他本身的逐利性在市场经济中展现得淋漓尽致,在外在竞争机制的压迫下其更可能以竞争制胜为目标,由此决定相应的市场行为。其次,市场经济也是社会的一部分,在以竞争制胜为目标的市场经济中,市场主体可能会忽略了其社会责任。即作为社会中独立存在的个体,市场主体的行为不仅会对市场经济产生影响,还会影响社会的发展。因而,市场主体的行为又必须符合社会发展之实际承担起其社会责任。但

---

〔1〕 See George Stigler, *The Theory of Economic Regulation*, 2 The Bell Journal of Economics and Management Science 3, 1971.

〔2〕 中共中央马克思恩格斯列宁斯大林著作编译局编译:《马克思恩格斯全集》(第1卷),人民出版社1995年版,第82页。

〔3〕 [美]约翰·克劳奈维根编:《交易成本经济学及其超越》,朱舟、黄瑞虹译,上海财经大学出版社2002年版,第5页。

市场主体的经济人理性又可能导致其一味追求自身利益的最大化而忽视了其社会责任,因此市场主体的经济理性与其社会性的矛盾天然存在。如何最大限度地保持二者的平衡,一直是学界研究的重点。

实际上,市场运行的本质就是在不断调整市场主体的经济人理性与其社会性平衡的过程。理想状态下,二者的平衡不仅可以满足私主体个人自身的需要,还能满足社会整体的需要。但在现实生活中,二者并不总是一直平衡的,甚至市场主体的经济人理性往往占据上风,尤其是在缺少监督处罚机制的情况下,市场主体的经济人理性往往更甚。如何保障市场经济既追求经济增长的最大化,又保障对社会整体的促进作用成为现代经济发展的难点所在。

根据经济学上的市场失灵理论,市场的缺陷主要包括垄断、信息不对称、外部性、公共物品、非价值物品、收入分配不公等。一方面,市场并不能一直保持国民经济的健康发展。市场调节往往具有后发性,并且具有相当程度的自发性和盲目性,由此可能产生周期性的经济波动和经济总量的失衡。另一方面,自由放任的市场可能会产生垄断,且市场机制也很难补偿和纠正经济外部效应,满足公共物品的供给,也可能造成收入分配不公和贫富两极分化。下面就部分具体问题进行分析说明:

(1)垄断。垄断是自由竞争发展到一定程度必然产生的后果。一方面,因为生产的边际成本决定了市场价格。通常而言,生产成本越低,越有利于市场主体的竞争,越有利于市场主体获得优势地位,从而进一步获得垄断地位,市场主体也可以通过联合、合并、兼并等手段获得垄断地位。另一方面,获得优势地位的企业也会采取措施进一步巩固其地位,从而限制市场的有效竞争。但垄断并不一定对市场经济有害,在经济发展初期,垄断更有利于市场经济的发展转型,但到了市场经济成熟期,垄断就可能会阻碍市场经济的发展。完全竞争理论认为,市场只有在竞争中才可能迫使经营者降低价格,进而从事研发以降低成本,满足消费者的需求,从而实现最佳的生产效率,而垄断会妨碍市场竞争,因而必须对其进行限制。但我们应当看到,并不是所有的垄断都必须禁止,如自然垄断对社会就是有利的。基于资源的稀缺性和规模效应,某些行业由单个或几个垄断企业进行供给比由多个企业展开竞争更有效率，如供水、电力、煤气、热力供应、电信、铁路、航空等行业。此外，知识产权行业的合理垄断也有利于激发市场主体的创造力去促进市场竞争。但对于社会无利的垄断当然要禁止。对社会无利的垄断是经营者凭借经济优势和行政权力，以独占或有组织联合等形式，限制和排斥竞争操纵或支配市场的行为。[1] 一方面，趋利避害是人的天性，为争取自身利益的最大化，市场主体可能会滥用市场支配地位，使不受监督的垄断给社会带来损害。另一方面，行政机关也具有经济人理性，也可能产生权力寻租的现象。

(2)信息不对称。信息不对称是指市场交易双方就特定交易所掌握的信息是不对等的，既包括信息的不完全、不真实(交易双方对交易信息的了解、掌握程度存在明显的差异)，也包括交易双方应对信息的能力存在差异。这种信息不对称将可能导致逆向选择、道德风险、代理人问题、事前的选择问题、事后的隐藏行为与核查成本等问题。[2] 信息的不对称更易导致负外部效应，而市场机制通常无法有效应对负外部效应带来的危害。所谓外部效应，就是指在市场经济中，某一市场主体的行为会对另一市场主体产生某些影响，而另一市场主体并不需要对此付费。外部效应有正外部效应和负外部效应之分，正外部效应是指所产生的影响是有利于市场经济发展的，负外部效应则相反。外部效应体现最为明显的是公共产品的提供，公共产品的社会效益明显，社会公众享受公共产品的服务，但并不因此付费。但市场主体囿于经济人理性，在投资某个行业时，通常会进行“成本—效益”分析，当市场主体采取行动的收益小于行动成本时，虽然该活动对社会有益，但因市场主体无利可图，往往也不会采取这项行动。这类外部效应一般不可能通过市场价格表现出来，当然也就无法通过市场机制进行调整。

(3)收入分配的问题。通常而言，市场经济中涉及的分配是初次分配，而竞争规律往往导致强者越强，弱者越弱，财富越来越集中，收入差距越来越大。

---

[1] 杨紫烜主编:《经济法》(第3版)，北京大学出版社、高等教育出版社2009年版，第8页。
[2] 刘媛:《金融消费者法律保护机制的比较研究》，法律出版社2012年版，第112页。

市场的自发机制虽能促进市场经济效率的提高和生产力的发展,但并不能自动解决社会分配不公的问题。且市场企业基于自身利益的需求,还可能把社会风险转嫁给个人,从而导致初次分配不公的问题。如企业通过以可变报酬(佣金和以业绩为基础的红利)进行支付就可将风险转嫁给员工。此外,对于一些不可用价值来衡量的物品如果任由其自由交换,如婴儿、妇女、性、人体器官、生命等,将会给社会带来极大危害,会使人类社会的基本安全、道德、人伦等作为人和人类社会存在的基本条件受到严重伤害。[1]

总而言之,如果放任市场自由发展,将可能导致市场失灵。但需要注意的是,市场失灵并不一定都需要政府来弥补,许多市场失灵完全可以通过市场机制本身来修复。自20世纪60年代以来,许多经济学家就已经认识到市场失灵并不一定意味着政府干预,认为市场失灵并不是把问题转交给政府去处理的充分条件,在许多情况下,市场失灵可以通过市场力量进行矫正。问题的产生总是与问题的解决机制相伴而生,在垄断、外部性、公共物品、信息不对称和分配不公等因素阻碍市场有效运行之际,也产生了维护市场有效运行的机制,如市场的信用评价机制、市场处罚机制等,这些市场矫正力量在一定程度上能修复市场失灵。但"市场可以是我们驾驭下的一匹好马。但是马无论怎么好,其能量总是有个极限的"[2],因此,还需要引入规制力量更强的国家力量。公权力介入自由竞争的社会经济领域有一定的合理性,其以中立的第三方介入,更能解决市场所不能解决的问题,从而形成更有利于市场发展的社会经济关系。

(二)政府失灵理论

市场失灵理论为政府干预提供了理论来源,但政府干预也可能存在失灵,具体表现为政府干预失位或干预错位。"概括地讲,政府失灵包括以下几种情况:(1)由于行为能力和其他客观因素制约,政府干预经济活动达不到预期目

〔1〕 何立慧:《经济法问题研究》,经济科学出版社2008年版,第7页。

〔2〕 [美]马丁·费尔德斯坦编:《转变中的美国经济》(下册),彭家礼、徐鸣等译,商务印书馆1990年版,第738页。

标;(2)政府干预经济活动达到了预期目标,但效率低下,或者说成本昂贵,从而导致资源并未得到充分有效地利用;(3)政府干预经济活动达到了预期目标,也有较高的效率,但都带来不利的事先未曾预料到的副作用;(4)某些外部性问题或国际性经济贸易问题,一国政府无能为力加以解决,如核利用中的污染问题,国际贸易纠纷问题等。"〔1〕究其原因,是因为政府也存在经济人理性,也会利用权力进行寻租。即政府代表并不能一直保持对公共利益的保护,其也有利益诉求,也可能会因私益而对公共利益造成侵害。市场主体可以通过金钱贿赂、利益输送等方式寻求政府权力机关的违法照顾,从而保护其违规竞争。成功的寻租行为可以增加该市场主体的利益,但往往会损害社会的整体利益,甚至损害政府的权威性。政府机关也可能因为私人利益、国家利益,滥用强制权力阻碍市场有效竞争,如不公正的产品封锁、不公正的市场进入规则、不公平的市场退出机制等。

同时,政府在规制市场失灵时,其适配性也存在一定问题。一方面,政府并不直接参与市场竞争,对市场的敏感度较低,往往很难及时发现市场失灵。且政府职能不到位和监管机制不健全容易使政府行为出现高指标倾向,在调节方式上偏好于直接控制,偏好于行政管理,相对忽视经济方法和法律方法,这些都会影响资源的合理配置及经济结构的协调。另一方面,从现有的政府规制来看,通常以事后的强制性规制为主,其救济能力有限,并不能及时满足市场经济发展的需要。如对于垄断而言,政府规制的目的是使"生产者不通过限制产量、提高产品价格的方法剥削消费者,也不通过限制工人人数、降低工资的办法剥削劳动力(或其他生产要素)"。〔2〕 而从政府的规制手段来看,无论是市场规制手段,还是宏观调控手段都会对市场机制造成破坏,如设置过多的企业管理权限(行政审批等),因而政府干预也需要适度,即政府干预中不恰当的激励或规制都可能导致市场资源配置的失灵。

---

〔1〕 陈秀山:《政府失灵及其矫正》,载《经济学家》1998 年第 1 期。

〔2〕 [英]詹姆斯·E.米德:《效率、公平与产权》,施仁译,北京经济学院出版社 1992 年版,第 167 页。

(三)效率理论

市场规制的核心是为了维护有序的市场竞争秩序,提高市场运行效率,因而效率必然影响市场规制。且我国市场规制的理论来源并不是西方国家的"双重失灵理论",这与我国市场经济的发展脉络息息相关。在20世纪50年代,伴随我国国民经济的逐渐复苏、"一五计划"的实施以及"三大改造"的完成,我国的计划经济体制逐步确立,这要求建立与之相适应的经济管理体制,市场规制便成为当时国家规制的选择。后随着改革开放进程的不断加快,我国为应对外来经济的冲击和促进我国市场经济的发展,开始培育一批现代化企业,这也要求国家加强市场经济的规制。由此观之,市场规制与我国的经济改革密切相关。即"基于维护社会公共利益或者全局性利益之考虑,国家将其意志不断深入社会经济生活,并在此基础上形成国家经济的干预法律制度,这是本世纪(指20世纪)30年代以来各国经济、政治和法律等领域中所呈现的最为耀眼的现象之一。"[1]尽管计划经济与市场经济存在较大差异,但效率一直为经济发展所必需。因而,市场规制的理论来源一定有效率理论。效率,即指投入最小,产出最大。效率原理在市场规制中的体现主要表现在规制手段"成本—效益"的分析上,即规制手段的花费越小,产生的规制效果越好,越符合市场规制的效率理论。当然如果一味追求效率,而忽视了公平原则,也容易导致规制权力的滥用、误用。市场本身就存在着盲目性、滞后性等缺点,如果在资源配置时放任市场主体追求效率,也可能导致市场环境的破坏,因而也需要政府干预进行矫正。

由于资源的稀缺性,如何有效配置市场资源一直是市场经济发展的关键。根据资源配置主体的不同,可以将其分为政府配置和市场配置两种模式。政府配置是指政府通过国家手段直接对资源进行的配置,包括计划、指标、配额、许可证、投标等。而市场配置则是由市场竞争进行配置,"优胜劣汰,适者生存",强调效率优先的原则。在计划经济时代,主要采取政府配置模式,政府垄断了

---

[1] 卢代富、吴春燕:《企业运行中的国家干预法律制度研究》,载《现代法学》1998年第6期。

资源,有利于形成规模效应,在初期也有利于提高配置效率。但政府过多地参与配置,容易导致腐败,政府控制的资源越多,政府工作人员权钱交易的机会就越多;也容易导致资源浪费,政府在资源配置中如果没有相应的监督和约束机制,加之市场信息不足,更容易导致决策失误、浪费资源等;还容易导致效率低下,在初期虽有利于发挥规模效应,但由于缺少监管机制,更容易产生权力寻租等。在市场经济中,由于片面强调市场配置,或政府配置存在一定瑕疵,基于配置效率的考量,需要发挥市场在资源配置中的决定性作用,更好发挥政府作用。

第二节　市场规制法的基本内容

一、市场规制法的概念

简单地说,市场规制法就是对市场主体及其行为进行法律规范的总称。国内外关于市场规制法的称谓并不统一,如市场调控法、市场秩序规制法、市场运行法、市场管理法、市场障碍排除法、市场规制法等。虽称谓不同,但其涵盖的内容大体相同,规制的对象都是市场主体及其行为,规制目的都是规范市场行为,维护市场秩序,保护和促进公平竞争。良好的市场竞争秩序,不仅是促进市场经济健康发展的关键,还是保护社会弱势群体之必需,是实现公平正义和社会整体效益的必要途径。市场规制法正是为实现这一目标而实施的法律,它遵循干预适度原则、公平竞争原则、保护弱势群体原则等,维护市场竞争秩序,保护消费者的合法权益,促进市场经济的健康发展。

二、市场规制法律关系

(一)市场规制法律关系的主体

总体上看,市场规制法的主体是由依法享有规制权和依法承担义务的自然人、法人、非法人组织等组成,因而可以将市场规制法律关系的主体划分为规制主体和规制受体。

1. 规制主体

根据市场失灵理论，为避免市场缺陷导致的市场救济之不能，需要引入国家干预；效率理论也证明了国家干预在一定程度上能提高市场效率。且不同于经济学上的市场规制，法律规制权的行使必须有一个可供信赖、具有强制力保障实施的组织来行使。历史的实践已经证明，国家作为公共利益的代表，应当承担起社会规制的责任。如我国《消费者权益保护法》的法律关系主体除经营者和消费者外，还包括国家。该法第 5 条规定，“国家保护消费者的合法权益不受侵害。国家采取措施，保障消费者依法行使权利，维护消费者的合法权益。国家倡导文明、健康、节约资源和保护环境的消费方式，反对浪费”；第 6 条规定，“国家鼓励、支持一切组织和个人对损害消费者合法权益的行为进行社会监督”。第四章更是进一步明确了国家对消费者合法权益保护的职责，具体划分了各政府机关相应的保护职责等。《反垄断法》的法律关系主体除经营者、行业协会、交易相对人外，也包括国家。该法第 5 条规定，“国家建立健全公平竞争审查制度”；第 11 条规定，“国家健全完善反垄断规则制度，强化反垄断监管力量，提高监管能力和监管体系现代化水平，加强反垄断执法司法，依法公正高效审理垄断案件，健全行政执法和司法衔接机制，维护公平竞争秩序”；后续的相关条文也进一步明确了反垄断委员会、市场监督管理局等政府机关的相应职责。其余的市场规制法律中也有关于国家的条款，因而国家应是市场规制法的主体。需要说明的是，囿于国家是个抽象的概念，除国际法上有具体条款说明外，在各国的具体法律规定中，国家职责的落实通常具体到政府相关部门，因而，国家的概念在一定程度上与政府趋同。即国家作为规制主体是由相应的国家机关组成，包括立法机关、行政机关、司法机关等，涵盖了政府的概念，而政府作为实际规制权的行使者，当然享有市场规制权。

2. 规制受体

市场规制法的规制受体是指参与市场活动的自然人、法人、非法人组织等，如《反垄断法》第 15 条规定，“本法所称经营者，是指从事商品生产、经营或者提供服务的自然人、法人和非法人组织”，具体指经营者，行业协会，交易相对人，滥用行政权力排除、限制竞争的行政机关和法律、法规授权的具有管理公共事务职能的组织等；《消费者权益保护法》第 2 条和第 3 条规定，“消费者为生活消费需要购买、使用商品或者接受服务，其权益受本法保护；本法未作规定的，受其他有关法律、法规保护”，“经营者为消费者提供其生产、销售的商品或者提供服务，应当遵守本法；本法未作规定的，应当遵守其他有关法律、法规”，具体指消费者和经营者。尽管各市场规制法的规制受体称谓不同，但总体指消费者和经营者。经营者作为典型的理性经济人，在市场经济中居于主体地位，且其往往具有强势地位，因而是市场规制法规制的重点所在。造成“强者”地位的原因有多种，包括市场信息的不对称、经济实力的差距、救济力量的差异等，经营者往往以其在该行业的专业水准、资本积累等方面的优势，在市场中居于强势地位。且强者地位与弱者地位是相对的，如在消费者权益保护法律关系中，经营者通常具有强势地位，消费者处于弱势地位；在反垄断法律关系中，大企业往往处于强势地位，而中小企业则处于弱势地位。而消费者通常在市场中处于弱势地位，通常市场规制法的目的便是保护弱势群体的合法权益。此外，行业协会和社会团体组织可以看作经营者在意思自治基础上构成的为维护群体利益构成的组织，如果这些组织实施排除、限制竞争的行为，也应受到市场规制法的规制。

（二）市场规制法律关系的内容

市场规制法律关系的内容主要是指依照法律规定，具体主体所享有的权利义务关系。具体表现为：（1）规制主体享有权力—义务关系，规制受体享有权利—义务关系。需要说明的是，规制主体所享有的是权力，迄今为止有三大关于权力来源的学说——神授君权学说、契约学说和马克思主义的工具学说〔1〕，而我国的国家权力源于人民，权力机关及其工作人员只能在人民授权的法定范围内行使国家权力。规制受体所享有的是权利，既有自然权利，也有法定权利，

〔1〕 胡承槐：《关于国家权力来源的三种政治哲学的比较分析》，载《浙江社会科学》2004 年第 6 期。

权力与权利并不相同。而义务则是与权力、权利相对应的内容。(2)无论是规制主体,还是规制受体,如果违反法律的规定必然要承担相应的法律责任。如《反垄断法》不仅规定了经营者的法律责任,还规定了政府机关的法律责任。第61条规定,“行政机关和法律、法规授权的具有管理公共事务职能的组织滥用行政权力,实施排除、限制竞争行为的,由上级机关责令改正;对直接负责的主管人员和其他直接责任人员依法给予处分。反垄断执法机构可以向有关上级机关提出依法处理的建议。行政机关和法律、法规授权的具有管理公共事务职能的组织应当将有关改正情况书面报告上级机关和反垄断执法机构。法律、行政法规对行政机关和法律、法规授权的具有管理公共事务职能的组织滥用行政权力实施排除、限制竞争行为的处理另有规定的,依照其规定”;《消费者权益保护法》也是如此,第61条规定,“国家机关工作人员玩忽职守或者包庇经营者侵害消费者合法权益的行为的,由其所在单位或者上级机关给予行政处分;情节严重,构成犯罪的,依法追究刑事责任”等。(3)利益相关方受到侵害后,可以依法向实施主体请求损害赔偿,同时有权请求行政机关、司法机关、行业协会等组织的帮助,体现最为明显的是消费者合法权益的保护。如我国《消费者权益保护法》第39条规定,消费者与经营者发生消费者权益争议的,可以通过以下途径解决,“(一)与经营者协商和解;(二)请求消费者协会或者依法成立的其他调解组织调解;(三)向有关行政部门投诉;(四)根据与经营者达成的仲裁协议提请仲裁机构仲裁;(五)向人民法院提起诉讼”。(4)国家监督管理机关负有监督管理的义务,可以查处有碍市场运行、发展的行为,并有义务帮助受侵害对象寻求救济。如《保险法》第9条规定,“国务院保险监督管理机构依法对保险业实施监督管理。国务院保险监督管理机构根据履行职责的需要设立派出机构。派出机构按照国务院保险监督管理机构的授权履行监督管理职责”。第六章更是专门规定了保险业监督管理。《产品质量法》第8条规定,“国务院市场监督管理部门主管全国产品质量监督工作。国务院有关部门在各自的职责范围内负责产品质量监督工作。县级以上地方市场监督管理部门主管本行政区域内的产品质量监督工作。县级以上地方人民政府有关部门在各自的职责范围内负责产品质量监督工作。法律对产品质量的监督部门另有规定的，依照有关法律的规定执行”等。

三、市场规制法的特征

市场规制法具有下列特征：

(1)市场规制权的行使必定是法律赋予的，必然在法律权限内进行。规制的实质是限制私权和自由，干涉市场机制，因而必须以法律形式明确规制权如何行使。市场监管主体虽有权对市场主体进行规制，但其规制权行使必然受法律限制。即监管机关必须根据法律法规的规定设立，并依法取得和行使其市场规制权，并对其规制行为的后果承担相应的责任。没有法律规定，监管机关不得以任何形式规制市场，干扰市场正常的竞争秩序。

(2)市场规制法的规制对象是市场主体及其行为，主要包括经营者、消费者和劳动者，其中经营者是规制重心。尽管市场经济活动是在意思自治、契约自由的基础上进行的，但由于市场主体的经济人理性和主体间的不对等性，会导致市场强势主体滥用其优势地位，损害弱势群体的合法权益，破坏有序的市场竞争秩序，因而市场规制法要对这些无序竞争进行规制。且传统法律规制的对象只限于市场主体，不包括政府在市场中的活动，而市场规制法则超出了传统法律规制的限制，也对政府在市场中的经济活动进行规制，如《反垄断法》《价格法》《政府采购法》《中国人民银行法》分别对行政垄断、政府定价、政府采购和货币政策行为进行了规制。

(3)市场规制法具有强制性，其主要手段是禁止、限制、强制和惩罚等措施。现实实践已充分证明，以契约自治、意思自由为主形成的协商、自治、撤销合同、否认合同效力或民事责任等私法手段已经无法解决市场失灵，而传统的公法规制手段又会对市场造成严重的损害，因而从规制成本—效益考量，以社会公益为基础的经济法更适合规制市场。国家为了维护和监管市场竞争，通过制定强行性的法律规定，设立专门机关对市场竞争进行监管，设置严厉的制裁措施预防和制裁市场主体违背市场规律的经济行为。如禁止性规范，通过禁止生产、销售不符合保障人体健康和人身、财产安全的标准和要求的工业产品，或者通过禁止经营者与交易相对人达成垄断协议等方式保障有序的市场竞争机制，保护弱势群体的合法权益，促进市场经济的健康发展。

(4)市场规制法的目的是维护社会公共利益。市场规制法之所以对无序的市场竞争秩序进行规制，其核心目的是保护市场的公平竞争秩序，保护弱势群体的合法权益，促进市场的健康发展，从而促进社会的发展进步，因而市场规制法的根本目的是维护社会公共利益。从具体市场规制法来看，尽管各法律保护的法益有所差别，如《消费者权益保护法》的目的是保护消费者的合法权益，维护社会经济秩序，促进社会主义市场经济健康发展；《产品质量法》的目的是加强对产品质量的监督管理，提高产品质量水平，明确产品质量责任，保护消费者的合法权益，维护社会经济秩序；《中国人民银行法》的目的是确立中国人民银行的地位，明确其职责，保证国家货币政策的正确制定和执行，建立和完善中央银行宏观调控体系，维护金融稳定；《电子商务法》的目的是保障电子商务各方主体的合法权益，规范电子商务行为，维护市场秩序，促进电子商务持续健康发展……但通过提取最大公约数，可以得到市场规制法的直接目的：一是维护市场秩序；二是保护经济弱势群体；三是提高市场经济效率。

四、市场规制法律体系

市场规制法是由诸多单行法律规定构成的，主要以反垄断法、反不正当竞争法和消费者权益保护法为主要内容，其目的是促进公平竞争，维护市场秩序，防止市场失灵。根据不同的划分标准，市场规制法律体系也可以划分为不同类型，如根据规制内容，市场规制法可以划分为对市场交易行为规制的法律制度、对市场竞争行为规制的法律制度和对损害消费者权益行为的法律规制。而根据其适用范围，市场规制法可以划分为一般市场规制法和特定市场规制法两类。

(一)一般市场规制法

一般市场规制法可以适用于所有的市场，通常包括竞争法和消费者权益保护法等，下面进行举例说明。

竞争法是规制市场竞争的法律，通常包括反垄断法和反不正当竞争法。各国关于竞争法的规制虽立法体例不同，但规定内容大体相同，即有些国家以反不正当竞争法涵盖竞争法的所有内容，也有些国家以反垄断法涵盖竞争法的所有内容，还有些国家通过分别立法规制市场竞争。我国在1993年颁布了《反不正当竞争法》，由此拉开了竞争法律制度建设的帷幕，2007年制定《反垄断法》标志我国竞争法律体系基本完成。

消费者权益保护法是以保护消费者合法权益为核心的法律体系，囿于消费者市场主体地位的重要性和其弱者地位，世界各国（地区）都对其进行了倾斜保护。消费者权益保护最早产生于20世纪初，最早的立法是1968年的日本《消费者保护基本法》，而我国的《消费者权益保护法》颁布于1993年，其后又颁布《产品质量法》等，由此形成了以《消费者权益保护法》为核心的消费者权益保护体系。

（二）特别市场规制法

特别市场规制法主要是对某一领域或某一行业进行特别规制的法律，其法律规制并不具有普适性。主要包括金融市场监管法、房地产市场监管法、电信市场监管法、涉外市场规制法等。例如：

金融市场监管法是对金融市场进行金融监管的法律，包括金融消费者权益保护法、金融经营者规制法和金融市场规制法的法律法规的总称。金融市场主要包括证券业、银行业、保险业、信托业等。具体而言，相关的法律法规主要包括《证券法》《商业银行法》《保险法》《信托法》《银行业监督管理法》《反洗钱法》《外资银行管理条例》等。

房地产市场监管法是对房地产行业进行监管的法律规范的总称。房地产是个综合的概念，从语义上看，既包括房产，也包括土地，囿于房地产业对经济发展的重要性，世界各国都对房地产行业进行了严格监管。如美国1976年的《联邦土地政策及管理法》，英国1965年的《租金法》、1972年的《住宅财政法》，德国的《征集土地法》《城市建设促进法》《住宅建筑法》等。我国的相关法律法规包括《城市房地产管理法》《土地管理法》《城市房地产开发经营管理条例》等。

电信市场监管法主要是对电信市场进行监督管理的法律规范的总称。电信是信息化社会的重要支柱,电信行业的发展关乎国计民生。域外的电信市场监管法如英国的《电信法》,欧盟的《电子通信网络和服务的共同管制框架》等。我国相关的法律法规包括《电信条例》《电信业务经营许可管理办法》《互联网信息服务管理办法》等。

第三节　市场规制法的发展脉络

近年来,我国经济法的发展十分迅速,在借鉴域外先进经济法立法经验的基础上,结合我国市场经济发展之实际,构建了适合我国基本国情的经济法体系。市场规制法作为经济法的重要组成部分,在保护市场经济秩序,促进市场经济健康发展方面发挥了重要作用。在对市场规制法进行新探索的前提是对既有理论进行梳理。

大约在 30 年前,还有很多民商法学者认为经济法规制的内容仍属于民商法的范畴,认为民商法是调整市场经济的基本范畴,经济法并不是一个独立的法律部门;行政法学者也认为经济法属于行政法的特别法,经济法规制的内容仍是由行政强制权行使的。市场规制法与宏观调控法虽构成经济法的重要内容,但由于民商法与行政法狭隘的部门法思想,仍将其划分到各自部门法的内容中去。加之过去经济法研究视角上的问题,将一些本不属于经济法研究的内容也纳入经济法的研究体系中,加大了经济法体系的争议。为此,需从经济法的发展历史出发,通过系统梳理厘清经济法的界限,为市场规制法的探讨提供理论基础。

作为独立法律部门的经济法,是在“一战”后产生的。在“一战”期间特别是战后，各国均规定了大量干预市场的法律，有直接以经济法命名的法规，如德国1918年颁布的《战时经济复苏令》，1919年颁布的《煤炭经济法》和《钾盐经济法》等。但作为传统意义上的国家干预市场之法其实很早就有了，如我国古代的盐铁官营制度，只是并未形成系统的法律法规，而到了近现代才逐渐成型。下面，结合资本主义的发展历史进行详细介绍。历史地看，资本主义的发展大概经历了自由资本主义、私人垄断资本主义和国家垄断资本主义三个阶段。与之相适应，调整市场经济的法律，也经历了从民商法、行政法、市场规制法与宏观调控法相结合的一个发展历程。

一、自由资本主义时期：民商法的繁荣时期

自由资本主义（laissez-faire capitalism）是指以自由竞争为主的市场结构，是市场经济发展的初级阶段。在这个时期，国家通常不会主动干预市场经济的发展，而是采取自由放任的政策，由市场竞争机制发挥市场资源配置的作用，国家通常扮演一个“守夜人”的角色。从16世纪到19世纪70年代，资本主义的发展大概处于自由竞争时期，这个时期资本主义的原始积累已经基本完成，原来国家的重商主义和国家干预的一些政策已经阻碍了资本主义的发展，在这种情况下，主张经济自由的思想开始萌芽。在这一时期，亚当·斯密（Adam Smith）的自由放任主义大行其道，成为资本主义发展的主要指导思想，后来由里昂·瓦尔拉斯（Leon Walras）、让·巴蒂斯特·萨伊（Jean Baptiste Say）等人发展，并由马歇尔（Marshall）加以完善。受自由竞争思潮及卢梭等人的自然法思想影响，这一时期的法律法规主要以契约自由、意思自治的私法为主。法律的主要任务是维护私人自治，强调私法对私有财产的确认和保护，国家的干预活动限于保障个人权利的行使。“法律对私有财产关怀备至，以至于法律不会授权对财产加以侵犯，即使为了全社会的一般利益也不会加以侵犯。”[1]因而调整平等主体之间人身关系和财产关系的民商法得到了极速发展。其中1804

---

〔1〕［英］威廉·布莱克斯通：《英国法释义》，游云庭、缪苗译，上海人民出版社2006年版，第159页。

年由拿破仑主持制定的《法国民法典》是最典型、最重要的民商法规,该法典吸收了罗马私法的精华,把自由资本主义时期商品经济的规则上升到法律层面,确立了私有财产神圣不可侵犯、契约自由和过错责任三项基本原则。马克思曾称赞《法国民法典》,“世界各地编纂法典时当作基础来使用的法典”。这个时期,市场关系的调整也主要以民商法为主。

二、私人垄断资本主义:市场规制法的兴起

由于市场主体的经济人理性和监管规制的缺失,自由竞争的市场会导致生产和资本集中的趋势和机制。因为在自由竞争的资本主义中,大企业凭借其资本优势可以在市场中占有强势地位,通过企业兼并或其他竞争手段可以获得市场的垄断地位,竞争的结果总是大企业战胜小企业,大资本兼并小企业。而大企业为了保持竞争优势,也可以通过兼并或其他不正当手段限制、阻碍市场的有效竞争,从而使生产和资本达到更高程度的集中,即自由竞争的结果总是垄断,一个或少数几个企业为了获得垄断利润而联合起来,控制或独占某一行业或某几个行业的市场。垄断初期虽有利于产生规模效益,但随着垄断地位的不断加强,垄断企业可以凭借其垄断地位和资本积累获取高额的垄断利润,推动技术进步的竞争效率可能减弱,甚至为维护自己的垄断地位,人为地阻碍市场竞争,限制技术发展,妨碍社会的持续进步。简言之,自由竞争的结果容易导致“一是经济形态上的垄断,二是组织上对交易的不正当限制,三是方法上的不公正的竞争和交易”。[1]

随着垄断现象的出现,以契约自由、意思自治为核心的民商法已难以应对复杂多变的垄断市场环境。尽管民商法的学者也在与时俱进改进民商法的理论,以期适应规制垄断市场的需要,如不再过分强调契约自由、意思自治原则,一些格式条款开始出现,无过错责任原则的适用范畴在逐渐扩大等。但是以市场自己的规制力量已经无法有效遏制市场的无序垄断,国家开始对市场进行干预,市场规制法开始登上历史舞台。但需要注意的是,这个时期的市场规制法

---

〔1〕 刘瑞复:《经济法:国民经济运行法》,中国政法大学出版社1994年版,第52页。

仍与行政法具有密切联系,甚至认为市场规制法的内容就是行政法规制经济领域的特别法。这一时期的市场规制法主要以反垄断法、反不正当竞争法为主,以美国1890年颁布的《谢尔曼法》为标志,近现代意义上的市场规制法体系开始逐渐建立起来。如美国1906年又通过了《肉类检查法》,1913年通过《联邦储备法》,1914年通过《克莱顿法》和《联邦贸易委员会法》;德国1896年制定《反不正当竞争行为斗争法》,1910年制定《钾矿业法》等。其实,即便是在自由竞争的资本主义时期,也有市场规制的法律,如英国早在1623年就颁布了《垄断法》,尽管其适用面很窄,主要针对国王创制的法定垄断,[1]但因其法律规定较少未引起人们的注意。实际上市场规制法的发展可以追溯到古罗马时期,在当时的一些法律规定中已经可以发现一些与近现代市场规制法内容相同的规定,如公元前后古罗马颁布的一些禁止粮行蓄意提高粮价的法律就体现了市场规制法的内容。我国唐律中也有相关规定,如《唐律疏议》第421条规定,诸卖买不和而较固取者(较谓专略其利,固谓障固其市),及更出开闭共限一价(谓卖物以贱为贵,买物以贵为贱),若参市(谓人有所买卖,在傍高下其价,以相惑乱)而规自入者杖八十。已得赃重者,计利准盗论。

三、国家垄断资本主义:市场规制法与宏观调控法开始结合

随着资本主义的发展,生产社会化与生产资料私有制之间的矛盾日益凸显,随着国家干预市场的思想逐渐盛行,国家垄断资本主义开始萌芽。1914年7月28日到1918年11月11日发生的第一次世界大战加剧了国家资本主义的发展。由于战争和经济破坏,各国的经济仅由市场调节已不能满足战时的需要,国家开始大规模地对市场经济进行干预,设立各种经济管理机构对重要的生产部门进行管理。“一战”结束后,由于战争对经济的破坏,各国开始着手恢复市场经济,国家的干预程度加深。如作为战败国的德国,国内矛盾激化,为赔付战败款和恢复国内经济,颁布了一系列促进市场经济发展的法律,由此形成国家宏观调控的法律。其后1929年到1933年的经济大萧条更是进一步促进

[1] 李国海:《论英国竞争法的发展历程》,载《经济法论丛》2006年第12卷。

了国家调控法和市场规制法的发展,近代经济法体系开始逐渐形成。为了摆脱危机,西方国家开始运用财政、货币等手段颁发各种经济法令,设立各种经济管制机构,对社会再生产环节进行调节。其中,较为典型的是美国的"罗斯福新政",通过制定《紧急银行法》,整顿银行与金融业,逐步恢复银行的信用;通过《国家工业复兴法》与蓝鹰行动防止盲目竞争引起的生产过剩,以工代赈,大力兴建公共基础设施,缓和社会危机和阶级矛盾;通过《农业调整法》给减耕减产的农户发放经济补贴,缓和和农民的矛盾等系列措施恢复市场经济。其指导思想主要是凯恩斯主义,其主张国家采用扩张性的经济手段促进市场经济发展。需要说明的是,即便是凯恩斯主义也并不主张无限制的国家干预,而是适度干预。然后,第二次世界大战的爆发进一步加大了国家的干预权。1939 年到 1945 年的第二次世界大战期间,资本主义各国普遍建立了战时经济管理体制,国家对国民经济进行全面统制,国家垄断资本主义得到进一步发展。"二战"后,国家资本主义进入全面、快速、持续的发展时期,国家干预市场深入生产、流通、分配和消费各个环节。与战时的国家干预相比,这个时期的国家干预逐渐摆脱政策化倾向,在兼顾国家利益的同时,更加注重对社会利益的保护,国家干预尽可能不破坏有序的市场竞争。其后,随着经济全球化的发展,各国的市场规制法和宏观调控法在规制国内市场时,也得考虑对国外市场的影响,即市场规制法与宏观调控法的相关规定中也增加了对域外的考虑因素。

四、中国市场规制法的曲折发展

与外国经济法的发展不同,我国的经济法并不是建立在市场失灵的基础上的。1949 年中华人民共和国成立后,我国开始逐步确立社会主义制度。1949 年到 1956 年是我国的经济恢复时期,随着三大改造的完成,我国实现了把生产资料私有制转变为社会主义公有制的改造历程,从新民主主义社会跨入社会主义社会,初步建立起社会主义的基本制度,中国进入社会主义的初级阶段并形成计划经济,由国家按照事先制定的计划进行生产和销售。较有代表性的法律法规如《关于统一国家财政经济工作的决定》《全国税政实施要则》等。计划经济时期,我国的经济发展全部由国家进行调控,国家主要依靠计划手段管理经济,直接的政策手段、行政命令变得更为重要,相关的经济法律制度日渐式微,即政策替代了法律,各类法律、法规陆续被搁置。即便有相关的经济法律制度,也主要为计划服务,市场规制的内容更加趋向于"集中统一管理",宏观调控的手段大行其道。计划经济在初期虽有利于解决我国的历史遗留问题,推动中国的社会主义发展,但随着计划经济的不断实施深入,其弊端也在逐渐暴露出来。一方面,以国家配置为主的资源配置形式并不利于促进经济的持续发展。由于国家掌握所有的市场资源,私人不掌握生产资料,企业并不能根据市场自主决定生产、销售,市场竞争缺乏和大多数人工作动力不足,市场活力如一潭死水。另一方面,并不能提高生产效率,严重阻碍了社会的持续进步。由于计划经济下缺少私人竞争,企业自主创新的能力不足,自主创新的意愿不高,可能导致市场生产的效率不高。鉴于此,我国开始逐渐推动经济转型,由计划经济向市场经济发展。

从1979年到1992年,中国开始改革过去高度集中的计划经济体制,实行计划经济与市场调节相结合的体制,重视以法律手段调控经济。1984年党的十二届三中全会颁布的《中共中央关于经济体制改革的决定》,将经济体制改革的目标确定为"有计划的商品经济"已经较计划经济时代有较大的变动,逐渐由计划经济向商品经济过渡。1987年,党的十三大提出了"国家调节市场、市场引导企业"的概念,逐渐改变计划经济时代国家直接以政策手段、计划手段调控市场的思想。1992年,党的十四大正式确立的"社会主义市场经济"标志着我国经济体制改革目标已确定。需要说明的是,尽管这个时期我国已进行了经济体制改革,但囿于计划经济的影响并不能在短时间内消除,且"以市场为导向"和"坚持计划经济"的思想碰撞仍在发生,这个时期的经济体制改革仍以计划经济为主,市场的作用十分有限。经济立法与民商法、行政法不分,属于"大经济法时期",大量应属于民商法范畴的内容被纳入经济法的立法范围,如1981年全国人大常委会制定的《经济合同法》,规定了购销、建设工程承包、仓储管理、货物运输、借款等。此外,为了发展经济,吸引外资,国家制定了一系列有关外商投资、市场交易、资源管理等方面的法律法规。如为吸引和规范外资，1979年，全国人大常委会制定了《中外合资经营企业法》；1986年颁布了《外资企业法》；1988年颁布了《中外合作经营企业法》等。其实，早在1978年12月，党的十一届三中全会举行前夕，邓小平就发表重要讲话，提出“为了保障人民民主，必须加强法制。必须使民主制度化、法律化，使这种制度和法律不因领导人的改变而改变，不因领导人的看法和注意力的改变而改变。现在的问题是法律很不完备，很多法律还没有制定出来。往往把领导人说的话当做‘法’，不赞成领导人说的话就叫做‘违法’，领导人的话改变了，‘法’也就跟着变。所以，应该集中力量制定刑法、民法、诉讼法和其他各种必要的法律，例如工厂法、人民公社法、森林法、草原法、环境保护法、劳动法、外国人投资法等等……做到有法可依，有法必依，执法必严，违法必究”。[1]

1993年党的十四届三中全会通过的《中共中央关于建立社会主义市场经济体制若干问题的决定》建立起了我国社会主义市场经济体制的基本框架。相应地，建设有中国特色的社会主义法律体系的任务也被提上日程。此后，经济法以市场经济为基础进行了重建，先后出台了有关产业政策、财政、金融等宏观调控的法律法规以及有关市场规制方面的法律法规，具有中国特色的经济法体系正在逐渐形成。如1993年全国人大常委会颁布了《反不正当竞争法》《产品质量法》《消费者权益保护法》，1994年颁布了《广告法》《劳动法》《预算法》《审计法》，1995年颁布了《保险法》，2007年颁布了《反垄断法》等。2011年10月，中国政府以白皮书的形式宣布中国特色社会主义法律体系已经形成，标志着具有中国特色的经济法律体系也已形成。此后，又对经济法律体系进行了完善。与时俱进，修改既有法律满足市场经济发展，如2013年修正了《消费者权益保护法》，2017年修订了《反不正当竞争法》，2022修正了《反垄断法》等；不断求新，以市场经济发展为基础制定新法律，如2016年颁布了《网络安全法》，2018年颁布了《电子商务法》，2019年颁布了《外商投资法》等。

---

〔1〕 邓小平：《解放思想，实事求是，团结一致向前看》，载《邓小平文选》（第2卷），人民出版社1994年版，第146页。

由此观之,我国经济法的发展有其独特的历史背景,与西方国家“市场失灵”“政府失灵”的发展基础不同,中国经济法的发展是由于经济体制转轨的需要。我国在相当长的一段时期内实行高度集权的计划经济体制,市场调节的客观作用被忽视,市场的发展、壮大以国家计划为主,计划体制容不得当事人意思自治的经济关系导致经济法呼之欲出。其后,随着中国市场经济的发展,中国的经济法律体系也在逐渐发展完善。纵观我国市场经济的发展,是以计划经济体制逐步萎缩为条件的,是以不断削弱行政性垄断为前提的,即中国的经济法是在市场经济没有充分发育、必须培育市场、解放企业、改革过度干预的计划经济的这一过程中产生的。

五、市场规制法的立法目的

综观世界各国(地区)的立法,多采取“目的式”立法,多在立法条文中表明立法的意图。事实上,各国(地区)的立法意图不仅涉及背后的法理,还会受其他因素的影响,如战时的立法,法理的因素考虑较少,政治、经济的因素考虑较多,因而探讨市场规制法的立法目的,不能仅从法理出发,还要考虑其他因素的影响。关于市场规制法的立法意图在世界各国早有探讨,各教材中都有相应的论述。现今主要形成两种观点,一种是单一目的论,认为市场规制法是以规制市场经济为核心的法律规范,因而其唯一目的就是促进市场经济效率的最大化,其他诸如公平正义的社会价值并不是其立法目的;另一种是多元目的论,认为市场规制法的目的除实现经济效率的最大化外,还有其他的社会效益。需要说明的是,“基本价值本身并不是抽象的目标,它们永远固定于个人的人类愿望之中。它们既非一些能与个人所需事物相分离的社会目标或共同体目标,也绝不能光由统治者所需要的事物来代表。它们的意义永远取决于一共同体内至上的、形形色色的人所普遍给予高度评价的事物。”[1]尽管立法意图往往并不能简单地量化,但人们对美好生活的向往决定了立法目的的价值性,在执法

〔1〕[德]柯武刚、史漫飞:《制度经济学:社会秩序与公共政策》,韩朝华译,商务印书馆2000年版,第89页。

中不应忽视立法意图以保障执法的公正。下面以反垄断法的立法目的为例进行探讨。

世界各国(地区)的反垄断法律体系虽因基本国情的不同而可能导致立法模式不尽相同,但立法目的和基本的框架制度大体一致。在最早制定反垄断法的美国,其反垄断法的基本目标是维护市场的竞争机制,促进市场有效竞争。反言之,就是为了规制不合理竞争。在20世纪末到21世纪初,受芝加哥学派效率思想的影响,反垄断法的立法目的也相应地发生了变化,如美国司法部1988年关于国际交易的《反托拉斯指南》指出,反托拉斯法的目的是确立广泛的竞争原则,由此维持市场竞争力量不受限制地相互作用,实现资源的最优配置,为消费者提供质量最好的产品和服务。我国的《反垄断法》在2007年颁布时规定的立法目的是预防和制止垄断行为,保护市场公平竞争,提高经济运行效率,维护消费者利益和社会公共利益,促进社会主义市场经济健康发展。后随着市场经济的发展,经济基础发生了变化,在2022年修正时又在立法目的条款中加入了"鼓励创新"条款以回应新经济的发展,将其表述为"为了预防和制止垄断行为,保护市场公平竞争,鼓励创新,提高经济运行效率,维护消费者利益和社会公共利益,促进社会主义市场经济健康发展"。由此可见,立法目的随市场经济变动而相应地发生改变,但是趋于立法的稳定性和目的的相对性,这种变动并不是随意的,即便是立法的修订,往往也不会涉及立法目的的修改。

而综观现在世界各国(地区)的相关立法,市场规制法中仅规定单一目的论的少之又少,多以多元目的论为主,主要涵盖克服市场缺陷、维护消费者权利和规制管理者的内容,具体的价值诉求主要为对公平正义价值的追求、对市场自由和秩序价值的维护、对经济安全价值的诉求和对提高效率价值的意愿等方面,与其他部门法形成了鲜明对比,下面进行一一介绍:

(1)对效率的追求。芝加哥学派认为,经济效率是反托拉斯法唯一的价值诉求,其他的立法意图都应服务于经济效率的提高。而经济效率主要涵盖生产效率及配置效率,因而市场规制法的内容应当处理好生产效率与配置效率的关系,最大化经济效率。但这种观点仅以市场效率为主,而市场规制法中的效率价值追求不仅包括经济效率,还包括规制效率。市场规制法通过规制市场中的不正当竞争行为,预防和制止垄断行为,保护消费者和经营者的合法权益,维护市场有序的竞争环境以促进经济效率的提高;通过明确监管主体,规范行权范围,落实监管职责来提高市场的监管效率。

(2)对公平正义的追求。公平正义本身就是人类社会活动的一个基本原则,也是各国(地区)立法普遍追求的最高价值,市场规制法也不例外。但不同于民法对形式公平的追求,经济法追求的是实质公平,市场规制法也不例外。市场竞争虽能提高经济效率,促进社会的发展,但竞争的实质仍是优胜劣汰、适者生存,这会导致强者越强、弱者越弱,而市场调节并不能保护弱者的合法权益。市场规制法通过对强者的规制,对弱者的倾斜保护可以实现对公平正义价值的追求。需要说明的是,市场规制法并不是要反对市场竞争,而是要防止和规制无序的市场竞争,要保护的并不是个体利益,而是整体利益。

(3)对市场自由和秩序价值的维护。市场主体的自由是市场经济发展的基础,但是市场主体的经济人理性和机会主义倾向可能导致市场主体的自由选择走向误区,损害有序的市场竞争秩序。仅有自由而无秩序的市场虽“活”,但却“乱”;仅有秩序而无自由的市场是“不乱但也不活”。只有把二者结合起来才能做到市场“活而不乱”。[1] 一方面,市场规制法要维护市场主体的自由选择不受非法侵害,发挥市场主体的能动作用,让其在最大限度内进行经济活动,减少政府不必要的干预。另一方面,市场规制法还要维护有序的市场竞争,促进市场经济的发展,更好发挥政府作用。即市场规制法在保护市场自由的同时,还要兼顾市场秩序。

(4)对经济安全的追求。经济安全是一个系统性工程,主要包括基本经济制度、经济秩序、经济主权、经济发展安全等方面的内容。而市场规制法对经济安全的保护主要体现在保护市场环境的安全、市场秩序的安全、食品安全、金融

---

〔1〕 江平:《市场自由与市场秩序》,载《清华法学》2010年第3期。

安全、信息安全等方面的内容。市场规制法通过对无序的市场竞争行为进行规制，保护消费者的合法权益，促进市场的有序竞争，维护经济安全。

六、市场规制法的基本原则

基本原则是某一法律体系或某一法律部门具有广泛适用性的，体现法价值的基础性原则，如权利与义务相统一原则、法律面前人人平等原则等。市场规制法的基本原则是贯穿市场规制活动的始终，是具有指引作用的基本理念，是具体市场规制法理念的高度统合。市场规制法的基本原则不仅可以指导实务人员适用具体的法律规则，还可以作为立法准则，指导和约束市场规制立法，弥补市场规制法律规范的缺陷。关于市场规制法的基本原则学界也讨论诸多，形成了各项原则，如合法原则、中立原则、社会利益原则、安全与效率原则、授权与限权并举原则、实质公平原则等。结合世界各国（地区）的相关立法和市场规制法的立法目的，可以将其归纳为适度干预原则、保护公平竞争原则和社会整体利益原则。

（一）适度干预原则

市场经济的发展离不开市场竞争，而国家干预通常会破坏市场竞争秩序，因而市场规制法的规制必须要适度。自由"必须约制在这样一个界限上，就是必须不使自己成为他人的妨碍"[1]。"适度"是一个高度抽象的、弹性的标准，难以被量化。为防止干预权的滥用，其行权必须要依法规制，只有符合法律规定的，才能认为是适度的。即市场规制权的行权主体、行权范围、规制手段、规制方法等必须是由法律规定的，需要注意的是行政法规、部门规章、地方性法规和地方性规章不得超越法律的规定配置权力、设置规则。另外，适度干预要求市场规制必须要合理，市场规制是以市场调节为基础的，通常而言，为发挥市场在资源配置中的决定性作用，只有在市场调节不能规制市场失灵时，才需要市场规制法进行规制，既要防止规制不当，又要防止规制不足。

---

〔1〕［英］约翰·密尔：《论自由》，许宝骙译，商务印书馆1959年版，第9页。

（二）保护公平竞争原则

市场经济的实质就是竞争经济，没有竞争，市场经济就不会发展进步。自由竞争是市场经济的客观要求，而政府的适度干预不是为了限制竞争，而恰恰是为了促进市场竞争的有序开展。即市场规制法保护的不是竞争者，而是有序的市场竞争秩序。保护公平竞争原则意指国家要为市场主体创造公平的竞争环境和竞争条件，这既包括形式上的公平，也包括实质上的公平。形式上的公平要求对不同市场主体的竞争行为适用相同的规则，实质上的公平要求合理有区别的对待，对不同市场主体的竞争行为适用不同的规则。市场规制法要为市场经济的运行创造一个良好的环境，协调个体营利性和社会公益性的矛盾，保障社会经济协调有序发展，还必须对市场经济进行必要的规制以保护公平、自由的竞争，规范市场秩序，保护消费者利益。市场规制法的保护公平竞争原则既表现在对国内市场上非法竞争的抵制，如限制或禁止垄断协议、滥用市场支配地位、防止和制止不正当竞争行为等，也表现在要利用规模经济等合法性垄断来克服国内市场上过度竞争的无效性，还表现在对弱势群体合法权益的保护，如消费者权益的保护、劳动者权益的保护等。

（三）社会整体利益原则

社会整体利益原则是指市场规制法的规制活动要以社会的主体利益为最终归宿，即市场规制法保护的不是个体利益，而是社会的整体利益，因而在市场规制活动中必须要树立全局意识，注意整体利益的保护。市场经济的发展已经充分证明了以意思自治、契约自由为主的私法无法有序规制市场失灵，而以国家行政强制权力为主的公法又会对市场经济造成严重破坏，这就决定了以社会本位为核心的经济法体系出现的正当性和合理性，因而市场规制法的行使必须要坚持社会整体利益原则，且必须贯穿整个市场规制法的法治过程，即调整市场结构，规范市场行为，维护市场秩序，保护和促进公平竞争的过程中要始终以社会整体利益为基本尺度。但社会整体利益是个高度抽象的概念，迄今为止仍未形成一致的概念，尤其是人们在它与诸如公共利益、社会利益、国家利益等概念的关系问题上亦可谓见仁见智、莫衷一是，因而社会整体利益多体现在具体的保护关系中。即市场规制法体系中对社会整体利益原则的体现多在各具体立法目的中体现出来,如《反垄断法》和《政府采购法》第1条中使用了“维护”“社会公共利益”,《预算法》第1条使用了“保障经济社会的健康发展”,《消费者权益保护法》第1条使用了“保护消费者的合法权益,维护社会经济秩序,促进社会主义市场经济健康发展”等。

第二章　竞争法概述

第一节　竞争的基本概念

一、竞争的含义

在市场经济中，竞争与垄断是随市场发展而诞生的概念，是市场经济活动的主要表现形式，欲研究竞争法体系，需对竞争概念有所了解。

现如今，竞争已成为市场经济中随处可见的现象，市场经济就是自由竞争经济。“竞争”本身就是一个模糊的词汇，基于研究视角的不同，可以有不同的解读。“竞争”一词的英语是“competition”，其含义是两个或两个以上的主体为了获得某种东西而进行的斗争，是个体争取有限机会的行为。我国最早关于“竞争”一词的记录见于《庄子·齐物论》，“夫道未始有封，言未始有常，为是而有畛也。请言其畛：有左，有右，有伦，有义，有分，有辩，有竞，有争，此之谓八德”。《现代汉语词典》的定义是“为了自己方面的利益而跟人争胜”。竞争一直是经济学上的研究重点，于19世纪末正式成为法律上的用语。日本《关于禁止私人垄断和确保公正交易的法律》第2条第4款规定：“本法所说的‘竞争’，是指两个以上事业者在其通常的事业活动范围内，对该事业活动的设施或形态不作重要变更而进行或可能进行下述行为之一的状态。但是，第四章（价格的共同上涨）所说的竞争，不包括进行或者可能进行第二项所述行为的状态：向同一需要者提供同种或类似的商品劳务；从同一供给者那里接受同种或类似的商品或劳务。”由于市场规制法是市场和法律连接的桥梁，因而市场规制法的竞争概念也应从经济学和法学上进行比较分析研究。

与自然界的丛林法则相比,人是理性的动物,因而人类社会中的竞争要理性得多。“竞争是获得繁荣和保证繁荣最有效的手段。只有竞争才能使作为消费者的人们从经济发展中得到实惠。它保证随着生产力的提高而俱来的种种利益,终于归人们享受。”[1]经济学上的竞争分析大体上有两种进路:一是将竞争作静态的均衡分析;二是将竞争作动态的发展分析。前者的代表是新古典经济学,始于19世纪,多从微观经济学的视角进行研究,将竞争描述为一种状态,是为获得某种均衡结果所必须满足的条件(可将其视为完全竞争或自由竞争理论)。后者则以现代奥地利学派为主,通过对竞争性市场过程的研究,探讨导致均衡的竞争过程。在此基础上,又陆续发展出完善竞争的理论、垄断或不完善竞争的理论、有效竞争理论、芝加哥学派等。但从实际来看,市场经济中并不存在无竞争状态或完全竞争状态,囿于市场主体的经济人理性和机会主义选择,加之市场的调节作用和其他因素的影响,市场并不可能无限制地进行竞争。如果完全竞争理论所假设的条件都存在的话,则它可能导致“竞争”没有活动的余地,甚至导致竞争这种活动成为不可能(完全竞争更像自然界的竞争,“优胜劣汰、适者生存”,但这种竞争是无理性的,可能会破坏有序的市场竞争秩序)。事实上,从市场经济的发展来看,市场竞争是一个动态的发展过程,市场主体为了获得或者保持某方面的优势,只能不断地参与市场竞争。下面对有效竞争理论和芝加哥学派进行简要的介绍,以期能更好地理解竞争的概念。

有效竞争理论是由美国经济学家J. M.克拉克(J. M. Clark)针对完全竞争理论的非现实性而提出来的竞争理论的新发展。有效竞争(workable competition)又称可行竞争(viable competition),也称不完全竞争(imperfect competition)。在克拉克1961年出版的《竞争作为动态过程》中,克拉克用动态的观点系统分析了竞争的过程,从而形成了有效竞争理论。其认为如果一种竞争在经济上是有益的,而且根据现实市场条件是可以实现的(市场竞争因素的

---

[1] [德]路德维希·艾哈德:《来自竞争的繁荣》,祝世康、穆家骥译,商务印书馆1983年版,第11页。

不完全性),那么这种竞争就是有效竞争。由于市场环境的复杂性,市场主体每个环节面临的市场压力是不同的,且市场主体如企业的发展阶段不同,其面临的市场压力也不同,影响市场竞争的因素也是不一样的。因而克拉克认为完全的垄断在现实中很难找到,而完全的竞争更可能导致难以预计的后果,而有效的竞争既可以防止垄断,在实践中也是更为可行和有效率的。有效竞争理论在继承哈佛学派产业组织理论的基础上,进一步深化了对市场结构(Structure)—市场行为(Conduct)—市场绩效(Performance)(即所谓的 SCP 范式)的分析框架研究,为法律的实施提供了可操作的标准。

芝加哥学派是美国 20 世纪 70 年代在信奉经济自由主义和达尔文竞争思想基础上发展起来的一个经济分析学派,代表人物如施蒂格勒(G. J. Stigler)、博克(Robert H. Bork)、德姆塞茨(Harold Demsetz)、波斯纳(Richard A. Posner)等,其主要思想对美国 80 年代以来的反垄断政策转变起了很大的影响作用。芝加哥学派认为竞争是市场调节发挥作用的主要途径,但不同于有限竞争理论,其认为市场结构、市场行为和市场绩效之间并不存在某种联系,其特别注重判断经营者集中是否有利于提高效率,认为企业的高效率经营有利于促进经济发展,因而即便出现高度集中,也是市场经济发展的必然。且高集中并不必然意味着高垄断,并不必然意味着低效率,因为如果不是建立在高效率基础上的市场竞争必然会引入大量的新竞争者参与市场竞争。即市场竞争的实质是"适者生存,不适者淘汰",从市场发展来看,在没有外部力量限制的情况下,市场竞争的过程是有效的,能很大限度地提高生产效率和市场配置资源的效率,从而促进市场经济发展保护消费者的合法权益。反对国家无限制地对市场进行干预,在国家必须干预经济的情况下,强调"法治",反对"人治",强调反托拉斯政策的最终目的是最大限度地保护消费者的合法权益。

因此,市场经济中的竞争更多体现的是对市场优势地位的获得,但这种竞争并不是无限制的,而是有理性的一个动态过程。正如哲学家本尼狄克特·斯宾诺萨(Benedict de Spinoza)所言:"在自然状态中,仇恨、妒忌和战争可以说是不可避免的,但是人会力图克服这种悲惨的状态……人之内在的理性力量会驱使他们放弃自然状态,并用一种和平且理性的方式安排其生活。”市场竞争也是如此,正如硬币有两面,竞争也有利弊,有效竞争能促进市场经济的发展,从而推动全社会的发展进步,而无序竞争则可能导致市场竞争秩序的破坏,让强者越强,弱者越弱,最终导致市场竞争的灭亡,无竞争则无进步,可能阻碍社会的发展。市场规制法保护的竞争更多体现的是对无序竞争的限制,通过对市场竞争者的规制,保护有序的市场竞争秩序。而经济学上的竞争理论对法学上的竞争规制产生了重要影响,如在经济法理论的发展过程中,就有学者认为经济法是市场规制法与宏观调控法的组合,其理论来源就是经济学上的宏观经济学和微观经济学。我国《反垄断法》第 6 条规定的“经营者可以通过公平竞争、自愿联合,依法实施集中,扩大经营规模,提高市场竞争能力”体现了有效竞争理念,即在对市场竞争进行规制的同时,也注重企业间的横向联合,发挥规模经济的作用。市场规制法有效规制的关键是建立一套行之有效的评价市场竞争是否有效的标准,而经济学上的很多标准都被援引到了市场规制法中,如关于经济学上分析市场竞争的 SCP 范式被广泛用于反垄断法。我国《反垄断法》关于市场主体地位的认定,就借鉴了经济学上的市场结构标准,规定:“有下列情形之一的,可以推定经营者具有市场支配地位:(一)一个经营者在相关市场的市场份额达到二分之一的;(二)两个经营者在相关市场的市场份额合计达到三分之二的;(三)三个经营者在相关市场的市场份额合计达到四分之三的。有前款第二项、第三项规定的情形,其中有的经营者市场份额不足十分之一的,不应当推定该经营者具有市场支配地位。”而芝加哥学派对于国家干预的研究也成为近现代国家政府权力限制的重要思想,如反垄断法上对行政垄断的规制体现了芝加哥学派的经济自由发展思想。当然,在相互借鉴的同时也得取其精华,去其糟粕,法学在借鉴经济学关于竞争理论的同时还得注意保持法学的独立性,如芝加哥学派的竞争理论是从少数大企业的利益出发的,并没有认真考虑协调个体经济与整体经济的关系,而市场规制法保护的是社会整体利益,因而在借鉴时还得注意相关理论的转化。

二、竞争的作用

竞争是市场经济发展的基本条件,可以说,没有竞争,市场就不会发展,但并不是一切竞争都有利于市场经济的发展,有序的竞争能促进市场资源的有效配置,推动社会的发展进步。反之,无序的竞争会阻碍市场经济的发展。

(一)有序竞争的积极作用

市场主体主要以企业为主,但归根到底做出决定的还是行为人,市场的有序竞争能促进行为人的全面发展。一方面,市场通过竞争为行为人提供生产生活和发展所需要的资源,满足行为人生存发展的基本要求;另一方面,市场风险的发生又在不断要求行为人提高相应的能力,即行为人通过学习提高防范市场风险的能力,从而推动行为人的全面发展。有序的市场竞争能发挥市场资源配置的决定性作用,推动市场经济健康、全面、持续发展。市场资源的有效配置是促进市场经济健康发展的前提,资源配置的效率越高,生产成本越低,市场生产力越高,相应的市场经济发展越快。历史的实践已经证明,市场在资源配置中发挥着决定性作用,而竞争是市场发展的根本动力,在竞争的压力下,每个市场主体都在努力提高创新效率,推动市场资源的有效配置。市场竞争有利于满足消费者的需要,推动全社会的发展进步。生产的最终目的是消费,消费者需求的合理满足是市场经济发展的最终目的,这是解决社会矛盾的关键一步。市场竞争在促进资源有效配置的基础上,还可以通过对产品或服务的推陈出新,为消费者提供种类越来越多、质量越来越高、价格越来越低的产品,满足消费者的需求。

(二)无序竞争的消极作用

无序的市场竞争更易造成垄断,限制市场资源的合理配置。在市场竞争的压力下更易导致市场主体形成合作或者经营者集中,以此带来的规模效应让其在市场竞争中占据优势地位,为了维护或者加强优势地位,在经济人理性或机会主义的指导下,这些主体往往会限制竞争,阻碍其他市场主体进入,从而阻碍市场经济的发展。无序竞争还会导致市场资源的浪费,甚至引发经济危机,阻碍全社会的发展进步。无序的竞争有可能造成市场经济结构的失衡，让市场资源的配置出现问题，导致盲目投资，使诸多产业投资过度，造成产能过剩，从而引发经济危机。在经济全球化的今天，一旦某个区域的经济出现危机，往往会引发全球危机，从而阻碍全社会的发展进步。无序竞争还会损害市场主体的合法权益，损害社会的公平正义。竞争的实质仍然是优胜劣汰、适者生存，仍会导致强者越强，弱者越弱。而在市场经济中，由于经营者与消费者天然的不对等性，无序竞争会进一步加大双方的实力差距，导致消费者受到侵害时无法得到救济。

尽管市场竞争具有两面性，但总体上看，市场竞争的积极效应大于其消极效应。且市场规制法正是为解决市场竞争的消极影响而诞生的，因此，促进市场的有序竞争是市场经济发展之必需。

三、竞争的分类

按照不同的分类标准，市场竞争可以有不同的划分。

（一）正当竞争和不正当竞争

按照是否符合商业伦理和社会的公序良俗，竞争可分为正当竞争和不正当竞争。正当竞争是指市场主体的竞争符合商业伦理的规定而进行的竞争，不正当竞争是指市场主体为谋求利益或其他而违背商业伦理进行的竞争，包括采用假冒或混淆等不正当手段从事市场交易的行为，商业贿赂行为，引人误解的商业宣传行为，侵犯商业秘密行为，不正当有奖销售行为，损害他人商业信誉或商品声誉行为，公用企业或者具有独占地位的经营者强制交易行为，滥用行政权力限制竞争行为，以排挤竞争对手为目的、以低于成本的价格销售商品的行为，搭售和附加不合理交易条件行为，串通投标行为等。

（二）直接竞争和间接竞争

按照竞争参与方式的不同，市场竞争可以划分为直接竞争和间接竞争。直接竞争是指竞争对手与竞争者通常处于同一市场环节，通过提供同一产品或同一服务而形成的一种竞争关系。如微信、QQ 等同属即时通信市场，二者之间的关系便是直接竞争关系。间接竞争是指竞争者与竞争对手之间提供的产品或服务对消费者而言具有一定的替代关系的竞争,但这种替代关系并不是绝对的,而是相对的,如西餐与中餐可构成间接竞争关系。

(三)价格竞争与非价格竞争

价格竞争是指以价格为核心竞争要素的市场竞争,多以价格的升降来刺激消费以达到竞争的目的。非价格竞争是相对于价格竞争而言的,是除价格要素外的其他市场竞争模式,市场主体可以通过产品升级、技术创新、质量提高、品牌效应、专业化服务等多种手段来刺激消费以达到竞争的目的。之所以突出价格要素的重要性,是因为在传统竞争中,消费者对价格要素的变动具有敏感性,而其他因素的影响相对较低。通常而言,同等质量的产品或服务,价格越低,对消费者的诱惑力和影响力越强。

(四)完全竞争和不完全竞争

完全竞争又称纯粹竞争,是市场竞争的理想状态,是指市场的竞争不受市场之外的其他因素干扰的一种市场结构。需要说明的是完全竞争只是一种理想化的状态,在现实中并不存在,市场经济中更多的是不完全竞争。根据市场主体在某一行业中的数量比例,不完全竞争又可以分为垄断竞争和寡头垄断竞争、有效竞争等。

第二节 竞争法的一般原理

一、竞争法的基础概念

(一)竞争法的概念及特征

关于竞争法的含义,可谓仁者见仁,智者见智,学者对其有不同的理解,但通常认为竞争法是指国家调控市场竞争关系过程中产生的各种法律规范的总称。从实践来看,各国(地区)关于竞争法的称谓并不统一,如英国称为限制性商业行为法和公平贸易法，美国称为反托拉斯法，日本称为不正当竞争法和禁止垄断法，德国称为反不正当竞争法和反对限制竞争法等。但从广义上讲，竞争法是指一切调整市场竞争关系和竞争管理关系的法律规范总称，包括反垄断法、反不正当竞争法、价格法、拍卖法、招标投标法等法律规范的总称；从狭义上讲，竞争法仅指调整市场竞争关系的法律规范，通常只包括反垄断法、反不正当竞争法，即反垄断法和反不正当竞争法是竞争法的重要组成内容。竞争法具有典型的市场规制法特征，主要包括以下几方面：

（1）竞争法是以维护市场竞争秩序和社会整体利益为目的，具有明显的公私兼容特点。有序的市场竞争不仅是市场经济发展的基础，还是社会发展进步之必需，因而维护市场竞争秩序不仅是保护市场主体合法权益的要求，还是保护社会整体利益的要求。即法律是道德的底线，而道德是更高层次的法律，市场经济发展所需的公序良俗需要法律的保障，凡是竞争法律所要求和鼓励的行为，也应是市场道德所倡导和培养的行为。反言之，凡是竞争法律所禁止和制裁的行为，也是市场道德所禁止和谴责的行为。

（2）竞争法主要规制的是竞争行为。竞争行为是指市场主体为了获得利润最大化而实施的各种行为活动的一个总称，有效的竞争行为不仅能满足市场主体私人权益的需要，还能促进市场经济的全面发展。反之，无效的竞争不仅侵害市场主体的合法权益，还会阻碍市场经济的发展进步。竞争法是以维护市场有序竞争为核心的法律规范的总称，主要规制的是竞争行为，既包括影响市场结构的竞争行为，也包括具体的竞争行为，如市场主体是否可以无阻碍地进入市场、是否可以无限制地向第三人转售价格、是否可以任意进行市场定价、是否可以随意利用市场优势等。

（3）竞争法调整方法的多样性。以意思自治、契约自由为基础的私法难以规制市场竞争的缺陷，因而需要公法的介入，而为了发挥市场主体的能动作用和防止公法对市场竞争秩序的破坏，又需要对公法的实施进行限制，激励市场主体自觉守法。即竞争法不仅要规制市场竞争的行为，还要调整市场竞争管理关系，仅以自愿平等的调整方法难以调整竞争法的所有内容，因此，竞争法的调整方法既要有限制、禁止、处罚等强制性手段,还要有鼓励、支持、引导等激励性措施。

(二)竞争政策与产业政策的关系

竞争政策与产业政策都是国家政策体系的重要组成部分,是国家治理经济的重要工具。产业政策是指国家为了实现一定的经济发展目标而对有关产业实施的各种政策的统称,其主要通过调整产业结构、产业组织等方式实现市场资源的合理配置。产业政策的直接理论源于国家干预思想,“政府采取自由放任政策而不去解决市场失灵的国家,即使有成功的,数量也很少,而政府有效主导的国家取得快速增长的例子却很多”[1]。其实,产业政策的理论来源最早可追溯到古代的重商主义,是国家调整经济发展的重要手段。早在 20 世纪 50 年代末,欧美一些国家就运用经济政策和其他手段进行产业管理,尤其是经济危机和世界大战的爆发为国家实施产业政策提供了实践基础,但是这个时候并没有明确规定产业政策的概念,而是多通过有关的财政政策、货币政策、收入分配政策等体现出来。直到“二战”后日本实施了大量的产业政策才把这个概念推向全世界,学界由此展开了大量的研究。一般而言,产业政策对市场经济的发展具有指导性,能有效弥补市场配置的不足,在整体上保障资源配置的有效性、合理性,促进一国经济的发展。但是,产业政策毕竟是人们基于主观意识的判断,有时可能会与市场经济的发展规律相悖,一旦相悖,则可能阻碍市场经济的发展,甚至引发经济危机。

竞争政策是指国家制定的一系列以发挥市场在资源配置中起决定性作用、促进市场竞争的各种政策的总称,即在最大程度上防止外来力量对市场发展的不当干预。竞争政策有广义和狭义之分,广义上的竞争政策包括一切有利于市场发展的政策,而狭义上的竞争政策通常只包括竞争法律制度。一国的经济发展以竞争政策为主,还是以产业政策为主,通常与该国的经济发展相关,如经济危机的爆发导致市场调节的失灵,需要国家干预予以调节,这时候就主要以产

[1] Lewis, W. Arthur, *Theory of Economic Growth*, Allen & Unwin, 1995, p. 97.

业政策为主。但一般而言,在较成熟的经济发展体中,竞争政策应居于基础地位,产业政策应是竞争政策理念和要求的具体体现。但竞争政策的基础地位并不是一蹴而就的。在一国经济发展的初级阶段,市场的经济发展体制并不完善,这时,如果只实施竞争政策,则可能导致市场竞争秩序的破坏,阻碍市场资源的有效配置,减缓甚至阻碍市场经济的发展。而在经济转型阶段,通常竞争政策与产业政策混杂,政策制定机关难以把握产业政策与竞争政策的关系,产业政策难以有效落实竞争政策的理念和要求,还无法完全避免对竞争的限制。因此,竞争政策与产业政策似乎总是处于相对矛盾的关系,二者似乎不可调节。但实际上,一国的经济要想健康发展,离不开产业政策与竞争政策的共同助力。产业政策有助于防止市场的无序发展,纠正市场的不合理配置,在市场调节失灵的情况下,引入更强的强制力量(国家)来保障市场经济的健康发展;而竞争政策则有助于发挥市场主体的能动作用,最大限度地发挥市场配置资源的决定性作用,防止产业政策对市场经济的不正当干预,共同推进市场经济的健康发展。因而,如何有效协调好产业政策与竞争政策的关系,成为一国经济发展的难题和关键。

二、竞争法的基本原则和价值

(一)竞争法的基本原则

竞争法的基本原则贯穿竞争法的始终,是竞争法本质和内容高度整合的、对竞争法的实践具有重要指导作用的原则。因为法的基本原则实质上是国家治理意志的一种体现,[1]因而竞争法在坚持市场规制法基本原则的基础上,还应结合我国市场经济竞争之实际,构建适合我国基本国情的竞争法基本原则。

1. 合理原则

竞争是市场经济发展的必然产物,没有竞争就没有市场经济,而基于市场主体的经济人理性和机会主义倾向导致的反竞争行为必然会侵害有序的市场竞争秩序,损害市场主体的合法利益,而仅依靠市场调节的力量已经难以规制

〔1〕 孙国华、朱景文主编:《法理学》,中国人民大学出版社 1999 年版,第 114-115 页。

市场主体的无序竞争行为,因而需要外部力量的介入。国家作为外部规制的主要力量,在规制市场竞争的过程中发挥着重要作用,但是国家干预也存在失灵现象,即竞争法不仅要规制市场竞争行为,还要规制市场管理行为,尤其要防止政府不合理地限制市场竞争的行为。因而,竞争法的首要原则即合理原则,要求规制主体在行使权力时必须合理有限度,不得损害有序的市场竞争秩序。如竞争法的排除适用必须要有利于市场经济的发展,有利于社会的整体利益,同时还得兼顾公平与效率。

2. 合法原则

竞争法作为国家强制权力的一种,其行使总会对市场的发展造成影响。相较于市场调节的影响,竞争法对市场规制的影响往往具有破坏性,如竞争法可以通过界定竞争者的竞争资格来限制、排除市场主体的竞争权利,通过规制惩罚措施来排除市场主体的无序竞争行为等。因而,竞争法的适用必须要有法律依据,防止滥用、误用。具体而言,合法原则主要是指:(1)要有完善的竞争法律规定,竞争法主要规制的是市场竞争行为,而市场总是在不断发展变化的,然而法律的制定总具有一定的滞后性,因而要做到有法可依,须有完善的竞争法律规定;(2)行使竞争法权力的主体必须是法律授权的主体,其他主体不享有规制权,严格禁止不享有规制权的政府及其所属部门、社会团体等以任何理由、任何形式破坏有序的竞争秩序;(3)竞争法的实施必须要符合法律规定,不得违法行使,执法机构应严格按照竞争法的具体规定,在法定的职权范围内行使。

3. 公平竞争原则

竞争机制是市场经济最为重要的运行机制,"一种竞争的经济制度是所有经济制度中最经济的、同时又是最民主的制度"[1]。因此,促进市场公平竞争、保护有效竞争是竞争法的重要原则。公平竞争原则是竞争法的核心原则,主要是指竞争法要保障市场主体竞争地位的平等和竞争手段的合法。竞争地

---

〔1〕[德]路德维希·艾哈德:《来自竞争的繁荣》,祝世康、穆家骥译,商务印书馆 1983 年版,第 120-121 页。

位的平等包括形式平等和实质平等，形式平等是指市场主体享有平等的市场竞争权，意味着机会平等，即市场主体参与市场竞争的地位平等、获得市场资源的机会平等、受法律规制的适用条件平等和平等地享有实现经济目标的竞争手段等；实质平等是指合理有区别地享有市场竞争权，即在承认市场主体在资源和个人禀赋等方面存在差异而要求结果上的公平，如某些特殊行业对市场主体资格的限制便体现了实质平等原则。竞争手段的合法性是指市场主体的竞争必须是合法竞争，不得违背法律规定从事不正当的竞争行为。

4. 倾斜保护弱者原则

无论如何，市场竞争的本质仍是“大鱼吃小鱼，小鱼吃虾米”，但不同于自然竞争的残酷性，市场竞争更加理性，因而，竞争法还体现了弱者保护原则。竞争法上的弱者保护原则主要是指对消费者等弱势权利主体的保护。“弱者”是个相对概念，其相对于“强者”而言，在某方面居于弱势地位。在市场环境中，造成“弱者”的原因有多种，包括市场信息不对称、经济实力有差距、救济力量有差异等。相较于市场竞争主体，消费者往往在先天上处于弱势地位。一是消费者获取市场信息的能力有限。市场的专业性意味着交易双方信息的不对等性，经营者对其产品的价格、质量等信息理解程度远高于消费者，这可能导致经营者的逆向选择、道德风险、事后核查成本等问题。二是双方交易地位的不对等性。经营者以其在行业的专业水准和知识素养，在知识掌握和规则创制上居于优势地位，如金融机构可以利用其优势地位，通过行业规则制定、格式条款、免责条款等来免除本机构责任，加重消费者责任，导致消费者的权利保护岌岌可危。三是消费者的救济能力有限。如金融纠纷发生后，由于金融消费者信息收集有限、专业知识欠缺、经济差距等导致其举证能力不足，让其获得司法救济的概率较低。因而，为了促进市场经济的发展，竞争法的行使还须体现倾斜保护弱者原则。

（二）竞争法的价值

法律的作用通常是通过立法目的来体现的，如日本《关于禁止私人垄断和确保公正交易的法律》的立法目的是“通过禁止私人垄断、不当地限制交易和不公正的交易方法，防止事业支配力的过度集中，排除用结合、协定等方法，对生产、销售、价格和技术等的不当限制以及其他一切对事业活动的不当约束，从而促进公正而自由的竞争，发挥事业者的创造性，繁荣事业活动，提高雇佣和国民收入的实际水平，以确保一般消费者的利益和促进国民经济民主、健康地发展”。加拿大《竞争法》的立法目的是“维持和鼓励在加拿大的竞争，以促进加拿大经济的效率和适应性，扩大加拿大参与世界市场的机会。同时承认外国企业在加拿大竞争中的作用，以确保中小企业有公平的参与机会，并为消费者提供有竞争力的价格，还有产品选择”。通常而言，竞争法通过规制市场竞争者的竞争行为来构建有序的竞争秩序，保护竞争者和消费者的合法权益，维护社会整体利益。

1. 构建有序的竞争秩序

秩序是个多维的概念，可以从不同的角度进行解读，如“秩序既是作为物的内在规律和确定了物相互之间遭遇的方式的隐蔽网络而在物中被给定的，秩序又是只存在于由注视（regard）、检验和语言所创造的网络中；只是在这一网络的空格，秩序才深刻地宣明自己，似乎它早已在那里，默默等待着自己被陈述的时刻”〔1〕；“秩序是指符合可识别模式的重复事件或行为”〔2〕；“经济秩序是指通过法律、政治和行政手段建立起来的经济发展的基本规则”〔3〕等。而从法学上看，市场秩序是指在特定时空范围内形成的一系列法律制度和习俗惯例的总和，以公开、公正、公平为目标，旨在保障市场交易顺利进行的一种有条不紊的经济状态。〔4〕 竞争法通过对市场交易主体资格、交易方式、竞争行为的规制和市场结构的调整等方式来保障市场主体的有序竞争，从而构建有序的竞争秩序，推动市场经济的发展。

---

〔1〕 [法]米歇尔·福柯：《词与物——人文科学考古学》，莫伟民译，上海三联书店 2001 年版，第 8 页。

〔2〕 [德]柯武刚、史漫飞：《制度经济学：社会秩序与公共政策》，韩朝华译，商务印书馆 2004 年版，第 182 页。

〔3〕 袁家方、曲德森：《市场经济秩序》，海洋出版社出版 1990 年版，第 5 页。

〔4〕 李昌麒：《经济法——国家干预经济的基本法律形式》，四川人民出版社 1995 年版，第 333 页。

2. 保护市场竞争者的合法权益

竞争是市场竞争者的自由和权利,未经法律允许,市场竞争者不得损害其他市场竞争者的合法权益,不得排除、限制其他竞争者的竞争。但市场竞争的目的是获取利益,在经济人理性和机会主义思想的指引下,市场竞争者可能会破坏有序的市场竞争秩序,如为了获取高额垄断利润,市场竞争者可能会通过经营者集中、垄断低价、拒绝交易、限制交易等行为侵害其他市场竞争者的合法权益。竞争法通过规制垄断行为和不正当竞争行为等方式保护市场竞争者的合法权益,构建有序的市场竞争环境,促进市场经济的健康发展。

3. 保护消费者的合法权益

保护消费者的合法权益不受侵害的实质是竞争法倾斜保护弱者原则的具体体现。生产的最终目的是消费,市场经济的发展离不开消费者的作用。但在现代社会中,由于各种因素的影响,诸如利益集团之间的冲突、人们认知能力和禀赋的差别、商品信息的不适当分布、社会分配不公、消费者需求的个体差异以及竞争和垄断的加剧[1]等,在市场竞争中总有一批容易受到损害或处于弱势地位的人,而这样的人更容易成为受侵害的对象。在市场经济中,这样的人群多以消费者为主,竞争法通过规制市场主体的竞争行为,保障消费者的合法权益不受非法侵害,如通过规制强制搭售和附加不合理条件等,保障消费者的自由选择权不受侵害。

4. 维护社会整体利益

不正当竞争行为和垄断行为不仅损害了当事方的合法权益,还损害了有序的市场竞争秩序,扰乱了市场机制的正常作用,阻碍了市场经济的发展,甚至影响社会的发展进步。竞争法通过对垄断行为、不正当竞争行为、产品价格的控制和消费者权益的保护等方面的规制,保障有序的市场竞争,在兼顾私益的同时,保障社会的整体利益不受侵害。

三、竞争法律体系

法律体系是个复杂的概念,基于研究方法的不同也有不同的解读。通常而

---

〔1〕 李昌麒、许明月:《消费者权益保护法》,法律出版社 2014 年版,第 4-9 页。

言，法律体系是指一国现行的法律规范依照一定的原则和标准，依据规制行为的不同所构成的一个有机整体。竞争法律体系即指一国法律规范中对竞争行为规制的法律法规按照一定的标准和原则进行整合的一个有机整体。具体而言，是指现行的为维护市场竞争秩序，增进市场效率而规制市场竞争及其竞争管理行为的各种法律规范的总称。尽管从形式上看，各单行法律文本都有其具体调整的竞争行为和维护的对象，如反垄断法调整的是垄断行为，保护的是市场公平竞争，维护的是消费者的合法利益和社会公共利益，已经形成了一个较完整的法律体系。但从实质上看，垄断行为只是市场不正当竞争行为中的一种，反垄断法所调整的行为和保护的对象都能涵盖到竞争法律体系中，通过对竞争法律体系的理解学习，能更好地从宏观上把握竞争法律规制。但需要说明的是，“法律体系主要用于法学思维中，是理解法律的性质的一种途径，而不是用于法律适用中的范畴”〔1〕。

（一）竞争法的立法体系

基于世界各国（地区）经济发展阶段的不同和基本国情的差异，世界各国（地区）有关竞争方面的立法也存在明显差异。总体上，竞争法有分立式和合并式两种立法模式。

分立式立法是指反垄断法和反不正当竞争法分别制定，各成体系。在分立式立法国家（地区）中，基于经济发展进程的不同和经济管理的需求，有的国家（地区）先制定反垄断法，后制定反不正当竞争法；而有的国家（地区）先制定反不正当竞争法，后制定反垄断法，如德国于1896年颁布了《反不正当竞争法》，1957年才制定了《反限制竞争法》（反垄断法）。又如韩国1975年通过了《物价稳定与公平交易法》，1980年才通过《垄断规制与公平交易法》等。需要说明的是，以美国和英国为代表的综合式立法模式，从广义上看仍是分立式立法，只不过关于反垄断法和反不正当竞争法的内容并不分别制定，而是分别针对各种妨害市场秩序的行为，制定若干法律加以规范，如美国1890年颁布的《谢尔曼

〔1〕［英］约瑟夫·拉兹：《法律体系的概念》，吴玉章译，中国法制出版社2003年版，第3-4页。

法》主要针对的是托拉斯垄断行为。分立式立法有助于厘清竞争法律之间的关系,立法目的明确,规制机构相互独立,有利于提高行政执法效率,防止相互推诿,加强法律的适用性。但反垄断法与反不正当竞争法的实施需要相互配合和协调,对专业性要求较高,这增大了竞争法律实施的成本和难度。

合并式立法是指将反垄断法与反不正当竞争法规制的内容纳入同一个法律文本中,如匈牙利立法。合并式立法有助于协调反垄断行为和反不正当竞争行为,促进竞争法的实施,统一的执法机构更有利于竞争执法。但合并式立法的难度较大,规制内容较多,执法机构的工作量较大,规则的不完善可能导致竞争规制的乏力。

(二)域外竞争法律体系

反垄断法的历史可追溯到古罗马时期,古罗马法律中的很多条文规定都体现了现代反垄断的思想,如古罗马帝国颁布的禁止粮行蓄意提高粮价的法律。再如《查士丁尼法典》规定的,“任何人不得垄断衣服、鱼、梳子、碗等生活日用品及其他用品,不管该垄断行为是行为人自主所为,还是经申请获得批准,或者据钦定的法律解释而为。任何人不得密谋或者约定商品的最低价格”。受古罗马法的影响,反垄断的思想在西方国家甚为流行,由此导致西方国家的竞争法律制度普遍较为成熟。

1. 美国竞争法律体系

美国竞争法的规制内容主要散落于各法律条文中,反垄断法律内容与反不正当竞争法律内容相互渗透,下面主要就美国的反垄断法律体系进行说明。

美国的反垄断法最早是以规制托拉斯为核心构建的。19 世纪 50 年代以来,随着生产技术的不断发展和美国南北战争的影响,生产需求大幅增加,由此导致了市场资源的高度集中。从 19 世纪 80 年代中期开始,美国进入垄断资本主义的高速发展时期,市场资源的高度集中导致托拉斯现象突出。为规制托拉斯,美国国会于 1890 年 7 月 2 日通过了俄亥俄州参议员谢尔曼(John Sherman)提出的反托拉斯法案——《保护贸易及商业不受非法限制与垄断危害的法案》,这个法案又称《谢尔曼法》(因主要规制托拉斯行为,故又称为《反托拉斯法》)。尽管加拿大于1889年就制定了反垄断法,但目前仍公认美国的《谢尔曼法》是现代反垄断法的起源。[1]《谢尔曼法》虽只有8个条文,但其原则性较强,仍能较好地规制托拉斯行为,其中第1条、第2条是核心条款。第1条主要规制"任何契约、以托拉斯形式或其他形式的联合、共谋,用来限制州际间或与外国之间的贸易或商业"的行为,第2条主要规制"任何人垄断或企图垄断,或与他人联合、共谋垄断州际间或与外国间的商业和贸易"的行为。需要说明的是,《谢尔曼法》在立法之初便设置了严厉的制裁手段,如第1条规定"任何人签订上述契约或从事上述联合或共谋,是严重犯罪。如果参与人是公司,将处以100万美元的罚款。如果参与人是个人,将处以10万美元以下罚款,或三年以下监禁。或由法院酌情并用两种处罚"。在《谢尔曼法》实施初期,囿于其本身的规定太过原则化,解释的伸缩性过强,导致其执法效果并不明显,因而遭到了公众的谴责。为了弥补《谢尔曼法》的缺漏,美国又于1914年制定了《克莱顿法》(The Clayton Act)和《联邦贸易委员会法》(The Federal Trade Commission Act)。迄今为止,三部法律构成了美国反垄断法律体系的基础。《克莱顿法》扩大了反垄断法的作用,由事后规制向事前监管与事后规制并重发展,即凡是那些可以合理预见对竞争产生危害的行为,虽实际还未发生危害,但都是违法的(本身违法原则)。《克莱顿法》主要对价格歧视、实质上减少竞争或形成垄断的独家交易协议、实质上减少竞争或形成垄断的企业合并进行规制。其中第4条进一步提出允许私人当事人对任何反托拉斯违法行为提出三倍损害赔偿诉讼的请求,即"任何因反托拉斯法所禁止的事项而遭受财产或营业损害的人,可在被告居住的、被发现的或有代理机构的区向美国区法院提起诉讼,不论损害大小,一律给予其损害额的三倍赔偿、诉讼费和合理的律师费"。《联邦贸易委员会法》确立了联邦贸易委员会是反托拉斯的专门执法机构,还增补了对"不公平竞争方法"和"商业中不公平或欺诈性的行为"进行规制的方法。为完善反垄断法的适用,此后又对三部法律进行了修改或补充,如1936年的

[1] 孔祥俊:《反垄断法原理》,中国法制出版社2001年版,第61页。

《鲁滨逊·帕特曼法》修改了《克莱顿法》中有关价格歧视条款的适用范围；1938 年的《惠勒·李法》修改了《联邦贸易委员会法》第 5 条的规定；1950 年的《塞勒凯·弗维尔法》修改了《联邦贸易委员会法》第 7 条的规定，弥补了《克莱顿法》只禁止收买股票而排除禁止收买资产的漏洞；1980 年的《反托拉斯诉讼程序改进法》又对《联邦贸易委员会法》第 7 条作了更严格的修改。

此外，为适应美国经济发展的需求，又陆续颁布了一系列反垄断法。如 1962 年的《反托拉斯民事诉讼法》、1971 年的《禁止对外贿赂法》、1980 年的《软饮料诸商标竞争法》、1982 年的《出口贸易公司法》、1984 年的《全国合作研究法》、1984 年的《地方政府反托拉斯法》、1993 年的《国家合作性研究和生产法》等。同时，美国是一个判例法国家，司法审判的依据主要源于司法实践，因此存在大量的司法判例和执法指南，如 1968 年的《横向合并指南》、1984 年的《非横向合并指南》、1995 年的《知识产权许可反托拉斯指南》、《关于竞争者之间的共谋行为的反垄断指南》、《反垄断法的国际适用指南》、2007 年的《反托拉斯执法与知识产权促进创新与竞争》、2020 年的《纵向合并指南》等。且美国反垄断法的基本规定甚少修改，主要通过修订执法指南来完善相关的立法规定。如 1968 年出台的《横向合并指南》前后历经了五次修改，前四次修改是对既有条文的改正补充。第一次（1982 年）修改体现了芝加哥学派的思想，由 1968 年版重视市场结构的分析转变为注重效率分析，并由此提供了一种严格的方法去界定相关市场，提升了判定反竞争效果的市场份额与市场集中度的门槛。第三次（1992 年）修改则主要针对横向合并，明确了横向合并的分析思路：界定相关市场并测算市场集中度、判断潜在反竞争效果、考虑市场进入、效率及破产五步骤。而第五次修改（2010 年）则是为了适应新经济发展的需要，打破了 1992 年指南所创设的五步分析法，相关市场界定的重要性被弱化，增设“反竞争效果证据”分析。执法机关在判断一项合并可能导致的反竞争效果时，可以考虑任何可行及可靠的证据，明确了用以判定反竞争效果的证据来源和证据类型。由此可见，美国的反垄断法是以《谢尔曼法》、《克莱顿法》和《联邦贸易委员会法》为核心，由众多的补充性法律、法规、司法判例和执法指南组成的反垄断法律体系。

2. 德国竞争法律体系

德国的竞争法律体系主要由《反不正当竞争法》和《反限制竞争法》构成。1896年德国制定的《反不正当竞争法》是世界上第一部反不正当竞争的专门法,仅有一项重要的实体法规范,该款规定,引人误解的广告行为应通过民事法律规范进行救济。事实上,德国有关反不正当竞争法律在过去还包括1932年的《馈赠法令》和1933年的《折扣法》,但由于这两部法律主要保护的是中小企业,而忽视了对消费者利益的保护,因而已被废止。为适应经济发展的需要,《反不正当竞争法》迄今为止已进行了数次修改,其中修改幅度最大的当属2004年。该法不再以违反善良风俗的行为作为规制对象的称谓,而是以不正当竞争行为的概念来涵盖规制对象,完善了相关概念;该法第4条列举了11种不正当竞争行为,主要有虚假宣传、商誉诋毁以及仿冒商品或服务、有针对性地阻碍其他竞争者等行为;设立了对引人误解广告的禁止性规定,对意外骚扰行为设置了一个独立的规定,完善了不正当竞争行为的法律后果。

到了19世纪末叶,随着工业技术的不断发展,各行业都出现了明显的供过于求现象,卡特尔现象盛行。但当时德国对卡特尔行为持鼓励和支持态度,如1910年颁布的《钾矿业法》便是一部卡特尔促进法。后虽对卡特尔行为进行了规制,但由于两次世界大战和经济危机的影响,德国仍对卡特尔持放任态度,卡特尔在此期间得到了高度发展,如1933年制定的《强特卡特尔法》仍是鼓励、支持、发展和扶植卡特尔的法律,利用卡特尔和其他垄断组织形式,将国民经济进行统一,为战争服务。直到"二战"结束后,德国的经济改革在国际社会的要求下不得不发生转变,开始强制规制卡特尔行为,50年代初的德国才依据《波茨坦协议》解散了大部分卡特尔组织,于1957年7月27日才颁布了德国自己的反垄断法,即《反限制竞争法》。该法标志着德国反垄断法律体系的初步建立,其规制重心由反不正当竞争转移到反垄断和反对限制竞争方面,规制的主要内容包括限制竞争的行为、滥用市场支配地位的行为和企业合并的行为。同样,为适应经济发展的变化,该法至今为止已进行了十次修订,前五次修订是在

“两德”合并前，修改幅度相对而言并不大，如为促进本区域的经济发展，保护正常的市场经济秩序，在第二、三、四次修改中引入和强化了企业的合并控制，第二、四次修改强化了对滥用市场支配地位的监督和惩处力度。“两德”合并后，为了促进与欧盟竞争法规的有效衔接，《反限制竞争法》前后又进行了第六、七、八、九次修订。新修订的《反限制竞争法》参照欧盟相关竞争法律的规定进行修改，充分促进了德国竞争法的现代化、自由化和欧洲化。如为促进欧盟区域内市场资源的正常流通，消除不正当的竞争限制，第六次修订在自然垄断行业如电信、邮政以及其他经济领域取消管制和引入竞争机制，加强了对中小企业的竞争保护，为中小企业的合作提供了便利等。第七次（2005 年）修订借鉴《欧共体条约》，整合了横向限制竞争协议和纵向限制竞争协议，强化国家竞争主管机关的权力配置，完善反垄断私人执行制度等。第八次（2013 年）、第九次（2017 年）的修订还回应了新经济发展的要求，增加了“数字市场反垄断法”的相关条款，将“交易额”纳入了经营者集中的申报标准等。第十次（2021 年）修订主要是对数字经济发展的回应，因而又被称为“《反对限制竞争法》数字化法案”。该法案对数字平台的中介角色更新了认定支配地位的规制，修改了必要基础设施的规则，明确了具备支配地位的公司如果拒绝让竞争对手访问某些平台、数据或使用某些知识产权，则可能被视为滥用了自己的支配地位。

3. 英国竞争法律制度

严格地说，英国才是世界上最早颁布竞争法律制度的国家。早在 1623 年，英国就颁布了《垄断法》，但是该法主要针对的是国王创制的垄断行为，规制的内容相对简单，因而其影响力远不如美国的《谢尔曼法》。不同于美国的反垄断立法实践，英国的反垄断立法并非源于一场强大的民间反垄断活动。同大多数欧洲国家一样，20 世纪早期，通过排除竞争的方式来保护贸易的行为被普遍接受，英国对卡特尔行为持宽容态度。且英国是个判例法国家，有关竞争的法律制度主要体现在一系列的判例之中，如早期英国法官在对契约进行干预时确立的贸易限制的例外原则，即 1894 年的 *Nordenfelt v. Maxim Nordenfelt Guns & Ammunition Co.* 案，法官在判决中认为，一切贸易限制就其本身而言都是无效的。直到“二战”后,英国对垄断行为的宽容态度才有所改变,判例法特色被逐渐淡化,成文法开始盛行。

1948 年英国出台了第一部现代意义上的竞争法律——《垄断与限制竞争法》,但该法主要以行政管理的方式对市场竞争进行管理,起主导作用的是贸工部部长,其可以决定是否进行反垄断调查。其后,1956 年颁布了《限制性贸易惯例法》,1964 年颁布了《转售价格法》,1965 年颁布了《垄断与合并法》。1973 年,英国制定了《公平交易法》,该法设置了公平交易局,下设公平交易办公室,规定了合并控制制度和垄断调查制度等。为适应英国经济的发展,1976 年又颁布了新的《限制性贸易行为法》、新的《转售价格法》,1980 年的《竞争法》等。英国议会于 1998 年通过的《竞争法》,取代了 1976 年的《限制性贸易行为法》和《转售价格法》,并涵盖了 1980 年《竞争法》的大部分内容,以及其他有关竞争立法的相关条款,于 2000 年 3 月 1 日生效。该法第一章规制了限制竞争协议,第 2 条对禁止限制竞争协议进行了原则性规定,第 3 条规定了适用除外制度,第 4~11 条规定了豁免制度;第二章规制了滥用市场支配地位的行为,采用原则规定与列举相结合的立法方式规定了滥用市场支配地位的行为,第 19 条规定了适用除外的情形。尽管该法从整体上提高了英国的竞争法水平,设置了竞争委员会(Competition Commission,CC),增设了一个竞争委员会的上诉法庭,但仍存在一些缺陷,如有关合并的问题并未解决,执法机关的执法权限还未明确等。为弥补 1980 年《竞争法》的不足,英国于 2002 年通过了《企业法》,于 2023 年 6 月 20 日正式生效。该法规定了新的企业合并监管制度,设置了两个独立的执法机构——公平贸易办公室(Office of Fair Trading,OFT)与竞争上诉法庭(Competition Appeal Tribunal,CAT),并赋予竞争委员会更多的责任和任务,对国务秘书在竞争决策过程中的权力进行了限制。且在英国,不正当竞争行为被称为限制性商业行为,由《企业法》进行规范。因而,当前英国的竞争法律制度主要以 1980 年的《竞争法》和 2002 年的《企业法》为主。

4. 日本竞争法律制度

日本的竞争法律制度深受德国竞争法和美国竞争法的影响,在“二战”前,日本竞争立法效仿德国,其后则较多地体现美国竞争法的色彩。17 世纪初以来,日本奉行的是闭关锁国政策,禁止海外贸易,直到 1858 年日本才打开国门,允许海外贸易自由化,其产业发展受到国外自由竞争的威胁。第一次世界大战后,为促进国民经济的发展,日本参照德国制定了加强卡特尔的法律,如 1931 年的《国家重要产业统制法》、1933 年的《外汇管理条令》等。从 1900 年开始,日本的垄断企业发展迅速。到 1940 年,三井、三菱、佳友、安田这四大垄断企业的资本总额达到了日本全国资本总额的 25%。因而,尽管在 1934 年日本就制定了反不正当竞争法——《不正当竞争防止法》,但收效甚微。该法主要由 6 个条款组成,第 1 条规定了不正当竞争行为的主要内容和损害赔偿责任,第 2 条规定了对商品普通名称的行使行为(使用商品的通常名称、使用在交易上通常惯用于同种类营业的名称或其他标记的行为、善意地使用自己的姓名的行为等)的适用除外规定,第 3 条规定了关于外国人的例外,第 4 条规定了不正当竞争行为在公法方面的限制,第 5 条规定了具体的罚则,第 6 条规定了对行使无实体财产权行为(根据专利法、实用新设计法、意匠法或商标法而行使其权利的行为)的适用除外规定。由于其制定较早,其内容不甚完备,后续又进行了多次修改和完善,颁布了《不当赠品及不当表示防止法》《不公正的交易方法》等进行补充。

而日本的反垄断法于 1947 年 4 月制定,即《禁止私人垄断和确保公平交易法》,同年 7 月,日本设立《禁止私人垄断和确保公平交易法》执行机构——日本公正交易委员会,专门负责执行和监督该法。当时日本的立法多受美国影响,因而,从整体上而言,日本反垄断法更多地体现了美国反托拉斯法的预防性保护措施。[1] 日本的反垄断法不仅包括《禁止私人垄断和确保公平交易法》《防止不正当奖品及不正当表示法》《防止推迟支付分包资金等的法律》《经济力量过度集中排除法》《事业人团体法》《特定中小企业稳定临时措施法》《出口交易法》《关于水产品出口振兴法》《煤炭矿业合理化临时措施法》《纺织工业设

---

〔1〕 孔祥俊:《反垄断法原理》,中国法制出版社 2001 年版,第 109 页。

备临时措施法》等，还包括大量的与禁止垄断有关的法律和行政法规，如《禁止垄断法关于流通、交易惯例的指导方针》《禁止垄断法关于规制专利、技术许可契约中不公正交易方法的指导方针》《禁止垄断法有关行政指导方针》《禁止垄断法关于事业人团体活动指导方针》等。为适应日本经济的发展，日本也对《禁止私人垄断和确保公平交易法》进行了多次修改，并出台了大量的配套指南。如在 20 世纪 40 年代末以后，为振兴日本经济，日本政府开始实施促进产业结构合理化政策，有些措施与《禁止私人垄断和确保公平交易法》中的规定存在冲突，为此，在 1949 年 6 月，日本首次对《禁止私人垄断和确保公平交易法》进行了修订，将国际契约认可制改为申报制，放宽对企业联结和持股的限制等。而到了 20 世纪 80 年代中期以后，在经济全球化的影响下，对日本经济体制、产业政策、竞争政策等提出了新的要求，2005 年又对《禁止私人垄断和确保公平交易法》进行了修订，重新审视罚款制度和企业联结规定；加大对不正当交易限制等行为的刑事处罚力度；完善各种手续规定等。为适应数字经济发展的需要，强化反垄断执法，2019 年又对《禁止私人垄断和确保公平交易法》进行了强化修订。

5. 发展中国家的竞争法律制度(以印度为例)

在人们的传统观念中，普遍认为竞争法是发达国家的专有法律，但到了 20 世纪后期，发展中国家和转型经济国家为消除计划经济固有的弊端，创造市场经济发展所需的环境，也普遍实施竞争政策或竞争法，如孟加拉国 1970 年实施了《垄断和限制贸易行为(控制和预防)条例》，蒙古国 1993 年颁布了《不公平竞争法》，亚美尼亚 2000 年颁布了《经济合作保护法》，约旦 2000 年实施了《商业秘密和不公平竞争法》、2004 年颁布了《竞争法》。下面以印度的竞争立法为例进行介绍说明。

印度在英国的殖民统治下近 200 年，直至 1947 年才获得独立，为了尽快发展民族经济，实现国民经济的迅速增长，印度在当时主要实行混合经济模式，坚持公、私营经济并举。但为保证国家发展目标的实现，实际上仍以公营经济为主，私营经济并未发展起来，重要关键的部门由国家控制，采取计划经济手段，防止经济权力的过度集中。1948 年印度第一个产业政策决议颁布，到了 1956 年的产业政策决议决定强化政府对工业化进程的干预和监管，政府干预和控制几乎遍及印度经济活动的所有领域。但印度的政府干预非但没有控制市场经济的发展，反而帮助了那些大企业积累资本并使其具备了控制市场的能力。为制约经济力量的集中，控制垄断的增长，防止各种贸易行为损害公共利益，1969 年，印度出台了第一部竞争法《垄断与限制性贸易行为法》，于 1970 年 6 月 1 日正式生效。该法践行了印度《宪法》第 39 条第 2 款之规定，经济制度的运行不能造成财富集中和生产资料的集中，从而损害社会公共利益。该法总共分为九章和一个 B 部分，内容以第三章的“经济力量集中”、第四章的“垄断贸易行为”、第六章的“限制贸易行为与不公平贸易行为”和第七章的“控制限制贸易行为”为主。该法从颁布至废止共经历了 9 次修订，其中最重要的修订是 1991 年的修订。20 世纪 90 年代初，经济自由化的浪潮席卷全球，计划经济逐步被市场经济所取代，经济一体化和全球化成为世界经济发展的主题。为顺应时代发展的潮流，印度修订了《垄断与限制性贸易行为法》。其立法目的发生了重大变化，由控制经济力量的集中、控制垄断转向抑制垄断性贸易行为、限制性贸易行为和不公平竞争行为，以维护商业竞争、保护消费者的权益；删除了有关企业联合的前置许可条款，不再进行事先干预，而强调事中的监管和事后的规制；评价滥用市场支配地位的标准从结构主义向行为主义转变，删除了把企业的支配地位与违法行为相联系的条款，企业规模不再是竞争法关注的焦点，转而关注企业的市场行为是否影响竞争；扩大其适用范围，1991 年修正案删除了原来给予国有企业和合作社的豁免权，扩大了法律的适用范围。

尽管修正后的《垄断与限制性贸易行为法》能在一定程度上满足印度竞争执法的需要，但该法案并没有规制主要的限制竞争行为，即规制对象仍有所欠缺，该法只对经济力量集中、限制性贸易行为、垄断性贸易行为和不正当贸易行为有所规制，并没有规制滥用市场支配地位、卡特尔、串通投标、歧视性定价等限制竞争行为。且相应的执法判断条件，该法并未明确，其规定比较模糊，导致竞争执法容易受主观因素的影响，如有关专家证人的证据力如何，该法并未规定。为弥补《垄断与限制性贸易行为法》的不足和适应世界经济发展的需要，印度废除了《垄断与限制性贸易行为法》，于 2002 年实施了《竞争法》。2002 年的《竞争法》共九章，66 条，内容集中于第二章的“限制竞争协议、滥用市场支配地位和企业联合的规制”、第六章的“处罚”和第七章的“促进竞争”规定。相较于《垄断与限制性贸易行为法》，《竞争法》明确界定了滥用市场支配地位、卡特尔、操纵投标、掠夺性定价等行为，很明确地将“掠夺性定价”视为一种滥用市场支配地位的行为，将相关标准具体化。同时，《垄断与限制性贸易行为法》提倡的是控制私人垄断、阻止限制竞争行为，而《竞争法》却提出了促进竞争的主张。同样，为适应市场经济的发展，印度也对 2002 年的《竞争法》进行了修改。尽管 2007 年的修正案对 2002 年的《竞争法》中的 41 个条文进行了修改，但总体而言，并没有对实体规范作出实质性修改，其修正重心主要集中于竞争主管机构的设置和变更方面。

（三）中国的竞争法律体系

中国现行的竞争立法主要是分立式立法，以《反垄断法》和《反不正当竞争法》为主构成了包括有关竞争规制的法律、法规、行政规章等系统性的完整统一体。即竞争法律体系既包括了法律层级的竞争法（以《反垄断法》《反不正当竞争法》为主），也包括了行政法规和部门规章层面上的竞争规范（如《国务院反垄断委员会关于相关市场界定的指南》《国务院反垄断委员会关于平台经济领域的反垄断指南》《禁止滥用市场支配地位行为暂行规定》《关于原料药领域的反垄断指南》等），还包括了地方性法规层面上的竞争规范和司法解释层面上的竞争规范。如以反垄断法律体系为例，截至 2020 年，我国已形成以《反垄断法》为核心，由 1 个行政法规、8 件部门规章、5 件反垄断指南、15 件规范性文件构成的较为完备的反垄断法律体系，[1] 基本保障了反垄断执法机构有法可依的需求。而一国的竞争法律体系通常与该国的经济发展阶段相关，下面以《反不正当竞争法》和《反垄断法》为主进行介绍。

---

[1] 国家市场监督管理总局反垄断局：《中国反垄断立法与执法实践》，中国工商出版社 2020 年版，第 23 页。

随着我国改革开放的实施和中国特色社会主义法律体系的建设，一方面，需要在原先缺乏竞争的经济体制内引入竞争以解决计划经济遗留下来的问题，促进中国市场经济的发展；另一方面，随着不正当竞争行为日趋增多，中国市场经济的发展受到严重阻碍，1993 年第八届全国人民代表大会常务委员会第三次会议通过了《反不正当竞争法》，并于同年 12 月 1 日开始实施。因此，从某种意义上看，1993 年制定的《反不正当竞争法》可以说是一部“妥协之法”或“应急之法”。需要说明的是，1993 年的《反不正当竞争法》并不是一部纯粹的禁止不正当竞争行为的法律，其仍包含了反垄断法的部分内容，如公用企业限制竞争行为、行政性垄断行为、串通招投标行为、搭售行为等。随后，为适应中国市场经济的发展，《反不正当竞争法》经历了多次修改。2017 年 11 月 4 日第十二届全国人民代表大会常务委员会第三十次会议第一次修订了《反不正当竞争法》，2019 年 4 月 23 日第十三届全国人民代表大会常务委员会第十次会议完成了我国《反不正当竞争法》的修正。为适应数字经济的发展，规制利用数据、算法、平台规则等实施的新型不正当竞争行为，2022 年 11 月 22 日，国家市场监督管理总局（以下简称市场监管总局）发布《中华人民共和国反不正当竞争法（修订草案征求意见稿）》，公开征求《反不正当竞争法》的第三次修改意见。

为了适应互联网经济的发展，厘清反垄断法与反不正当竞争法的关系，中国的《反不正当竞争法》于 2017 年迎来了第一次修改，完善了不正当竞争行为的判断原则，增强了“扰乱市场竞争秩序”的地位，引入了消费者合法利益作为判断不正当竞争行为的标准；完善了混淆行为、商业贿赂、有奖销售等七种不正当竞争行为的认定规则，新增了关于互联网不正当竞争的规定，加大了执法的处罚力度，加强了同其他竞争法律法规的联系，如为了与《商标法》衔接，删除了混淆行为中关于他人假冒注册商标的规定。特别是为了衔接《反垄断法》的相关制度，删除了五种限制竞争的行为，如公用企业限制竞争行为、行政性垄断行为、低于成本价销售行为等。从整体上看，《反不正当竞争法》的这一“自我净化”举措，不仅划清了反不正当竞争法与反垄断法的界限，而且使我国的竞争法律体系展示出更清晰、更严谨的结构，使我国的竞争法律体系得到了优化。

为提高《反不正当竞争法》的适用性，2019 年对《反不正当竞争法》作出了四处修正，其中两处与商业秘密内容相关，另外两处规定了惩罚性赔偿及提高法定赔偿（由原来的 300 万元提高至 500 万元），这些条款的修改将有利于商业秘密的保护、遏制不正当竞争的行为。扩大了商业秘密的范畴，新增教唆、引诱、帮助他人实施侵犯商业秘密的，亦认定为侵犯商业秘密的行为；增加了由监督检查部门责令停止违法行为和处罚的主体类型，除了经营者，包括其他自然人、法人和非法人组织；减轻了原告的举证责任，规定了举证责任倒置的情形等。

随着我国改革开放进程的不断加快，仅依据《反不正当竞争法》并不能解决市场竞争的问题，《反垄断法》的立法逐渐被提上日程。我国于 1994 年开始《反垄断法》的起草工作，在借鉴域外先进反垄断立法经验的基础上，结合我国经济发展之实际，历时 14 年的起草，终于在 2007 年 8 月 30 日第十届全国人民代表大会常务委员会第二十九次会议通过了《中华人民共和国反垄断法》，于 2008 年 8 月 1 日起正式实施。在《反垄断法》实施的第 13 个年头，为了适应市场经济的发展，特别是随着平台经济等新业态行业的快速发展，一些大型平台经营者滥用数据、技术、资本等优势实施垄断行为、进行无序扩张，妨碍公平竞争、抑制创业创新、扰乱经济秩序、损害消费者权益等问题日益突出，迫切需要反垄断法律制度予以规制，在 2020 年 1 月 2 日国家市场监督管理总局发布了《反垄断法（修订草案）》，向社会公开征求反垄断法的修订意见，于 2022 年 6 月 24 日完成《反垄断法》的首次修订，2022 年 8 月 1 日起施行。此次修法为使《反垄断法》适应数字经济的需要，在立法目的条款中新增了“鼓励创新”条款，导入了公平竞争条款；新增纵向垄断协议的安全港制度，规制垄断协议中的实质性帮助行为（也有学者称为轴辐协议）；在滥用市场支配地位中，增加了平台反垄断的内容；建立健全经营者集中分类分级审查制度，设置了经营者集中审查的“停钟”制度；此外，此次修法还增加了约谈制度，加大了反垄断违法的处罚力度，如增加了对达成垄断协议的经营者的法定代表人、主要责任人和直接责任人的处罚规定；对于违反本法规定，情节特别严重、影响特别恶劣、造成特别严重后果的，国务院反垄断执法机构可以在相关规定的罚款数额的二倍以上五倍以下确定具体罚款数额等。

（四）反垄断法与反不正当竞争法的比较

反垄断法和反不正当竞争法同属竞争法的重要内容，在保护有序的市场竞争环境中起重要作用，但市场经济中的垄断行为与不正当竞争行为并不总能分得特别清楚，因此，在各国（地区）的反垄断立法过程中关于其立法体例就存在争议。有的国家（地区）采用统合式立法，即一部法律涵盖竞争法的内容；有的国家（地区）采用分立式立法，分别颁布实施《反垄断法》和《反不正当竞争法》，如德国、日本等。尽管反垄断法与反不正当竞争法都是为了维护有序的市场竞争秩序，保护社会的整体利益，但二者仍有区别，具体而言：

（1）二者的立法目的存在差异。我国《反垄断法》的立法目的是“预防和制止垄断行为，保护市场公平竞争，鼓励创新，提高经济运行效率，维护消费者利益和社会公共利益，促进社会主义市场经济健康发展”，《反不正当竞争法》的立法目的是“促进社会主义市场经济健康发展，鼓励和保护公平竞争，制止不正当竞争行为，保护经营者和消费者的合法权益”。从法条来看，二者的立法目的既有共同点，又存在差异。《反垄断法》的立法出发点是从竞争性的市场结构出发，反对市场主体的垄断行为，更加关注市场竞争的有无以及其是否充分，因此其要保护市场公平竞争，提高经济的运行效率；而《反不正当竞争法》的立法出发点是基于不正当竞争行为对市场主体的侵害和对市场竞争秩序的破坏，因此其更加鼓励和保护公平竞争，更加关注竞争行为的正当性和合理性。从整体上看，《反垄断法》更多体现的是从宏观层面对市场竞争秩序的保护，通过对垄断行为的规制保护有效竞争的格局，使竞争更加充分、竞争结构更加合理，即在保护竞争的同时，还兼顾效率；而《反不正当竞争法》更多体现的是从微观层面对市场主体的不正当竞争行为进行规制从而保护有序的市场竞争秩序。

(2)二者的规制内容存在明显差异。我国《反垄断法》主要规制的是垄断协议、滥用市场支配地位和具有排除、限制市场竞争的经营者集中行为,涉及内容涵盖市场的生产、流通环节,对市场的危害普遍较大。而《反不正当竞争法》主要规制 11 大类不正当竞争的行为,如引入混淆的行为、商业贿赂的行为、引人误解的虚假宣传、侵犯商业秘密的行为、不正当有奖销售的行为等,主要涉及的是商品的流通环节。

(3)二者的实施手段存在较大差异。《反不正当竞争法》主要通过事后的规制手段予以救济,主要以私人诉讼为主。而《反垄断法》既有事前的监督,又有事中事后的规制,囿于垄断的危害性和隐蔽性,《反垄断法》的实施主要以行政手段为主,辅之以民事手段和刑事手段。且相对而言,不正当竞争的行为更加普遍,《反不正当竞争法》的适用范围更加宽泛。

第三节 竞争法与其他法律的关系

一、竞争法与宏观调控法的关系

市场规制法与宏观调控法作为经济法的重要内容,在促进市场经济的健康发展中发挥着重要作用。而竞争法作为市场规制法的重要内容,与宏观调控法既有联系,又有区别,下面主要对市场规制法与宏观调控法的关系进行论证分析,二者的区别、联系足以说明竞争法与宏观调控法的关系。具体而言,二者的区别主要表现在:

(1)二者产生的时间不同。如前所述,域外资本主义国家的市场规制法主要产生于私人垄断资本主义时期,即 19 世纪 70 年代末,为解决自由竞争带来的危害,由国家对市场经济进行干预,以美国为代表的资本主义国家开始制定市场规制法。两次世界大战和经济危机的爆发不仅进一步拓展了市场规制法体系,还使各资本主义国家逐渐认识到仅依靠市场规制的手段无法有效规制市场,还需要国家更深层次的干预,宏观调控法开始走上历史舞台,如罗斯福新政便主要依靠宏观调控的手段解决社会经济矛盾,促进市场经济的发展。即在资本主义国家,市场规制法先于宏观调控法产生。

然而到了社会主义国家,这样的情况似乎发生了变化。社会主义国家由于生产资料的公有制,实行的是计划经济,市场的自由度受限,政府管理、组织、参与经济成为最常见,也是最主要的任务。而国家对经济进行管理的手段主要是宏观调控的手段,因而宏观调控法先于市场规制法,如中国自 20 世纪 70 年代改革开放以来,先确立的是宏观调控法律体系,直到 1992 年后,市场规制法律体系才逐步形成。即在社会主义国家,宏观调控法先于市场规制法诞生。

(2)二者的理论基础不同。域外资本主义国家市场规制法诞生的理论基础是市场失灵和政府失灵,而中国市场规制法的诞生基础主要是为适应经济体制改革的需要,其理论基础主要源于效率理论。尽管宏观调控法的理论源于需要国家干预理论,但市场规制法更多体现的是间接干预理论,而宏观调控法更多体现的是直接干预理论。市场规制法主要通过规制市场主体及其行为来维护有序的市场竞争秩序,保护消费者的合法权益来间接实现国家干预的目的,而宏观调控法主要通过规制国家宏观调控的手段来实现国家干预的目的。

(3)二者的规制体系不同。市场规制法的调整对象主要是国家在规制市场行为中所形成的社会关系,即市场规制关系,由此形成的市场规制法律体系主要以反垄断法、反不正当竞争法和消费者权益保护法为主要内容,其目的是维护市场秩序,促进公平竞争,防止市场失灵。宏观调控法的调整对象主要是国家对国民经济进行调整和控制过程中所发生的社会关系,即宏观调控关系,而宏观调控关系贯穿国民经济运行的全过程,主要涉及财政、税收、金融、计划等方面的内容,由此形成的宏观调控法律体系主要包括财政法、税法、金融法、产业调节法等,其目的是保持经济总量的平衡,促进市场经济结构的优化。

(4)二者的功能作用不同。市场规制的目的在于维护有序的市场竞争秩序,促进公平竞争,保护消费者的合法权益,而宏观调控是为了实现宏观调控目标,保持经济总量的平衡和促进市场经济结构的优化。因而,二者的施行手段各不相同，体现的功能作用也不同。市场规制法主要通过强制性、禁止性、限制性或惩罚性的手段来规制市场主体及其行为，加强对市场的监管；宏观调控法主要通过职权性或程序性的规范对政府宏观调控的行为进行规制，促使政府宏观调控的行为制度化和规范化，是对政府无序宏观调控行为的纠正。

二者的联系主要表现在：

（1）二者的规范目的虽有区别，但在具体价值追求上具有一致性。市场规制法的目的是通过规制市场主体及其行为，维护社会整体利益和保护有序的市场竞争环境，促进市场公平竞争，从而推动市场经济的健康发展。而宏观调控法的目的是通过约束政府及其宏观调控行为，保障宏观调控目标的实现。二者都是为了营造一个有序的市场竞争环境，促进国民经济健康、持续、稳定的发展。

（2）二者的规制内容互有交叉。尽管市场规制法主要规制市场主体及其行为，但其规制内容也会涉及宏观调控法的内容，宏观调控法也是如此，即我国现行经济法律规范中存在大量的交叉、重叠。如金融规制本属于市场规制法的内容却也被宏观调控法调控，政府采购法的内容也有涉及市场规制法的内容等。

（3）二者相互作用，共同推进市场经济的发展。宏观调控法以市场规制法为基础，市场规制法构造的自由、公平、有序的竞争秩序，为宏观调控法充分发挥作用提供了必要的微观基础，且保护市场有序的竞争秩序也是宏观调控法的主要任务之一。市场规制法以宏观调控法为条件，市场规制法实施目标的实现有赖于宏观调控法构造稳定、协调、健康的宏观环境，宏观调控法为市场规制法的实施指明了方向，经济总量的平衡、产业结构的优化为市场规制法的实施奠定了基础。

二、竞争法与民商法的关系

竞争法与民商法都是规制市场主体及其竞争行为的法律，二者既有一定的联系，如诚实信用、公序良俗等一般条款或原则都是二者共同的价值追求；又有很大的区别,如二者共同追求的公平原则在具体体现上呈现很大的差异,民法更加注重形式公平,经济法更加重视实质公平。从总体上看,二者差异明显,具体而言:

(1)从产生历史看,民法历史悠久,迄今为止已有两千余年,作为民法特别法的商法,其产生时间也比竞争法更加久远。而经济法作为一个新兴的法律,其发展历史较短,竞争法的发展历史则更短。

(2)从主体上看,民法上的主体是无差别的任何人,包括自然人、法人等。而商法和竞争法中的主体都是有特定身份的人。商法上的主体是指从事营利性活动的商人,具体包括个体工商户、个人独资企业、合伙企业、公司和其他形式的企业法人、联营企业、外商投资企业等。而竞争法的主体则主要是从事市场竞争和交易的人,具有经济性,如消费者、经营者、行业协会、消费者组织等。需要说明的是,竞争法上的经营者(从事商品生产、经营或者提供服务的自然人、法人和其他组织)与商法上的商主体在范围上基本相同,因而与民法相比,竞争法与商法的关系更加亲密。

(3)从立法目的和调整范围来看,民法的立法目的是保护民事主体的合法权益,调整民事关系,维护社会和经济秩序,在追求个人自由、个人利益的基础上兼顾社会利益。而商法和竞争法都以市场主体及其行为为调整对象,但商法关注的是流通环节的经济活动,其立法目的是保障交易安全、维护交易公平和提高经济效益。竞争法调整的是市场经济发展的全过程,包括生产、分配、流通、消费等各个环节,其立法目的是维护有序的市场竞争环境,促进公平竞争,保护消费者的合法权益等。即竞争法是以社会整体利益和经济秩序为目标而对市场主体及其行为进行规制的法律,民商法则是在意思自治、契约自由的基础上建构的为保护个体合法权益而对平等主体之间的人事关系和财产关系进行调整的法律。

(4)从调整方法上看,竞争法主要以强制、禁止、限制或惩罚性手段规制市场主体及其行为,同时依靠规制主体的监督来实现法律对市场主体及其行为的要求,主张国家应该通过立法、行政、司法等方式对市场经济的发展进行适度干预。民法多为授权性或任意性规范,通过平等主体之间具体权利义务的相互制约和对个体利益的关心来达到维护经济秩序的目的。尽管现代商法也增加了一些国家干预的思想,增添了一些强制性规范,但商法仍以意思自治、契约自由为基本原则,保障的仍是商主体的合法权益。

(5)从法律责任和实施方式上看,民事责任是民事主体在民事活动中,因违反约定或因违反民事法律规定而应承担的不利法律后果,其实施方式既可以通过民事诉讼实施,也可以在自愿的基础上进行协商或委托第三方进行调解或仲裁。商法并没有特别的责任形式,承担的也是民事责任,其追责形式也相同。且民商法因坚持意思自治、契约自由原则,并没有设立专门的监管机构。竞争法的法律责任则是市场主体因损害市场竞争秩序,可能威胁或损害到社会公共利益而应承担的不利法律后果,主要的法律责任既有赔偿、罚款、罚金、没收非法所得等财产性责任,也有声誉罚、自由罚、资格罚等非财产性责任。竞争法的实施方式既包括市场监管机关的监管,也包括民事诉讼、公益诉讼的实施方式。

三、竞争法与行政法的关系

由于竞争法主要依托行政机关实施,因而有观点认为市场规制法是特别的行政法,如有学者认为"经济法与行政法同样是市场经济体制下相互补充的两个法律部门,经济法是运用国家权力完成行政法所不能完成的国家调控经济职能的法律部门"[1]。但从实践来看,竞争法的实施既有行政实施,也有司法实施,且仅依靠实施主体判断法律的性质具有狭隘性,并不能涵盖竞争法的所有特性。二者也是既有联系,又有区别,具体而言,其区别体现在:

(1)立法目的不同。尽管行政法与竞争法都是为了维护公共利益,但行政法维护的是社会秩序,是为了防止行政权力的滥用或误用,保护的是行政相对人的私人利益。"行政法的时代机能应当包括私人权益的司法保障和公共福祉的制度体现。将行政法定位为私人权益的司法保障,其背后的哲学是:行政

[1] 刘大洪、吕忠梅:《现代经济法体系的反思与重构》,载《法律科学(西北政法学院学报)》1998年第1期。

机关在本质上倾向于滥权而侵害人民权益;容易滥权的行政机关必须受法律的约束;无论是避免行政机关滥权或保障人民权益,都必须借由独立公正并具法律专业的法院进行。将行政法定位为公共福祉的制度体现,其背后的基本哲学是:行政机关在本质上应被定位为增进公共福祉;法律并非消极地用来拘束行政机关,而是借由适当的制度设计,积极地促成公共福祉的增进;公共福祉的体现,并不能只靠独立公正并具有法律专业的法院,行政机关或政府整体所主导的程序,更是影响公共福祉体现的重要场域。"[1]而竞争法维护的是市场竞争秩序,防止市场的无序竞争,保护的是经营者、消费者、劳动者等在内的所有市场主体的合法权益。

(2)规制手段不同。竞争法虽涉及行政主体,但其以社会本位为指导思想,具有公私法兼容的特点,综合运用民事方法、行政方法、刑事方法来对市场主体及行为进行事前、事中和事后的全面规制和监督,既要利用政府的"有形之手",也要兼顾市场的"无形之手"。行政法属于公法,更多体现国家权力的强制性特征,通过确权和控权手段保护行政相对人的合法权益,确定国民的行政权益和行政机关的权限、职责,控制政府权力,防止其滥用。

(3)调整内容不同。竞争法主要规制的是市场主体及其行为,主要调整的是市场竞争关系。而行政法主要规制的是行政机关在行政许可、处罚等行使行政权力过程中与行政相对人发生的各种关系,即行政管理关系。简言之,行政法的规制内容主要以保障国家权力的正确实施为主,而竞争法的规制内容主要以保护市场的有序竞争为主。

(4)责任形式不同。行政法责任是行政法律关系主体由于违反行政法律规定而应当依法承担的否定性法律后果,包括行政主体的责任和行政相对人责任,具体表现为停止、纠正或撤销不恰当的行政行为或处分决定,罢免行政领导职务,给予警告、记过、降级、撤职、开除等行政处分,通报批评、赔礼道歉,没收、追缴或退赔违法所得等。竞争法的责任既有行政责任,又有民事责任,还有经

〔1〕 叶俊荣:《行政法案例分析与研究方法》,台北,三民书局1999年版,第9-11页。

济法所特有的责任，包括罚款、没收非法所得、惩罚性赔偿、资格减等、禁止性处罚、产品召回、拆分垄断企业、责令停业、限期整顿、吊销许可证等不同形式。

二者的联系主要体现在：

(1)竞争法与行政法对社会经济关系的调整均需要借助国家权力，二者相互依赖、相互渗透、相互促进，共同保障了市场经济的发展。行政法所调整的行政管理关系中涉及市场经济关系，与竞争法规制的内容有所重叠，且竞争法发挥作用也主要依靠行政手段，二者均体现了国家干预市场经济的思想。

(2)竞争法的产生和发展进一步促进了行政法的发展和体系扩张。行政法产生于自由竞争时期，受国家干预思想的影响，其行权范围是在逐渐扩大的，后随竞争法的发展出现了专门的市场监管机构，如美国进入20世纪后，设立了联邦贸易委员会、证券监督管理委员会等；英国也设立药监局、竞争及市场管理局、食品标准局、金融政策委员会等。竞争法在扩大各专业市场监管机构的同时，也在逐渐扩大政府的行政权力，如《反垄断法》的颁布使行政机关拥有了反垄断的权力。而权力的扩张又导致政府权力的约束成为必然，行政监管法律的出现进一步完善了行政法体系。

(3)二者在规范对象上有交叉。行政法规制的是行政管理关系；而竞争法规制的市场行为既包括经营者、消费者、劳动者的行为，也包括行政机关生产、经营、销售和消费等行为，如反垄断法规制的行政垄断等便是所谓的行政管理行为。

第二编　反垄断法

第三章　反垄断法总论

第一节　垄断概述

一、垄断的含义

垄断是市场经济的一种结构，原是经济学上的术语，后逐渐成为一个法律术语。垄断与竞争是相伴而生的两个概念，经济学上认为垄断是竞争发展的必然结果。在不同语境下，垄断有不同的含义。"垄断"一词源于英语单词"monopoly"，是希腊语"monos"和"polein"的合成，意指单一贩卖，又被翻译为独占。中国最早关于垄断的记录见于《孟子》"必求垄断而登之，以左右望而网市利"，这里的垄断是指古代的一种商业现象，是指站在集市高地上操控交易。而在中国的传统文化中，垄断有两层含义：一是指高而不相连的土墩子，如《列子·汤问》中说，"自此，冀之南，汉之阴，天垄断焉"；二是指经济意义上的垄断，它是指人们在商品生产交换、买卖等商品贸易活动中的独占活动或寡头寡占统治。〔1〕同竞争理论一样，下面也从经济学和法学的视角对垄断展开探讨。

现代市场经济下的垄断更多是随资本主义的发展而出现的一种市场现象，即自由竞争的出现导致了生产集中和市场资源的高度集中，由此出现了垄断，其更多地被经济学所界定。在经济学上，垄断是指在某个市场或者某个行业内

〔1〕 戴奎生、邵建东、陈立虎：《竞争法研究》，中国大百科全书出版社1993年版，第2页。

占据了优势地位，可以对该区域内商品的生产、销售或价格等进行操控的经济现象。经济学上的垄断也具有两层含义，一是指一种经济状态，是市场竞争发展到一定阶段后市场上必然会出现少数几家企业占据垄断地位或一家企业独占的市场状态，即垄断必然是竞争的结果。二是指垄断是一种市场竞争模式，为获得某种竞争优势而进行的市场竞争策略，如经营者集中、垄断协议等。早期经济学上的垄断常与市场资源相关，因为早期的市场竞争常围绕自然资源展开，可以说“得资源者得天下”。且由于交通运输建设和生产成本的制约，自然资源的分散性和可利用性也会导致垄断现象的出现。同时，规模效应也为自然资源的垄断提供了理论支持，即在某些特殊行业，由一个或少数几个企业提供产品或服务比市场竞争更有效率。

法学上的垄断含义以经济学上的垄断含义为基础进行了再定义，第一部反垄断法《谢尔曼法》虽然并没有明确垄断的具体含义，但按其第 1 条规定“所有限制州际或对外商业贸易，以托拉斯或其他形式组成联合，签订合同或秘密协议的，都属于违法行为”可知，垄断包括托拉斯或其他形式组成联合，签订合同或秘密协议的行为。日本《关于禁止私人垄断和确保公正交易的法律》第一次从法学的视角对垄断的概念进行了界定，该法第 2 条第 5 款规定，“本法所说的私人垄断，是指事业人单独地或与其他事业结合或合谋以及采取其他任何方法，排除其他事业人的事业活动或进行支配，从而违反公共利益，在一定交易领域实质上限制竞争”。第 7 条对垄断状态进行了进一步说明，“本法所说的‘垄断状态’，是指在国内（出口除外）提供的同种商品（包括对与该同种商品有关的通常事业活动的设施不作重要变更而可能提供的商品）（在本款内下称‘一定的商品’）以及其性能和效用显著类似的其他商品的价额（扣除相当于该商品的直接课税额后的数额）或在国内提供的同种劳务的价额（扣除相当于对该劳务的受供给者在劳务上课税额后的数额），按政令规定，在最近一年内超过五百亿元的场合，该一定的商品或劳务在与其相关的一定事业领域内，出现下述各项给市场构造和市场造成弊害者：（1）在一年的期间内，一个事业者的市场占有率[在国内供给的该一定的商品以及其性能和效用明显类似的其他商品(输出除外)或在国内供给的该劳务的数量(在不适于用数量计算,可计算这些劳务的数量。本项内下同)中,该事业者供给的该一定商品以及其机能和效用明显类似的其他商品或劳务的数量所占的比例。本项内下同],超过二分之一或两个事业者的市场占有率合计超过四分之三。(2)给其他事业者新办属于该事业领域的事业造成明显的困难。(3)该事业者供给的该一定的商品或劳务,在相当的期间内,对照供求的变动及其供给所需要费用的变动,价格明显上升或很少下降,并且该事业者在这一期间,符合下述情况之一:①在政令规定的该事业者所属的业种中,该事业者取得明显超过政令规定的该种类标准利润率的利益;②与属于该事业领域的事业者的标准销售费和一般管理费相比,该事业者支付着明显过多的销售费和一般管理费”。我国《反垄断法》第 3 条规定的垄断行为包括:经营者达成的垄断协议,经营者滥用市场支配地位的行为和具有或者可能具有排除、限制市场竞争效果的经营者集中。同样,第 24 条规定了可以推定经营者具有市场支配地位的标准。由此观之,法律上的垄断含义与经济学上的垄断含义密切相连,但法律上的垄断含义更多指向的是垄断行为,法律并不禁止市场主体垄断地位的获得,而是为了预防和制止市场主体的垄断行为,保护市场的公平竞争。

垄断具有以下特征:(1)垄断的主体多为市场中的经营者。经营者是指从事商品生产、经营或者提供服务的自然人、法人和其他组织。市场中的经营者主要包括企业、行业协会等经济组织,如果行政机关或法律、法规授权的具有管理公共事务职能的组织在实践中利用行政权力实施了排除、限制市场竞争的行为,那么其也是垄断的主体(行政性垄断),也应受到反垄断法的规制。(2)垄断的目的是排除、限制市场竞争,以获取高额的垄断利润。在自由竞争理念的指导下,为加强竞争优势,经营者往往会通过经营者集中等垄断方式获取规模效应来取得高额垄断利润。(3)垄断行为具有多样性,包括卡特尔、辛迪加、托拉斯、康采恩等形式。且垄断行为通常具有反竞争的效果。竞争是市场经济的基本特征,而无论是垄断协议、滥用市场支配地位、经营者集中等行为都具有排除、限制竞争的效果,破坏有序的市场竞争秩序。

二、垄断的优劣分析

并不是所有的垄断都应该禁止，在某些特殊行业，垄断所带来的规模效应或范围经济比市场竞争更有效率，如电信、自来水、石油、天然气、烟草等自然垄断行业。因而，垄断也具有双面性，法律并不反对市场主体垄断地位的获得，而是为了预防和制止垄断行为的滥用。

垄断的最大优点就是规模效应或范围经济。规模效应是经济学上的一个概念，通常是指通过加大经营规模，对生产要素进行集中投资所产生的产出增加价值大于投入增加成本的情况。通俗地讲，就是集中力量办大事。由于生产要素的不可分性，当企业的规模扩大时可以节约一定的生产成本（即使单位所需的生产成本降低），从而获得更多的经营利润。而范围经济是基于资源的分散性而导致的在一定区域内集中某项产业发展所需的人力、物力、材料等，从而使这一区域的发展比其他区域更具竞争优势，即通过扩大经营范围，增加产品种类的方式降低单位生产成本。而规模效应和范围经济都需要一定数量的企业参与才能发挥效用，这为垄断的出现提供了条件。事实上，垄断的出现在一定程度上反映了市场经济发展的需要，在某些行业内实行适度的垄断，既可以避免盲目竞争带来的资源浪费，还可以通过降低生产成本，满足消费者的需求，维护社会公众的利益，符合国家产业政策的需要。垄断不仅在资金筹集、企业管理等方面具有显著优势，在市场优势杠杆效应的传导上也具有显著优势，能加强企业风险预防的能力，促进技术进步和创新。需要说明的是，在垄断初期，规模效应和范围经济效果明显，但随着市场的发展，垄断带来的优势地位可能导致垄断者无心竞争，为维护自己的垄断地位，甚至实施各种垄断行为，破坏有序的市场竞争秩序，损害消费者的合法权益。

垄断的危害之处在于：(1)损害有序的市场竞争秩序，人为地设置市场进入壁垒，排除和限制市场的竞争。事实上，凡是有利于强化竞争优势的手段都有可能导致一定程度的垄断，即竞争必然会导致垄断，而当垄断形成后，通常又会形成一定的市场进入壁垒保护垄断，限制自由竞争。且高额垄断利润一般是通过规定垄断价格实现的,会损害市场的定价机制,导致价格无法正确反映市场的供需关系和竞争状况,扰乱正常的市场秩序。(2)损害消费者的合法权益,阻碍消费者福利的提高。相较于经营者而言,消费者在市场竞争中往往处于不利地位,其获取市场信息和受救济(专业知识欠缺、举证能力弱等)的能力有限,弱势者往往更易成为市场侵害的对象。而垄断会进一步加大双方的实力差距,特别是垄断价格的出现使消费者的议价权受限,阻碍消费者的全面发展。(3)影响经济运行效率和科技进步。市场竞争能提高市场的配置效率,促进科技创新,推动市场经济的发展,从而推动社会的发展进步。但垄断的出现抑制了竞争,甚至垄断者为维护优势地位,可能会实施垄断行为,阻碍科技创新,损害社会的整体效益。总体上看,囿于市场主体的经济人理性,垄断的弊大于利,因而法律应对垄断行为进行规制。

三、垄断的分类

根据不同的标准,垄断可以分为不同的类别:

(1)按组织形式的不同,垄断可以分为辛迪加、托拉斯、卡特尔和康采恩等形式。①辛迪加是法语"Syndicat"的音译,原意为"工会"。辛迪加是垄断组织的一种基本形式,是指属于同一市场的上下游企业为了获得高额利润通过签订共同销售协议和共同采购原材料协议而形成的一种垄断形式。尽管参加辛迪加的企业在生产上仍然保持独立,但是其采购和销售环节都由辛迪加的总办事处进行控制,因而可以通过提高产品售价,降低原材料收购成本获得高额利润。辛迪加大概出现于20世纪初,当时以德国和俄国最为流行。②托拉斯是英文"trust"的音译,原意为"信托的,托管的",是垄断组织的高级形式之一,是指生产同类产品或相似产品的企业为获取高额利润而联合在一起的垄断形式。托拉斯最早出现于1879年的美国,如美孚石油公司的股东表决权信托、威士忌托拉斯等。托拉斯本身就构成一个独立的企业组织,参与托拉斯的企业丧失了其独立性,市场的所有活动都由托拉斯组织做出。③卡特尔为法语"cartel"的音译,原意为"协定或同盟",是指为获得高额垄断利润,由生产同类产品的企业联合组成。但与托拉斯不同,卡特尔并不是一个独立的企业组织,而是一种协议、协定或联合行为,参与卡特尔的企业通过约定划分销售市场、统一产品价格、规定产品数量等方式获得垄断利润,企业的独立性仍较强。卡特尔最早出现于 1865 年的德国,包括价格卡特尔、产品产量卡特尔、规定利润分配的卡特尔等。④康采恩是德语"Konzern"的音译,有公司的意思,是指为获得高额垄断利润,以少数几个实力雄厚的垄断企业为核心形成的跨行业的大型垄断组织。根据联邦德国 1965 年颁布的《股份法》,康采恩是"在一个支配企业统一管理下的两个以上的从属企业的联合"。

(2)根据垄断产生的原因,垄断可以分为经济性垄断和行政性垄断、国家垄断和自然垄断。经济性垄断是指企业、行业协会、社会团体等市场主体为了获得高额垄断利润而实施的限制、排除市场竞争的行为。行政性垄断是指行政机关和法律法规授权的具有公共管理职权的组织滥用行政权力排除、限制竞争的行为。国家垄断是指基于国民经济安全发展的考虑,在关系国计民生、国家安全的行业实施的排除、限制竞争的行为,如军工行业等。自然垄断是指在某些行业、企业的大规模生产经营比市场竞争更有效率,因而排除、限制竞争,如电信、烟草等行业。

(3)依据法律的规定,垄断又可分为合法垄断和非法垄断。合法垄断是指基于法律规定而合法地享有排除、限制竞争的垄断现象,通常包括专营和法律适用例外的情形等。如我国的《烟草专卖法》就通过法律的规定排除、限制了市场竞争;《反垄断法》第 8 条规定,"国有经济占控制地位的关系国民经济命脉和国家安全的行业以及依法实行专营专卖的行业,国家对其经营者的合法经营活动予以保护,并对经营者的经营行为及其商品和服务的价格依法实施监管和调控,维护消费者利益,促进技术进步";第 69 条规定,"农业生产者及农村经济组织在农产品生产、加工、销售、运输、储存等经营活动中实施的联合或者协同行为,不适用本法"。非法垄断即违反法律规定的垄断。

(4)依垄断行为方式的不同,垄断又可以分为垄断协议行为、滥用市场支配地位行为和排除具有或者可能具有限制市场竞争的经营者集中等。

第二节 反垄断法的基本内容

一、反垄断法的含义和内容

（一）反垄断法的含义

反垄断法是国家（地区）在规制市场垄断行为的过程中所产生的法律规范的总称。为预防和制止垄断行为，世界上的绝大多数国家和地区都进行了反垄断立法。基于各国（地区）基本情况的差异，不同国家（地区）有不同的垄断形式，导致各国（地区）的反垄断立法也不尽相同，其称谓有所差异。如反垄断法在美国被称为“反托拉斯法”，在日本被称为“禁止私人垄断和确保公正交易的法律”，在英国被称为“竞争法”。尽管称谓有所差异，但其规制的内容大体相同，都是为了预防和制止垄断行为。其实，称谓不同除反映各国（地区）基本情况不同之外，还反映出人们对市场经济中垄断行为的不同认知。反垄断法和反不正当竞争法同属竞争法的重要内容，其目的都是维护有序的市场竞争秩序，因而，广义上的反垄断法不仅指规制垄断行为的法律，还指规制反不正当竞争的法律，即广义上的反垄断法还涵盖反不正当竞争法。同理，广义上的反不正当竞争法也涵盖了反垄断法的内容。且根据垄断实际，垄断行为和限制竞争的行为并非在任何情况下都能分得清楚，这就导致了有些国家（地区）的立法直接以《竞争法》为名涵盖反垄断法与反不正当竞争法的内容，有些国家（地区）又以《反垄断法》为名涵盖反不正当竞争法的内容等。反垄断法是竞争法的重要内容，有“经济宪法”之称。

（二）反垄断法的适用

1. 反垄断法的规制对象

早期的反垄断法主要着眼于市场结构的变化，对垄断所带来的规模效应、限制市场进入、产品差异等进行规制，即主要规制的是垄断状态，如美国 1890 年《谢尔曼法》第 2 条规定的“任何人垄断或企图垄断，或与他人联合、共谋垄断州际间或与外国间的商业和贸易，是严重犯罪”便是对垄断状态的直接规制。即美国反垄断法的规制对象是“任何人”，根据美国的司法判例，这里的“人”是个高度抽象的概念，既包括自然人，还包括公司、企业、其他组织等。后随反垄断理论的不断成熟，立法者逐渐认识到垄断是市场竞争发展的必然结果，且即便是高度集中的市场也未必会排除或限制市场竞争。正如马克思在《哲学的贫困》中指出的那样“大家知道，竞争是由封建垄断产生的。可见，原来竞争是垄断的对立面，并非垄断是竞争的对立面”[1]，因此，现代反垄断法并不限制市场主体垄断地位的获得，而是为了预防和制止损害市场有序竞争的垄断行为，即反垄断法规制的对象由规制主体保护竞争结构衍生到规制主体以保护竞争秩序。日本的反垄断法规定适用对象为“事业者和事业者团体”，美国《谢尔曼法》的适用对象为“依据美国联邦法律、州法、准州法或外国法律成立的，经上述法律授权的现存公司及联合会”，加拿大《竞争法》中也有对私人、公司或企业的规定。实际上，反垄断法的规制对象仍是市场主体及其垄断行为，通常包括经营者、行业协会以及滥用行政权力排除市场竞争的行政机关及其依法律法规享有公共管理职权的组织。行业协会是指同一行业的经营者自愿组成的、实行行业服务和自律管理的非营利性社会团体。不同于外国的行业协会，基于我国的特殊国情，大部分的行业协会都是由政府设立或由政府部门转化而来，近年来，这种趋势在逐渐减少，自发性的行业协会越来越多。尽管行业协会是非营利性的社会团体，但是如果其组织提供实质性行为帮助经营者实施垄断，其也应受到反垄断法的规制。而在国有经济占控制地位的关系国民经济命脉和国家安全的行业以及依法实行专营专卖的行业，国家对其经营者的合法经营活动予以保护，并对经营者的经营行为及其商品和服务的价格依法实施

〔1〕 中共中央马克思恩格斯列宁斯大林著作编译局编译：《马克思恩格斯全集》（第 4 卷），人民出版社 1995 年版，第 177-178 页。

监管和调控。这些行业的经营者也应遵守相关法律的规定，不得利用垄断行为损害消费者的合法权益，否则也要受到相关法律的规制。具体而言，我国的《反垄断法》也对规制对象进行了诠释，第 15 条第 1 款明确了经营者的概念，"本法所称经营者，是指从事商品生产、经营或者提供服务的自然人、法人和非法人组织"。即《反垄断法》规定的经营者概念十分广泛，包括参与经济活动的所有市场主体，无论市场主体的所有制性质，无论采取何种组织方式，也无论是中国企业还是外国企业都属于经营者的范畴。[1] 第 9 条规定，"行政机关和法律、法规授权的具有管理公共事务职能的组织不得滥用行政权力，排除、限制竞争"。第 14 条规定"行业协会应当加强行业自律，引导本行业的经营者依法竞争、合规经营，维护市场竞争秩序"。第 21 条规定，"行业协会不得组织本行业的经营者从事本章禁止的垄断行为"等。

2. 反垄断法适用的行为对象

尽管世界各国（地区）反垄断法规制的行为对象的侧重点有所差异，如美国的《谢尔曼法》以规制托拉斯为主要内容，德国的反垄断法以控制卡特尔行为为主，日本的反垄断法以防止私人垄断为主，但从实践来看，反垄断法规制的行为对象主要包括垄断协议，滥用市场支配地位的行为，具有或者可能具有排除、限制市场竞争的经营者集中以及行政性垄断。需要说明的是，基于社会整体利益的考量，反垄断法规制的垄断行为也有例外，如我国《反垄断法》第 68 条、第 69 条规定的"经营者依照有关知识产权的法律、行政法规规定行使知识产权的行为"以及"农业生产者及农村经济组织在农产品生产、加工、销售、运输、储存等经营活动中实施的联合或者协同行为，不适用本法"。但是经营者滥用知识产权，排除、限制竞争的行为，适用反垄断法。

3. 反垄断法适用的地域范围

一般而言，一国法律的适用是有区域限制的，但随着经济全球化的发展，外

---

〔1〕 国务院反垄断委员会编：《〈中华人民共和国反垄断法〉知识读本》，人民出版社 2012 年版，第 18 页。

国的经济活动也可能会对本国的经济产生影响，这就为本国法的域外适用提供了基础。如美国《谢尔曼法》中规定的“人”就包括了依据外国法律成立的公司及联合会。我国《反垄断法》第2条也规定，“中华人民共和国境内经济活动中的垄断行为，适用本法；中华人民共和国境外的垄断行为，对境内市场竞争产生排除、限制影响的，适用本法”。对于具体垄断行为发生地的认定，需要综合考虑实施主体所在地、行为发生地、行为效果地等各种因素。

二、反垄断法的基本原则

反垄断法的基本原则是在反垄断执法实践中形成的，指导反垄断实践的一般性原理，是反垄断法价值理念和立法宗旨的展开和延伸。一部法律如果没有基本原则的指导，如无源之水，就不可能有良好的规制效果；没有基本原则的限制，司法实践乱象丛生，权利人无法得到有效救济。反垄断法在遵循经济法与市场规制法基本原则的基础上，还应遵循维护和促进有效竞争原则、兼顾竞争与效率原则、合理适用本身违法原则和合理原则。

（一）维护和促进有效竞争原则

竞争是市场经济发展的原动力，没有竞争，市场就如一潭死水，毫无生机可言，因而维护和促进市场的有效竞争不仅是反垄断法实施应遵循的原则，还是反不正当竞争法应遵循的原则。维护和促进有效竞争原则包括三个维度：一是保护市场的自由竞争，即反垄断法不能随意干预市场主体的自由选择权；二是保护市场的公平竞争，公平竞争包含平等竞争、有序竞争、有效竞争的精神内核，防止垄断主体滥用垄断行为，阻止各种非市场因素对市场经济主体竞争活动的介入和渗透；三是合法竞争，市场的竞争活动应不违反公认的公序良俗，而法律作为最低的道德要求，在反垄断规制的活动中发挥重要作用。一方面，反垄断法的实施必须有法可依、依法而行，不得超越法律权限行使职能；另一方面，市场主体的地位和市场竞争的内容应是符合法律规定的。

（二）兼顾竞争与效率原则

相比反不正当竞争法，反垄断法不仅要保护有序的市场竞争秩序，还要提高经济运行效率,营造良好有序的制度环境。竞争的发展离不开制度的保障,但如果反垄断法一味强调竞争秩序的保护,而忽略了经济效率的提高,则可能本末倒置,导致反垄断法规制的错位。因此,反垄断法在保护市场竞争秩序的同时,还得注意市场效率的提高,引导和支持市场资源的优化配置,提高资源的使用效率,实现经济的高质量发展。

(三)合理适用本身违法原则和合理原则

本身违法原则和合理原则是反垄断法适用的两个基本原则,尽管作为适用原则,有一定的局限性,不能高度抽象概括反垄断法的基础理念。但作为反垄断法适用的指导思想,对反垄断法的实施具有重要的影响作用。本身违法原则是指在对垄断行为进行分析时,如果某类垄断行为一旦发生就会对市场竞争造成危害,那么就应当认为这类垄断行为违法而不考虑其他因素的影响。而合理原则是指市场中的垄断行为并不必然违法,其违法性应根据实际情况而定。本身违法原则和合理原则是产生于美国司法实践的一对原则,本身违法原则以先验的理性为基础,更加侧重对垄断事实的分析,能减轻反垄断主管机关的执法难度,节约垄断审查成本;而合理原则侧重于对垄断行为的分析。

第三节　反垄断法的立法目标

立法目标是一部法律运行所要达到的价值追求和实施社会效应的集中反映和概括。从各国(地区)的司法实践来看,反垄断法的立法目标都是保护市场的公平竞争,维护有序的市场竞争秩序。但在这一前提下,各国(地区)具体的立法目标侧重点又有所不同,如有的强调效率目标,侧重反垄断法提高经济运行效率的作用;有的侧重保护竞争,强调反垄断法对市场竞争秩序的维护;有的侧重消费者合法权益的保护,强调反垄断法发挥消费者权益保护的作用;有的侧重鼓励创新,强调反垄断法激励创新的作用等。需要强调的是,从总体上看,反垄断法保护的不是竞争者,而是有序的市场竞争秩序。且随着社会经济的不断发展变化,反垄断法的立法目标也会相应地发生改变,如美国早期的反垄断法包含保护消费者和中小企业、规制垄断行为等多个立法目标。但随着芝加哥学派思想的影响,美国反垄断法的立法目标又以提高市场效率为主;随着数字经济的发展,其反垄断法的立法目标又转变为鼓励创新。我国现行《反垄断法》第1条明确规定:"为了预防和制止垄断行为,保护市场公平竞争,鼓励创新,提高经济运行效率,维护消费者利益和社会公共利益,促进社会主义市场经济健康发展,制定本法。"因此,我国反垄断法的立法目标是预防和制止垄断行为,保护市场公平竞争,鼓励创新,提高经济运行效率,维护消费者利益和社会公共利益,促进社会主义市场经济健康发展。由此可见,我国反垄断法的立法目标是多元化和多层次的,下面依次进行介绍说明。

一、预防和制止垄断行为

我国《反垄断法》第3条对垄断行为进行了界定,"本法规定的垄断行为包括:(一)经营者达成垄断协议;(二)经营者滥用市场支配地位;(三)具有或者可能具有排除、限制竞争效果的经营者集中"。通常而言,垄断会损害市场效率、减少消费者福利和阻碍经济民主,会排除、限制市场竞争,损害有序的市场竞争秩序,因而,反垄断法的首要目标就是预防和制止垄断行为。预防垄断,通常需要发挥的是反垄断法事前监管的作用,如对于经营者集中,我国采取的是事前申报机制,一般而言,未经申报,通常不允许集中;对于可能具有排除、限制竞争效果的经营者集中予以禁止等;还可以通过威慑意图实施垄断行为的企业,预防垄断行为。制止垄断,通常是通过事中的监管和事后的规制追究已发生的垄断行为进行规制。通过预防和制止垄断行为可以维护有序的市场竞争秩序,让经营者在市场中能够自由地从事经济活动,保护经营者的自由选择权,避免不良竞争带来的损害,从而达到保护市场公平竞争、鼓励创新、提高经济运行效率、维护消费者利益和社会公共利益、促进社会主义市场经济健康发展等其他反垄断法的立法目标。

二、保护市场公平竞争

反垄断法的理念是反对垄断，是要为市场经营者营造一个公平的市场竞争环境，要为企业、经营者赢取自由，因此，反垄断法最重要的功能就是保护市场公平竞争。保护市场公平竞争是指保护公平的市场竞争机制，而不是保护竞争者。市场竞争机制是指市场主体为追求自身利益而展开竞争形成的经济内部的必然联系和影响，通常通过价格或非价格的竞争表现出来，其核心仍是优胜劣汰、适者生存的竞争理念。因此，反垄断法并不是要反对强者越强，弱者越弱的市场竞争机制，而是通过保护公平的竞争秩序和竞争环境来引领市场的公平竞争，防止市场主体在经济人理性的指引下进行无序竞争，促进市场资源的优化配置，推动市场经济健康发展。与公平在其他场合的表现形式一样，市场经济中的公平有形式公平和实质公平之分。[1] 从形式上看，只要法律赋予每个市场主体相同的权利，承担相同的义务，就能达到公平的目标。但正如竞争法倾斜保护弱者原则所述的那样，形式意义上的公平并不能实现实质上的公平，各市场主体先天上的不对等性通过不公平的市场竞争机制会进一步放大，弱势地位者更易成为侵害的对象。因而，反垄断法所保护的市场公平竞争，并不是形式意义上的公平，而是实质意义上的公平，通过合理有区别地对待进一步促进市场经济的发展。具体而言，主要对具备优势地位和能力的市场主体进行一定的限制，通过增加其义务或限制其权利来防止其权利的滥用以使其尊重弱势地位者的公平竞争权，如通过经营者集中实施事前申报制度，增加申报义务的方式限制其权利滥用；通过规制市场支配地位者的垄断行为，防止其排除、限制竞争以保护市场的公平竞争环境等。当然，反垄断法首先要保护的是在法定条件下，市场主体有自由竞争的权利，否则公平无从谈起。

三、鼓励创新

“鼓励创新”是我国《反垄断法》修订后新增的目标条款，对于推动市场经

〔1〕 李昌麒：《经济法学》，法律出版社 2016 年版，第 178 页。

济健康发展，落实反垄断法的有效实施具有重要意义。通过司法实践，我们可以明确，任何法律的目标都不可能是单一的，给法律确定所谓的终极目标无疑是坐井观天或者削足适履，经济基础的变化相应地导致了立法目标的变化。现今，我国的经济发展已经由高速发展转向高质量发展，科技创新成为第一生产力，只有促进市场创新才有可能调整市场经济结构，促进市场资源的合理配置，推动市场经济的高质量发展。以知识产权为例，在美国《谢尔曼法》实施之时，关于反垄断法与知识产权的关系曾引起巨大讨论，早期的司法实践倾向于知识产权拥有者的特权优先，反垄断法的实施让位于知识产权的保护。但随着这种特权明显扩张到知识产权许可使用方面时，法院明显感觉到了垄断权利对于技术进步的限制，因而美国联邦最高法院首次提出了"专利权滥用"的概念，把知识产权纳入了反垄断法的规制范畴。知识产权法与反垄断法共同调整经济关系的结构，在促进技术进步和提高社会整体效率方面显示了巨大的功能。[1]当然，我国《反垄断法》的立法目标不宜以他国的条文作为标尺来评价，不同的国情决定了不同的立法目标。在当下，平台经济给反垄断执法带来了极大挑战，将"鼓励创新"条款写入《反垄断法》目标体系，不仅有助于提高创新的基础地位，促进具体制度的有效衔接与落实，还为反垄断法的实施提供更加具体的目标指引，体现了对新经济、新产业的支持。

四、提高经济运行效率

提高经济运行效率通常是指通过促进市场资源的有效配置，推动经济总量的增长。一般而言，市场效率的提高是项系统工程，市场运行的整体效率与市场体系中各个市场的运行效率通常呈正相关关系，而经济运行效率的提高对市场整体效率的提高起着至关重要的作用。经济效率包括生产效率和配置效率，生产效率和配置效率决定了市场的发展程度，因而，经济运行效率如果不提高，市场的整体效率则无从谈起。生产效率主要是指生产者通过技术研发、创新提

〔1〕 徐士英：《竞争法论》，世界图书出版公司2007年版，第279页。

高社会生产力,以最低的成本获取最多的产出。而配置效率通过组合排列生产投入要素的组合来达到最优的产出。在市场决定资源配置的市场规律中,囿于市场主体的经济人理性和机会主义倾向,市场主体往往并不能合理配置市场资源,有可能导致市场资源“一拥而上”,聚集到一个或少数几个行业。且通常对于基础设施建设而言,由于其成本高、产出慢,市场主体也往往不愿意投资这些行业,但这些行业通常又是提高国计民生的关键所在。因此,各国(地区)的反垄断法为了合理配置资源,提高市场效率,通常都把提高经济运行效率作为反垄断法规制的立法目标。反垄断法通过预防和制止排除、限制竞争的垄断行为,保障市场主体的自由权不受侵害,构建公平的竞争秩序和竞争环境,促进生产效率的提高,推动生产力的发展;通过规制排除、限制竞争的经营者集中或在少数行业(通常是指国有经济占控制地位的关系国民经济命脉和国家安全的行业以及依法实施专营专卖的行业)允许合理垄断,促进市场资源的优化配置,鼓励创新,提高资源配置效率,促进市场经济效率的整体提高。需要说明的是,尽管不同国家、不同法域的反垄断法都体现了提高经济运行效率的立法目标,芝加哥学派更是认为反垄断法的实施应以效率为唯一目标。但从各国(地区)的立法实践来看,绝大多数国家和地区的反垄断法都在经济效率提高目标之外还有其他的价值追求,特别是在某些紧急状态下(即便反垄断法未规定除经济效率外的其他目标,在社会进入紧急状态时,其实施的经济基础发生了改变,也会不自觉地将其他价值目标纳入反垄断法的考虑范畴),经济效率的价值位阶需要让渡于其他价值追求,如社会整体利益、消费者利益等。

五、维护消费者利益

维护消费者利益,是竞争法倾斜保护弱者原则的具体体现。相较于经营者而言,消费者在先天上便处于不利地位,无论是其救济能力还是其自我保护能力和对产品的了解程度都远远不如经营者,经营者通常可以通过意思自治、契约自由来逃避法律的规制。反垄断法通过保障市场的公平竞争秩序来保障市场生产出更多质高价优的产品,以此来保障消费者利益。需要说明的是,反垄断法保护的消费者利益并不是具体某个消费者的合法权益，而是消费者的整体利益。这里的消费者利益是一个抽象的概念，并没有指向具体的内容，凡是能给消费者带来好处的，无论是经济的、非经济的，物质的、非物质的，直接的、间接的，抽象的、具体的，都应该包含在其中。即反垄断法并非刻意保护某些特定的消费者，而是通过保护竞争机制来规制经营者的竞争行为，减少经营者的竞争侵害来保障消费者福利，从而保护消费者的整体利益，这不是直接保护，而是一种间接保护。当然，反垄断法立法目标中的“维护消费者利益”条款更多的是一种价值宣示，并不能起到判断标准的作用。[1] 且不同于《消费者权益保护法》中的“消费者权益”，“消费者利益”更多强调的是群体利益，作为一个整体，通常只有利益，没有权益；而具体的个体既有利益，也有权利。因此，这也就意味着反垄断法对消费者的保护不会像消费者权益保护法一样设置惩罚性赔偿（一般是等价赔偿，特殊情况、特殊行业，如食品行业，可以允许多倍赔偿）。且所谓的惩罚性赔偿，更多体现的是一种激励机制，与垄断企业所获得的高额垄断利润相比，无论是三倍赔偿，还是多倍赔偿，都不能很好地威慑垄断企业滥用垄断行为，更多的是为了鼓励利益受损者提起诉讼，保护自己的合法权益不受侵害。

六、维护社会公共利益

事实上，任何法律的实施都体现了维护社会公共利益的立法企图，只不过其表现形式有所差异，有的是通过立法目标直接表现出来，如反垄断法；有的是通过具体的实施细则体现维护社会公共利益的价值所在，如民法。何为社会公共利益，至今学界仍争论不休，但公认的是，社会公共利益并不等同于国家利益，也不是社会个人利益的简单相加。社会公共利益、国家利益、个人利益是三个既有联系，又有明显区别的不同范畴，相互之间并不能相互替代。尽管国家是以维护社会公益为目的的，国家利益与社会公共利益存在趋同性，但二者也

[1] 焦海涛：《反垄断法上的竞争损害与消费者利益标准》，载《南大法学》2022 年第 2 期。

存在相互冲突的现象，如在某些特殊情况下，通过增加税赋、加大货币发行量有利于国家利益的保护，但从长远来看，对社会公共利益有损。且社会公共利益是个抽象概念，广义上的社会公共利益远超国家划分的界限，因而，社会公共利益所涵盖的范围应当远超国家利益的范畴。制定反垄断法的目的在于预防和制止垄断，维护有序的市场竞争秩序，促进市场经济的健康发展，从而间接地保护社会公共利益不受损害。此外，反垄断法中的很多规定都直接体现了维护社会公共利益的需求，如根据我国的《反垄断法》第 20 条规定，“为改进技术、研究开发新产品的；为提高产品质量、降低成本、增进效率，统一产品规格、标准或者实行专业化分工的；为提高中小经营者经营效率，增强中小经营者竞争力的；为实现节约能源、保护环境、救灾救助等社会公共利益的；因经济不景气，为缓解销售量严重下降或者生产明显过剩的”协议不适用关于横向垄断协议的禁止性规定；在经营者集中审查过程中，对具有或者可能具有排除、限制竞争效果的经营者集中，如果经营者能够证明该集中对竞争产生的有利影响明显大于不利影响，或者符合社会公共利益的，国务院反垄断执法机构可以作出对经营者集中不予禁止的决定等。

七、促进社会主义市场经济健康发展

我国有关经济方面的法律规制都是以促进社会主义市场经济健康发展为落脚点，《反垄断法》也不例外。不同于域外反垄断法实施的资本主义背景，我国反垄断法的实施是以社会主义为最终目的的，要求不断解放和发展生产力，消灭剥削，消除两极分化，最终达到共同富裕，因而我国《反垄断法》的立法目标应立足于促进社会主义市场经济健康发展。根据党的二十大报告，自改革开放以来，我国社会主义现代化建设取得了巨大成就，党的建设新的伟大工程取得显著成效，为我们继续前进奠定了坚实基础、创造了良好条件。“从现在起，中国共产党的中心任务就是团结带领全国各族人民全面建成社会主义现代化强国、实现第二个百年奋斗目标，以中国式现代化全面推进中华民族伟大复兴。”“而中国式现代化是全体人民共同富裕的现代化。共同富裕是中国特色社会主义的本质要求,也是一个长期的历史过程。我们坚持把实现人民对美好生活的向往作为现代化建设的出发点和落脚点,着力维护和促进社会公平正义,着力促进全体人民共同富裕,坚决防止两极分化。”因而,要坚持党的领导,加快构建新发展格局,着力推动经济的高质量发展。为此,更应发挥反垄断法预防和制止垄断、鼓励创新的作用,提高经济运行效率,保护市场的公平竞争,维护消费者利益和社会公共利益,促进社会主义市场经济的健康发展。

第四章　公平竞争审查制度

第一节　公平竞争审查制度概述

一、公平竞争审查制度的概念

概念作为理论研究的起点，对于深化认识公平竞争审查制度有举足轻重的作用。脱离了概念，我们便不能将对法律的思考转化为语言，也不能通过一种可以理解的方式将这些思考输送给他人。[1] 故而，在明晰与公平竞争审查制度存在相关性概念的基础上，需要进一步明确在当前反垄断框架下引入公平竞争审查制度的必然性及该机制实施的理论基础，在奠定基本理论基础上为之后公平竞争审查制度的进一步研究做好准备。

竞争是市场经济发展的核心，而公平竞争是市场机制有效实施的前提，是市场经济在发展过程中必须遵循的核心原则之一，仅当竞争是在公平的、有序的前提条件下，才有可能实现资源的有效配置、企业的优胜劣汰、人才的有效流动。因而，公平竞争审查制度也就当然地构成了竞争法的重要组成部分。公平竞争审查制度主要源于澳大利亚的“国家竞争政策”，其后经济合作与发展组织（Organization for Economic Co-operation and Development，OECD）版的公平竞争审查制度进一步推动了其发展，现今世界上主要的经济发展体都实施了公

〔1〕［美］E. 博登海默：《法理学：法律哲学与法律方法》，邓正来译，中国政法大学出版社 2017 年版，第 503 页。

平竞争审查制度,我国也不例外。为了使公平竞争审查制度在我国能够得到最大化的作用发挥,对其进行符合中国国情的概念界定非常重要。

针对公平竞争审查的概念,我国学者基于研究视角的不同有不同的解读。有学者认为:"公平竞争审查制度在某种程度上就是顶层设计对行政立法的一种规则控制。"〔1〕也有学者认为:"竞争审查制度是专门的部门行使评估的权力,包括对立法草案或者将要出台的政策进行审查,或者对已经出台的法律及政策进行审查,从而找出这些文件是否具有限制竞争的可能性。"〔2〕还有学者认为:"所谓的'公平竞争审查制度'是指竞争主管部门或其他机构,通过分析、评价和制定现行公共政策,研判其可能产生的,或已经产生的竞争影响等,对此提出不妨碍实现政策目标、对竞争危害最小的替代方案。"〔3〕而从我国现有的法律文件来看,相关的文件中并未明确公平竞争审查制度的概念,无论是在国务院印发的《国务院关于在市场体系建设中建立公平竞争审查制度的意见》(以下简称《意见》)还是在《公平竞争审查制度实施细则》(以下简称《实施细则》)中,对于这一概念都没有作出"官方"的统一认定。在法律规范对于概念没有给出统一定义的情形下,价值判断可以作为概念的补充和解释。价值问题虽然是一个困难的问题,但是法律科学不能避免的。〔4〕 从语义上看,公平竞争审查这一概念由"公平"、"竞争"以及"审查"三个词组构成。"公平"是社会主义法治的本质要求,法治对于公平的追求随着社会的变革而不断深化。在民商法体系当中,公平同样是其追求的价值,但这种公平更多的是形式公平,更多地强调市场活动主体在经济活动当中享有平等的地位、拥有平等的经济资源、能够平等地拥有实现其经济目标的手段。而在竞争法语境下,公平则具有其特殊的内涵。经济法的出现意味着整个社会在追求公平这一阶梯上所前进的一大

---

〔1〕 孙晋、袁野:《共享经济的政府监管路径选择:以公平竞争审查为分析视角》,载《法律适用》2018 年第 8 期。

〔2〕 应品广:《竞争政策视角下行政性垄断规制新模式:从"事后救济"到"事前控制"》,载《江西财经大学学报》2016 年第 4 期。

〔3〕 张占江:《中国法律竞争评估制度的建构》,载《法学》2015 年第 4 期。

〔4〕 [美]罗斯科·庞德:《通过法律的社会控制》,沈宗灵译,商务印书馆 1984 年版,第 50 页。

步,人与人之间事实上的差别成为法律规定差别待遇以实现实质意义上公平的依据。这种公平是在承认经济主体资源和个人禀赋等方面差异前提下的公平。〔1〕因而,置于竞争法下的公平竞争审查制度中的"公平"也应反映出实质公平的基本内涵,即在经济政策制定机关所制定的涉及经济活动的法律之中,不同所有制或者经济实力有所差距的市场竞争主体都可以在公平的竞争环境之下去实现创造财富的目的。"竞争"是获致繁荣和保证繁荣最有效的手段。〔2〕该词常常与"垄断"一词相伴相生,实践当中行政垄断仍然高发的结果证明了行政垄断在《反垄断法》、《行政复议法》及《行政诉讼法》等法律的共同规制下并未被杜绝。也就是说,公平竞争审查制度首先是为了实现对行政垄断行为的规制,而在此之上,其通过事前规制的方式来实现自身制度特色,并与其他法律形成合力。同时,为了避免过度竞争所造成的损害,应当强调"公平"对于"竞争"一词的限定。"审查"一词在公平竞争审查制度之下,直接体现了该制度的运行方式,即通过一定程序及标准,对于政府所出台的涉及经济活动的政策等进行事前的评价,从而约束政府行为,实现对行政垄断行为本身的有效规制。故在这一语境之下,公平竞争审查制度是指依照一定的标准,通过事前审查评价的方式,从而达到约束政府对于市场经济的干预活动,并从源头上扼杀行政垄断行为,营造良好的公平竞争环境,以保证市场各主体公平竞争权的制度。

按照西方的司法实践,公平竞争审查制度可以克服政府失灵和市场失灵现象。在我国国情下,建立这一制度可以防止政府不当或过度干预市场,有利于实现市场和资源的最大化和最优化配置。此外,为了确保一个公平和公正的高质量商业环境,必须大力消除影响公平竞争和阻碍创新的各种体制限制。这就要求公平竞争审查制度发挥应有的作用。正是通过建立公平竞争审查制度,激发了不同市场主体的交易积极性和创造性,促进了经济发展。正因如此,我国

---

〔1〕 李昌麒:《经济法学》(第3版),法律出版社2016年版,第57页。

〔2〕 [德]路德维希·艾哈德:《来自竞争的繁荣》,祝世康、穆家骥译,商务印书馆1987年版,第10页。

《反垄断法》在2022年修订之际,在正式条文中新增了"公平竞争审查条款","行政机关和法律、法规授权的具有管理公共事务职能的组织在制定涉及市场主体经济活动的规定时,应当进行公平竞争审查"。且2021年出台《实施细则》,审查增量政策措施24.4万件,清理各类存量政策措施44.2万件,纠正废止违反公平竞争审查标准的政策措施1.1万件,从源头规范行政行为。围绕政府采购、交通、建筑、医药卫生、教育、保险等重点领域,查处限定交易、妨碍商品自由流通等滥用行政权力排除、限制竞争案46件,坚决维护国内统一大市场,促进畅通国内大循环。[1]

二、公平竞争审查制度的价值

(一)政府适度干预原则的体现

无论是亚当·斯密提出的经济自由主义还是凯恩斯所主张的国家干预理论,都皆在探寻特定时期内政府与市场边界在特定领域内最有利于经济发展的最佳方案。即从资本主义时期经济自由理论到资本主义垄断时期的国家干预理论,都是国家对于经济干预的不同形态和实质内涵的表现。把握政府适度干预原则,更多地应当是把握住干预的正当性和谨慎性。[2] 我国市场经济确立的特殊性导致了长期以来政府力量主导我国经济发展的行为已成为常态,因而,控制公权力在经济领域的不当行使成为当下我国政府职能改革和经济体制改革当中的重中之重。可以看出的是,随着经济社会的不断发展和变革,各国实行的经济体制都不再是完全允许市场主体追求无节制的经济自由或是由国家行政机构通过事无巨细的经济命令来操纵本国的经济运行,而更多的是在寻求市场自治和政府干预之间的一个平衡点,公平竞争审查制度也正是基于能够达到这一平衡点的目的而建立的。公平竞争审查制度的实施不仅能使市场机制充分发挥其自我效能,还能在市场失灵出现时借由政府之手来进行自我调节,防止政府权力的滥用、误用,从而实现市场经济的发展完善。

---

〔1〕 市场监管总局发布《中国反垄断执法年度报告(2021)》,载https://www.lingbi.gov.cn/public/6628291/157209221.html。

〔2〕 李昌麒:《经济法学》,法律出版社2016年版,第55页。

（二）经济自由原则的体现

自由是市场经济发展的关键，只有自由竞争、自由交易，市场资源才能最大限度地得到合理配置，从而促进生产力进步，推动整个社会的进步。虽然我国的法治进程已经取得了很大的进展，但行政机构在实践中往往会根据国家行政部门的需要制定大量法律依据不明确的政策和措施。这些上位法依据不明确的政策措施，往往又详细阐述了区域经济发展、现状、产业政策、税收政策等，与地方的发展特色与基本情况密切相关。加之政府经济人理性的影响，可能导致这些政策或措施产生排除、限制竞争的效果。而公平竞争审查制度在约束政府不当行为的基础上可以实现自由竞争，充分地体现了经济自由原则的价值。同时，为了贯彻落实公平竞争审查制度，不少地区和部门都在自我审查，努力清理妨碍公平竞争的政策措施。在注重对相关政策措施进行自我审查的基础上，还可以借助第三方力量进行审查，使相关政策措施更加符合公平竞争理念，从而进一步创造公平竞争的制度环境。

（三）经济民主原则的体现

从人类社会历史发展趋势尤其是从现代化的历史来看，经济的发展在相当程度上导致政治制度的发展变化，经济自由的要求一定会涉及政治民主的诉求。世界范围内的反垄断法具有很强的政治目的，世界很多国家通过反垄断法的实施进行公平竞争从而实现经济民主并促进本国的经济繁荣。这也是反垄断法被誉为“经济宪法”的最重要的原因。经济民主是作为经济高度集中或经济专制的对立物而存在的，它的基本含义是指在充分尊重经济自由基础上的多数决定。[1] 在反垄断法领域引入公平竞争审查制度是实现国家机构经济职权与经济职责相统一的必然趋势，通过对政府限制竞争行为进行制止，要求相关部门通过公众监督、自我检查、第三方评估等方式实现民主政治的目的。这不仅在提高经济自由的基础上实现政治民主化具有积极作用，而且在推动政府信息公开、公众参与、行政合法上具有巨大的促进作用。

---

〔1〕 李昌麒：《经济法学》，法律出版社 2016 年版，第 56 页。

第二节　公平竞争审查制度的考察

一、域外公平竞争审查制度的考察

（一）澳大利亚的公平竞争审查制度

澳大利亚作为世界上推行竞争政策最为深入及获得成就最为巨大的国家，其被经合组织（OECD）誉为实施公平竞争审查制度“最成功的案例”。[1] 其在全国范围内实施的“国家竞争政策”（National Competition Policy）不仅使本国在经合组织成员当中的经济地位攀升，同时其制度也成为世界各国（地区）争相学习和参考的范本。

澳大利亚的国家竞争政策出台的背景源于20世纪中后期联邦以及各州政府在电信、运输等多领域进行垄断经营所产生的经济压力。1991年，在与澳大利亚总理举行的一次特别会议上，政府议员一致认为：“制定国家竞争政策是确保消费者充分利用结构调整和其他改革的重要途径”[2]。从此之后，全国统一的竞争政策在全国逐步确立，竞争政策在国民经济的发展过程当中也显现出越来越大的重要性。由于澳大利亚由六个独立的州组成，每个州都有高度自治权，因此全国各地都有许多国有企业。有学者发现在推进整合全国统一的竞争政策的过程中，“这些全国各地都有的国有企业占用了大部分资源，因此在不同的州形成了区域行政垄断，这大大阻碍了澳大利亚的经济发展”[3]。对此，在改革过程中，澳大利亚对国内现存的竞争政策进行了审查。审查发现当时的竞争法已经无法监管政府的商业行为，因此，联邦政府认为应当采取措施

---

[1] 经济合作与发展组织：《竞争评估工具书》，OECD出版社2011年版，第3页。

[2] 郑鹏程、黎林：《澳大利亚公平竞争审查中的竞争支付制度及其启示》，载《价格理论与实践》2017年第11期。

[3] 樊富强：《澳大利亚关于国有企业竞争中立政策的实施与评析》，载《对外经贸实务》2016年第10期。

来解决政府行为对市场竞争造成的扭曲。1995年,澳大利亚制定和实施国家竞争政策,以此来推动国家竞争政策的改革。改革制度之一就是提出了公平竞争审查制度,即审查并废除国家以及各州地方性的损害公平竞争的法律法规,对企业的组织架构进行审查,从而判定前述法规政策是否阻碍其参与市场的公平竞争。其中,澳大利亚在国家竞争政策的核心组成《竞争原则协议》(CPA)当中明确了在本国范围之内展开立法审查。同时,为了切实保障竞争政策的有效落实,其在同年颁布了《竞争政策改革法》,创设了国家竞争理事会(NCC)并明确了其进行立法审查的独立指导和评估机构的地位。NCC会对州级政府执行竞争政策改革的成效进行独立的评价评估,通过独立评价评估结果比对,确定竞争支付系统竞争支付款发放的条件,以此来向各州的财政部提出发放、支付竞争支付款的建议。澳大利亚还有一个评估公平竞争的权威机构——澳大利亚竞争与消费者委员会(ACCC)。ACCC是澳大利亚执行和管理国家竞争政策的机构,它是一个独立于其他执行机构的法定机构,拥有绝对权力。在公平竞争审查改革当中,该机构最大的作用在于制止不公平的竞争行为,因此,它能够对各州政府的反竞争行为进行管辖和查处。此外,澳大利亚进行立法审查的具体规则在《国家竞争政策立法审查准则》当中被加以明确。

具体而言,第一,在制度依据上,构成澳大利亚国家竞争政策的三个主要协议是联邦政府与各地州政府一致协议的结果,其在效力层级上高于该国一般的法律。第二,在审查主体上,澳大利亚的国家竞争理事会属于具有高度独立性的机构[其独立于政府行政(政治)部门[1]],并构成了国家层面上的竞争政策审查机构。其构成人员的资格在《国家竞争政策立法审查准则》中予以规定,主要包括有充足立法审查经验的人员;在每个竞争政策辖区派出一名代表参与从而确保审查符合法定标准与原则等[2]。而在地州政府层面上,各级政府需要在国家竞争委员会的指导下成立具有高度独立性的立法审查小组。为确保

〔1〕 澳大利亚国家竞争政策官网,http://ncp.ncc.gov.au/pages/about_ncc。

〔2〕 "Guidelines for NCP legislation reviews",澳大利亚国家竞争政策官网,http://ncp.ncc.gov.au/docs/LEGu-001.pdf。

审查小组的独立性和专业性,《国家竞争政策立法审查准则》中对小组成员的资格作了详细规定,包括对待审查的问题进行成本效益分析的能力、经济学知识、审查经验、独立于政策制定机关、了解政策所涉及的背景行业信息等。同时,国家竞争委员会介入在进行立法审查之后对地方审查小组的资金支付当中,只有在国家竞争委员会对地方审查报告验收合格这一前提之下,地方立法审查小组才可以向国家申请并由国家发放评估资金,并由此实现审查的独立性。第三,在审查流程上。依照《国家竞争政策立法审查准则》的规定,审查程序大体上分为三个部分,分别是建立审查机制、进行审查以及执行审查建议。在具体步骤上,审查主体要进行"分析限制的影响";对政策影响进行效益与成本的分析;评估政策目的是否可行;是否存在有利于竞争的可替代方案等步骤。同时,作为一个独立的机构,国家竞争委员会非常注重其评估过程以及评估结果的公开性和透明度。[1] 为实现这一目的,在澳大利亚国家竞争官网上,社会公众可以及时查阅到公开、详尽的评估结果。第四,为了保障评估结果作出的科学性,澳大利亚国家竞争委员会曾提出建立全国范围内的竞争"监管影响评估"中央数据局。这一举措意味着在之后的立法活动当中,政策制定主体能够通过这一数据库"比对采取的监管措施及理由"[2],进而实现立法内容的科学性。此外,《竞争原则协议》对澳大利亚公平竞争审查的例外情形作了三个方面的规定:待审查的立法文件对竞争所作的限制收益必须要高于所造成的损失;所作出的立法限制必须是不可避免的;文件的制定机关必须提供可证明的证据。在同时满足上述三个条件的情况下,澳大利亚的立法审查机关可以准许被审查部门作出限制的例外。

(二)美国的公平竞争审查制度

美国是竞争评估的倡导者[3],也是在世界范围内最先确立该制度的国家。

---

〔1〕 郑鹏程、黎林:《澳大利亚公平竞争审查中的竞争支付制度及其启示》,载《价格理论与实践》2017年第11期。

〔2〕 周丽霞:《澳大利亚竞争政策及其审查机制给我国带来的启示》,载《价格理论与实践》2016年第9期。

〔3〕 孙晋、孙凯茜:《我国公平竞争审查主体制度探析》,载《湖北警官学院学报》2016年第4期。

由于作为判例法国家的美国在制度推行中主要依靠相关政策和司法判例来实施,故即便美国没有形式意义上的公平竞争审查制度,其也存在实质意义上的公平竞争审查制度。美国实施竞争评估的背景源于1929年经济大危机之后,在国家干预理论的影响之下,美国国内经济出现了通胀经济危机,于是其开始在国内实行"放松管制"运动,以重新确立竞争政策的基础性地位。在此背景之下,美国反托拉斯局及联邦贸易委员会开始对联邦政府及州政府的经济措施进行竞争评估。

具体而言,第一,在制度依据上,由于美国是判例法国家,其联邦法院以及各州的法院作出的政府反竞争判例都对政府的反竞争行为起到巨大的约束力,并构成了竞争评估制度的重要法律依据。此外,《谢尔曼法》同样能够成为美国竞争评估制度的法律依据。虽然《谢尔曼法》在制定之后主要是对市场当中私主体实施的垄断行为进行规制,但行政机关当然也可以成为在该法当中所提出的"person"中所包含的对象,在实践中也自然可以将政府机关作为《谢尔曼法》的调整对象。〔1〕第二,在评估责任主体上,当制约方以限制竞争为由约束被制约方出台反竞争文件时,其就成为美国实质意义上竞争审查的责任主体。〔2〕因而,在美国,司法机关、行政机关抑或立法机关都成为自我初查的第一主体。同时,基于审查专业性以及权力制衡的需求,美国竞争执法机构[由美国司法部(DOJ)以及联邦贸易委员会(FTC)组成]承担了国家层面上的公平竞争审查工作,而在州层面,州司法部也可以审查各州政府限制竞争的规范性文件。〔3〕在美国的政治体制当中,由于受到三权分立思想的深远影响,在进行竞争审查的主体当中,无论是司法部还是联邦贸易委员会自身都具有足够大的独立性来对政策制定主体的反竞争行为进行有效制约。第三,在评估责任机制上,不同于我国的诉讼模式,美国更多的是鼓励私人主体自发地对违背市场

〔1〕徐士英:《竞争政策研究——国际比较与中国选择》,法律出版社2013年版,第171页。

〔2〕孙晋:《公平竞争审查制度基本原理与中国实践》,经济科学出版社2020年版,第82页。

〔3〕[美]赫伯特·霍温坎普:《联邦反托拉斯政策:竞争法律及其实践》,许光耀、江山、王晨译,法律出版社2009年版,第653页。

竞争的行为向法院提起私人诉讼。因而,为了切实保障政府经济行为的规范化,也形成了主要依靠司法力量来实行包括竞争法在内的竞争政策。[1] 这也成为美国在设置私人诉讼时,能够将惩罚性赔偿的原则应用到行政机关发布排除、限制竞争的规范性文件行为中的主要基础前提和原因。除非行政机关出台违背市场公平竞争的规范性文件具有正当理由,因该违反竞争政策的规范性文件受到侵害的相关人可以依照《谢尔曼法》的相关规定寻求三倍惩罚性赔偿。该责任机制在有效约束政策制定机关谨慎出台限制竞争的规范性文件的同时,也激励利益相关者及时提起诉讼获取赔偿,实现对公权力的外部约束和监督。[2]

(三)欧盟的公平竞争审查制度

国家援助控制制度是欧盟特有的一个竞争法律制度,自从 1950 年设立以来,经过半个多世纪的发展完善,该项制度在国际上已经成为规范政府、市场、市场活动主体三者间关系的法律制度典范。该制度要求国家的援助不超过国家干预市场的必要限度。为了保护欧盟的共同利益,最大限度地发挥市场在资源配置中的作用,欧盟国家援助的控制体系应运而生,成为克服市场混乱情况下最有效的制度规范。欧盟国家援助控制体系的特点在于:一是有专门的竞争执法机构——欧盟委员会;二是欧盟国家援助存在禁止与豁免条例;三是为保障制度的实施,适用司法审查。

欧盟委员会负责欧洲的竞争执法并在欧盟竞争政策的实施中发挥核心作用。欧盟委员会的职能类似于澳大利亚国家委员会的职能,机构有权调查和制裁公平竞争政策。欧盟委员会的主要职能包括六个方面,即禁止限制性商业行为、防止滥用市场力量、对政策进行审查兼并、审查国家援助、促进公平竞争、提供国际交流与合作。由于欧盟竞争政策的形成和发展是密切关注经济环境并不断调整的,因此对互联网、新科技等大型新兴产业的研究也成为执法"新规"

---

[1] 孙晋、钟原:《竞争政策视角下我国公平竞争审查豁免制度的应然构建》,载《吉林大学学报(社会科学版)》2017 年第 4 期。

[2] 孙晋:《公平竞争审查制度基本原理与中国实践》,经济科学出版社 2020 年版,第 86 页。

适用的范围,欧盟委员会会介入这些新兴领域进行公平的竞争审查。在存在竞争的领域中,欧盟委员会与成员国密切合作,通过欧洲竞争网络这一技术手段,高度重视竞争政策、执法协调和冲突预防等领域的国际合作。

欧盟在向国家提供援助方面坚持“原则上禁止,例外情况允许”的原则。也就是说,只有经过了法律审查,或在完全遵守豁免条件的情况下,才能做出国家援助行为。《欧盟运营条约》第107条明确界定了国家援助的法律要素、法定豁免的条件和可能适用豁免的情形。首先,国家援助本身就是违反审核规定的原则及其要素的。根据《欧盟条例》第107条第1款,除条约另有规定外,以符合内部市场的运行要求,成员国不得以任何形式向市场主体提供补贴或提供优惠资源。对于市场主体接受的相关优惠是否符合国家援助,其认定主要取决于其行为是否符合三个要素:一是得到的优惠必须是国家以任何形式、利用任何资源提供的援助;二是国家的救助行动为得到优惠的市场主体提供了实实在在的利益;三是该项优惠行为对其他成员国之间的市场竞争和自由贸易产生了负面影响。这三个要素是判断成员国得到的优惠是否属于国家援助行为的重要标准,原则上禁止采用构成国家援助的政治措施。然而,并非所有的国家援助行为都被禁止。如若符合《欧盟条例》第107条第2款规定提供的救济将被视为法定豁免;如若符合《欧盟条例》第107条第3款规定的条件,且在欧盟委员会介入相关政策的审查后才发现该项政策被排除在不当政策清理之外,此时方能允许提供此类国家援助。

欧盟法院对成员国的援助行动进行司法审查,以维护欧盟法院司法审查的统一性。这项司法审查制度对欧盟法院在解释国家援助规则方面发挥了举足轻重的作用。如果某成员国法院对国家援助制度的适用存在疑问,可以向欧盟法院申请适当的解释。此外,成员国法院对各国提供援助的行为同样进行司法审查。根据《欧盟运营条约》第108条第3款所述的“中止条款”:审查成员国国家法院无须被审查成员国政府提供协助,有权直接介入违法向他国政府提供协助的禁止型国家援助案件,并有权要求该国政府暂停其违法的协助行为。

(四)OECD 的公平竞争审查制度

OECD 所倡导的公平竞争审查制度,又称为竞争评估制度。有关公平竞争审查制度的主要文件包括《竞争评估工具书》(2007 年)(建议所有成员国采纳工具书规定的方法和程序)、《关于竞争评估的建议案》(2009 年)、《竞争评估指南》(2010 年)、《竞争评估原则》(2010 年)、《竞争评估步骤》(2010 年)等文件,阐明了竞争评估范围、方法、流程等制度要素。2015 年,OECD 颁布了竞争评估工具书第 3 卷《竞争评估工具书 · 操作手册》,阐明了竞争评估的方法和流程,为成员国制度的构建提供参考。[1]

具体而言:(1)关于竞争评估对象,《竞争评估工具书 · 原则》明确规定,竞争评估可用于以下三个方面:法律、规章制度和条例;现行政策和新政策;全国性政策、地区性政策和本地政策。(2)关于竞争评估主体,OECD 认为,为了确保政策制定者考虑政策的竞争效应,应该要求制定的政府部门实行竞争评估。审核工作可以由监管监督人、竞争评估专家或者由以上两类人结合的专家组来承担,但需要注重评估主体的独立性。(3)关于竞争评估标准,OECD 规定了初步评估标准和深入评估标准。初步评估阶段的标准包括了四大类 15 项:一是限制供应商的数量或经营范围:①授予某供应商提供商品或服务的特许经营权;②确立颁发营业执照或经营许可证制度;③对某些类型的供应商提供商品或服务的能力进行限制;④大幅提高市场的进入或退出成本;⑤对公司提供产品或服务、资本投资和劳务供应能力设置地域壁垒。二是限制供应商的竞争能力:①控制或影响商品和服务的价格;②限制供应商进行广告宣传或市场营销的自由;③设置有利于某些供应商的产品质量标准或者设置过度超前的产品质量标准;④大幅提高某些供应商的生产成本。三是打击供应商参与竞争的积极性:①创建自我管理或联合管理的体制;②要求或鼓励供应商披露产量、价格、销售额或成本的信息;③对特定行业或特定供应商给予一般竞争法的豁免。四是对消费者可获信息及其选择的限制:①限制消费者的选择能力;②通过直接

[1] 王一平:《简析竞争推进的域外实践及对我国实施公平竞争审查制度的借鉴意义》,载《中国价格监管与反垄断》2017 年第 2 期。

或间接增加更换供应商的成本来限制消费者选择供应商的自由；③从根本上改变消费者进行高效购买所需的信息。深入评估的标准则是依据 SCP 范式，分析法律制度自身及其与市场结构、市场行为等因素的交互作用是否严重损害了竞争。[1] (4)关于竞争评估的程序，首先，OECD 根据不同司法辖区的经验将法律对竞争限制作类型化归纳，形成《应用于识别限制竞争法律的核对清单》(以下简称《OECD 竞争核对清单》)。设立了初步评估的程序。对于核对清单当中的项目，进行逐一审查判断是否属于所列出的限制竞争的行为。其次，创设了深入评估程序。依照 SCP 范式分析制度因素直接或间接产生的竞争影响，判断该法律是否严重损害了竞争。并分析替代方案对竞争的影响效果，将替代方案影响竞争的效果和原来方案进行比较分析。最后，还创设了事后评估程序。要求定期对经过竞争评估的政策措施进行事后评估。

二、中国公平竞争审查制度的考察

我国自 2016 年 6 月印发《国务院关于在市场体系建设中建立公平竞争审查制度的意见》以来，各地区纷纷出台具体规定，如《重庆市涉公平竞争审查举报处理办法(试行)》《广东省进一步推进粤港澳大湾区竞争政策实施方案》等。市场监督部门也一直坚持现有政策清算与新出政策追加评估相结合，推进清查与逐级复核并重的清查工作，落实并不断完善公平竞争制度。在全面协调公平竞争评估活动部际联席会议的背景下，市场监管局已将公平竞争评估纳入工作质量评估体系。2017 年，党的十九大报告更是进一步强调了公平竞争审查对“清理政府规定，构建统一市场”的重要推动意义，为从政策源头上规范政府行为提供了巨大的制度运行空间。2017 年 10 月 26 日出台的《公平竞争审查制度实施细则(暂行)》[2]标志着我国的公平竞争审查制度真正进入实质性执行阶段。截至 2019 年 9 月底，我国的公平竞争审查制度已实现国家、省、市、县四级政府全覆盖，及时发现和纠正了一批违反审查标准的政策措施，全国累计审

[1] OECD:《竞争评估工具书 · 原则》，载 http://www.oecd.org/daf/competition/98765436.pdf。

[2] 2021 年 6 月 29 日，《公平竞争审查制度实施细则》开始实施，《公平竞争审查制度实施细则(暂行)》同时废止。

查新出台文件68万余份,及时发现和纠正2600余份违反审查标准的文件,对超过82万份已出台文件进行了清理;废止或修订涉及地方保护、指定交易、市场壁垒的文件2万余份,有力地维护了市场公平竞争秩序,促进了统一开放、竞争有序的市场体系建设。[1] 在进一步探索总结后,于2021年出台了经过优化的《实施细则》。2022年的《反垄断法》新增"国家建立健全公平竞争审查制度"条文。此外,各省将根据当地情况完善相关机制。黑龙江、浙江、广东等地,将公平竞争问题纳入绩效考核体系,依法对公共部门进行考核。江苏、湖北等地,建立了公平竞争投诉网络。湖南省还建立了公平竞争在线投诉系统和公平竞争面谈机制。为深化国际合作与交流,国家市场监督管理总局建立了中欧公平竞争评估对话机制和国家援助体系,与欧盟委员会竞争事务总局签署了意向书,加强了与国际组织在公平竞争评估方面的合作。由此可见,我国的公平竞争审查制度已经从抽象到具体,从雏形到基本成型,最终必将形成涵盖面广、内容充实、公平有序的社会主义公平竞争审查制度。

具体而言:(1)关于公平竞争审查的主体,根据《实施细则》第2条之相关规定,行政机关以及法律、法规授权的具有管理公共事务职能的组织(以下统称政策制定机关),在制定市场准入和退出、产业发展、招商引资、招标投标、政府采购、经营行为规范、资质标准等涉及市场主体经济活动的规章、规范性文件、其他政策性文件以及"一事一议"形式的具体政策措施(以下统称政策措施)时,应当进行公平竞争审查,评估对市场竞争的影响,防止排除、限制市场竞争。由此可知,行使审查权的主体主要包括政策制定机关,与《宪法》第108条之规定、《反垄断法》第61条之规定相衔接。(2)关于公平竞争审查制度的审查对象,依照相关法律的规定,凡是涉及市场主体经济活动的政策措施,均要进行公平竞争审查,从形式上看,涉及市场主体活动的规章、规范性文件均需要进行审查;涉及市场主体经济活动的其他政策措施也要进行审查,包括规章、规范性文件以外的其他政策性文件,"一事一议"形式的具体政策措施。而一般

[1] 国家市场监督管理总局反垄断局:《中国反垄断立法与执法实践》,中国工商出版社2020年版,第25页。

内部管理性文件、一般事务性文件、过程性文件、常规性的具体行政行为不需要审查。(3)关于公平竞争审查制度的审查方式,依照《实施细则》第5~12条的相关规定,在公平竞争审查的方式以及程序上,审查主体应当首先判断待审查政策措施是否涉及市场经济活动,其次比照审查标准进行逐项核对,对于有违反标准的情况分别进行说明,并指出其对市场的不良影响,之后则需要进一步判断此类措施是否可以适用例外规定,在不能适用时则应当对政策措施进行调整,此后再进行同一程序的审查。在此过程中,审查要征求利害关系人的意见或向社会公开征求意见,政策制定机关开展公平竞争审查,也可以征求专家学者、法律顾问、专业机构的意见。征求上述方面意见的,应当在书面审查结论中说明有关情况。同时,就公平竞争审查中遇到的具体问题,向履行相应职责的反垄断执法机构提出咨询。反垄断执法机构基于政策制定机关提供的材料,提出咨询意见。此外,要求政策制定机关于每年1月31日前,将审查工作的年度总结报告送同级联席会议办公室(定期报告)并将书面总结报告报送同级公平竞争审查联席会议办公室。每三年一次定期评估或者自行决定定期评估期限(定期评估)。(4)关于公平竞争审查制度的审查标准,第一,必须体现公平价值。市场主体在经济活动中的市场地位一律平等,这也是我国市场经济条件下建立的公平竞争审查制度当中"公平"二字的应有之义。第二,应当将保护市场整体的、良好的竞争秩序作为确定公平竞争审查标准的第二考虑因素。对利用行政权力干预市场秩序的过程加以规范,以防止政策措施对市场竞争进行不当的干预,是公平竞争审查制度的设计初衷之一,故审查标准中所列举的行为类型必须以可能造成市场竞争秩序结构失调为前提(具体参见《实施细则》列举的常见的排除或者限制市场自由竞争的行为)。(5)关于公平竞争审查制度的豁免,《实施细则》第17条予以了详细说明,一般而言,适用例外规定制度的情形有两大类。第一类情形,由于市场本身的复杂性以及经济分析方法的不确定性,法律的规定内容并不能够直接判定某项政策措施的实行会对国家利益或者社会利益造成相应的影响,所以,法律仅提供了原则性判断标准用于衡量该政策措施的颁布与实行是否会给国家利益或社会利益带来损害。第二类情形,政策措施中关于豁免规定适用条件与政策措施实际情形之间的契合度有一定的“模糊地带”,为了保障法律的权威性,除了“模糊地带”,其余发生的情形与规定都需要用其他判断条件来加以证明,换言之,要求法律对符合豁免规定适用的条件以及不符合豁免适用的条件作出明确的说明。

第三节 自我审查模式

一、自我审查的概念

自我审查,即政策制定机关自己对自己颁布的法律文件进行审查,根据《国务院关于在市场体系建设中建立公平竞争审查制度的意见》相关之规定,具体的审查方式主要有以下四种模式:一是起草机构分别审;二是特定机构统一审;三是起草机构初审与特定机构实质复核相结合;四是起草机构审查与特定机构程序把关相结合。鉴于我国的公平竞争审查制度仍处于初设阶段,因此对于自我审查的内涵应从两部分来理解:一是对已经颁布实施的现存政策的审查。对存量政策的自我审查就是政策制定机关对于已经制定的现行文件政策进行自我审查,对于可能产生或者已经产生妨害市场公平竞争性质的政策文件,经审查认为其设立不合理、不合法的,应当进行清除。二是对新制定的竞争性政策文件进行审查,以防止设立不合理、不合法的政策文件妨害市场的公平、有序竞争。新增文件政策的自我审查严格遵循“谁制定、谁实施、谁负责”的原则进行,未经公平竞争审查通过不得提交审议出台,对于存量文件的清理则采用“谁制定、谁清理”的原则,针对不同的情况进行处理。

二、自我审查的价值

自我监督与审查的模式对于大多数政策制定机关来说是一种合理的选择。虽然我国的法治进程已经取得了较大的进展,但行政机构在实践中往往会根据国家行政部门的需要制定大量法律依据不明确的政策和措施。这些不明确上位法依据的政策措施，往往又详细阐述了区域经济发展、现状、产业政策、税收政策等，与地方的发展特色与基本情况密切相关。在此背景下，如果公平竞争审核由外部行政机构进行，则外部行政机构无法理解制定政策措施的目的和初衷，也无法理解制定机构在制定政策措施时所考量政策能够带来的利益，由此，外部行政机构也更难以书面文件的形式来肯定这些行政政策的合理性与合法性。因此，自我评估机制是符合中国当前社会经济特色的。在中国目前的情况下，自我审查模式是最佳选择。它是评估政策时制度动荡最少、成本最低、评估范围最大、评估效率最高的评估模式。效率价值也是法律追求的基本价值之一。真正有效的自我审查能够比其他审核方式更容易、更快地完成检查工作，这符合法律制定对于效率价值的追求。

三、中国自我审查的缺陷

公平竞争审查制度属于一项从无到有的新制度，而一项制度的成熟与完善是需要长时间的反复实践、纠错、总结来形成的。因而在制度创立之初，更多应当考虑到制度成本及效率方面的问题，即如何能够快速地实现制度在实践当中的顺利运行。公平竞争审查制度在审查对象上涵盖了各个不同行业的、数量庞杂的涉及市场经济活动的存量以及增量的行政法规、规章及其他规范性文件。在此情形之下，不可能在初期就通过设立一个尚需解决法理上、人事组织上、体制上等存在诸多障碍的全新机构来进行统一审查，也不可能由还肩负其他众多职责的反垄断执法机构来进行审查。因而，采用分散式的自我审查模式，由政策制定机关对自己领域内熟知的行政法规、规章等进行审查，成为快速推行公平竞争审查在全国范围内实施，构建权责统一的法治政府并且能够最大化降低制度成本的必然选择。但从各国的司法实践来看，仍然能找寻到行政垄断的踪迹，甚至还出现了一系列政策制定机关不愿审、简单审的问题。因而，公平竞争审查制度的自我审查模式仍存在缺陷。

一方面，谚语说："没有人可以在自己的案件中担任法官。"自我审查模式的本质是：决策者既是运动员，又是政策设计或实施过程中的仲裁者，即既是当事人又是案件裁判的决策者。在这种情况下,决策机构本身作为政策行动的利益相关者,很难确保审查在一个全面的、相对公平的环境中进行。不仅如此,审查者可能出于寻求较好的审查结果以避免惩罚的心理动机,从而难以产生客观合理的判断,最终再次导致行政垄断监管失灵,致使实施该制度的效果并不能达到预期的目标。因此有学者认为这种模式带来的审查效果还有待观察,并且“同体监督”极易导致审查工作形式化。[1] 总之,如果同一群人既有相关政策措施的制定权,又有对于该政策措施是否妨害公平竞争的审查权,就难以保证公平竞争审查结果的客观性,甚至难以发挥实质性的审查作用,这可能最终导致公平竞争审查制度的实施只会体现在工作形式上和表面结果上。

另一方面,除了审核主体内源性力量不足的局限性外,审核主体能力不足也会给工作的推进带来困难。激励机制可以调动审核主体的积极性,而能力不足对工作的推进影响更大。自我审查者的能力不足首先体现在其具有“经验”依赖性。相关决策机构在竞争评估领域缺乏知识和能力,这在很大程度上使其依赖于以往的行政经验;这种经验趋势不利于适用自我评估来识别与排除限制竞争的情况。其次体现在审查机构对政策措施的解读不深入上。当审查标准留给审查机构的自由发挥空间过大且例外情况不明确时,审查机构对政策措施的差异化解读带来的差异性竞争评估也可能产生令人费解的效果。在没有更明确、更统一的审查程序和标准的情况下,审查效果在不同的地区、不同的城市会呈现不一致的情况。此外,抽象行政垄断本身的复杂性使决策主体在进行审查工作的过程中难以有效识别不正当政策,也不能进行有效的纠正。一项政策措施的制定往往是多种因素共同作用的结果,必须在各种利益之间进行衡量,而不同审查机构对政策措施的解读效果不同,也让审查工作的效果大打折扣。对公平竞争审查制度缺乏了解,也导致审查能力显著下降。审查者如果无法对公平竞争审查制度的设立初衷、设立目的等进行深入的认识,不能正确认识到建立公平竞争的营商环境的重要性,那么在审查工作进行的过程中极易以狭隘

---

〔1〕 房立波、赵全新、杜连敬:《我国公平竞争审查的成效、问题与对策研究》,载《价格理论与实践》2018 年第 9 期。

的眼光审视竞争政策，不能发现问题所在。

四、中国自我审查的完善

首先，应完善自我审查的激励机制，激发自我审查主体的工作积极性。具体而言：一要在决策机构内部实行决策与审查分离。在我国公平竞争的审查制度中，自我审查制度的兴起不断向人们传达“无视审查”的信息。“自我审查的主要问题是‘同质监视’，即自我审查，其有效性难以保证”。[1] 当前，从制度实施情况来看，自查制度似乎已经形成，但实际仍是政策制定机关自己审查自己，其实际效用还有待考量，为防止审查主体的经济人理性，应厘清政策制定机关行权的边界，打破决策机构内部自己审查自己的表象，剥离政策制定与自我审查。即制定与评审分离是指行政机关内负责制定政策措施的人员只负责制定政策措施，在公平竞争审查阶段应退出政策措施的评审，其他行政机关工作人员负责公平竞争审查，并将审查结果报上级管理部门，实现政策措施的“制定”与“审查”实施的分离。行政机关负责人对审查结果有疑问的，可以请求召开公平竞争联合审查会议或向同级反垄断执法行政机关提出意见。“在自检模式下，主体机构实行‘内部分权’，有利于相互制约和制衡。”[2]决策机构内部的制度与审查分离，可以在一定程度上缓解社会公众对自我审查制度产生的不理解、不认同、不信任。二要完善政绩考核体系。绩效考核是领导干部的“指挥棒”，只有不断完善相关评价体系和机制，才能进一步调动领导干部的积极性、主动性和创造性。可以创新综合评价指标体系。要考虑经济社会发展的共同要求，反映不同地区的功能定位和发展重点，采用统一指标和分散指标相结合的方法，建立由通用指标、分类指标和特色指标组成的指标体系。可以改进考核方法。针对发展基础和起点不同的问题，科学设计数学模型，兼顾发展和基础，使评估和评价更加客观、真实。针对潜在绩效和突出绩效难以识别的问题，实施领导干部绩效问责跟踪考核办法，编制主要绩效和责任记录档案。

---

[1] 时建中：《强化公平竞争审查制度的若干问题》，载《行政管理改革》2017 年第 1 期。

[2] 郑和园：《公平竞争审查制度中自我审查的理论逻辑与实践路径》，载《价格理论与实践》2017 年第 12 期。

可以加强过程管理和实时动态跟踪。针对不同的审核领导团队，应当按照区域对其进行划分，创建不同片区的沟通交流审核系统，以便工作的开展。在不同片区进行任务分工、人员的不同分配，在相对固定的区域里让不同的团队分类别、分环节来进行审核工作。让团队通过参加重要会议、出席重大活动、查阅相关资料等方式来进行准确的检查，同时要积极了解不同团队的工作进行过程，以便实行实时的动态跟踪。

其次，提高自我审查主体的能力。只有提升自我审查主体的能力，才能规范监督检查工作、强化考核人员的程序意识，确保考核调查工作按规定、按纪律、按法律进行。一是对于妨害公平竞争的问题应该有专门的机构来解决，我国的反垄断委员会是承担这一责任的最佳选择。随着反垄断执法行动的集中，反垄断委员会在反垄断执法中的协调作用已经被淡化，但反垄断委员会仍应履行其他的工作职能职责。如在审查和发布竞争政策和反垄断指南等方面发挥积极的指导、服务、监督作用。只要该机构对促进国家竞争政策给予足够的重视，其就可以在强制市场主体遵守反垄断法方面发挥指导作用。反垄断委员会可以专门从事竞争政策研究和行业现状研究，以便根据中国市场的实际情况制定适当的反垄断指令和防止滥用支配地位的竞争政策，并回答一些有关反垄断执法的难题。同时，面对反垄断执法和公平竞争评估中的一些难题，反垄断执法机构也将因职能的缩减而更加注重执法工作。专门机构的设立不仅有利于对地方审查人员的工作产生积极指导与带动作用，也有利于后续培训等工作的统筹开展。二是通过改进竞争审查培训来增强主体的审查能力。加强审查主体对公平竞争培训体系的了解，这就需要在各级公平竞争审查过程中组织培训。要邀请专家、科学家、法律顾问和专业机构参与，增加对案例的解释，提高培训的相关性，以帮助改善审查主体的工作水平。同时，只有通过实践才能获得真正的知识；只有通过执法才能最好地理解立法和制度的目的，因此有必要加强对典型公平竞争案件的公布和分析，以加强对难题的可预见性管理。三是充足配备专业审核人员。审查员是合法性审查制度的执行者，审查员必须保持一定的专业性。可以设立法律专职，在各部委的执法机构中，设立专门的岗位，通过专门的培训来培养专门的审查和执行人才。对规范性行政文件的合法性进行审查,要做到因人而异,责任明确。由于缺乏专业人员,审核质量难以保证,因此应提高准入门槛。明确合法性审查从业人员的职业资格、教育学历等资格认定,以确保合法性审计的专业性。应加强法治建设培训,建立畅通的沟通机制。可以由司法部建立部门之间的沟通机制以更好进行法规政策的审查。可定期邀请专家对法律审查员进行培训,通过设立专家组和讲师组提供答疑与咨询,以提高审查水平。

再次,完善自我审查的相关制度。一要细化自我审查的相关制度,规范审核流程,“首先确定制定政策措施的目标,并确定为达到此目的所必须确定的选项,接下来列出实现这一目标的可能选项,并研究每个选项的竞争后果可能性,然后比较所有选项,最后提出不妨碍实现政治、经济目标和对竞争危害最小的替代方案”〔1〕。如果地方当局在制定相关政策和措施时能够遵循这一自我审查流程,那么它们就可以在不排除、限制竞争的情况下确定可以实现相同目标的其他政策和措施。此外,还可以借鉴他国的竞争评估制度,采用“二审”模式。具体的操作流程为:首先在初次审查时,组织审查主体机构积极参加“研究论证会”,组织政策制定者通过讨论论坛、听证会和互联网等信息渠道听取利益相关者、行业组织、民间社会组织和公民的意见,组织参与初步审查的第三方专家进行集体讨论,以便提供的方案可被接受;接下来将初审报告连同通过的法律文书草案报上级机关备案;若初审结果存在问题,则进入二审程序,在二次审核过程中,应当对新的政策与文件进行一一审核。二次审查可以分为被动和主动两种类型。主动审查是指根据初步审查的结果,若确定相关政策不限制竞争,则只提请地方协议委员会对该项政策进行关注。被动审查是指审查主体无法根据自己的知识准确判断一项政策是否限制竞争时,应当地审查委员会的要求,对初步审核结果进行彻底的定性分析。在程序上,为了保证二次审查的精确性,可以引入二次复核程序,使对地方政策作出负面评价的所有各方都有

〔1〕 孟雁北:《中国竞争倡导制度对国际经验的借鉴与创新——以公平竞争审查制度为例》,载《中国市场监管研究》2018 年第 9 期。

权发表意见。二次复核必须附有法定文件以证明该政策的出台是适当的、必要的,并且该政策不会限制竞争、不会限制获得超出成本的收益。二要明确自我审查的审核标准,不完善的审查标准带来操作性不强的缺点,使自查机制的实践问题更加突出。有必要细化审查的内容和标准,使其做到内容翔实、标准统一,尽可能避免因审查内容可能存在的疏忽、遗漏对结果造成不良影响。此外,要对审查标准中的模糊概念进行解释,尽可能避免审查标准的具体内容不清晰、不明确、有歧义,以利于地方当局对照标准进行审查工作。应该明确合法性审查与合理性审查的目的与边界,合理性必须是合法性框架内的必要标准。因此行政法规的审查可以分阶段进行:法规的所有要素都按照合法性标准进行考虑;对合理性的修改只能涉及自由裁量要素,即在合法性审查之后,根据文件内容的相称性、平等性和合法性对政策进行修订。为避免随意制定、发布政策文件,保证规范性文件出台的质量和权威性,可以通过列出规范性文件管理清单以实现政策文件制定和发布的标准化目标。三要进一步明确"例外规定",是否能严格适用例外有两个方面的注意事项:一是对政策措施要实现的效益和竞争优势要进行对标分析;二是需要制定许多方案,以找出其中对竞争利益危害最小的方案。要合理运用例外制度,应进一步解释、澄清和指定例外情况。"国家安全利益""社会安全利益""社会公共利益"等意义上的公平竞争需要更详细的解释,否则很容易导致滥用例外条款。四要完善自我审查的相关工作机制,尽快建立公平竞争审查问题联席会议制度,建立专家级联席会议制度。目前,联席会议的参加者多为政府机构,没有公众和专家参与、监督。要规范公众参与政策审议,让专家学者发挥专业知识,支持部委开展政策审议,充分发挥联席会议制度的积极作用。需明确联席会议的具体情况与基本信息,明晰联席会议的具体议事规则,建立联席会议报告机制。应尽快建立全国统一的信息交流平台,减少中央与地方、上级与下级、监督者与被监督者之间的信息壁垒。

最后,强化自我审查的监督追责。一要完善公平竞争自我审查模式的监督方式,决策者、公众和反垄断执法机构可以作为其监督主体。(1)要采取自我审查与外部审查相结合的模式,让反垄断执法机构参与公平竞争审查,查处当地的排他性和限制性竞争行为。当地主管部门应当先进行初步评估,评估后,认为有消除或者限制竞争情况的政策应当报反垄断执法机构评估。(2)细化公众参与审核的方式。积极建立公民参与合法性问题审议的机制,以改变公民只能被动参与合法性问题审议的现状;明确参与标准和落实公众参与权;建立公众参与机制,利用互联网技术提供公众参与的渠道,建立审计管理信息平台来扩大公众参与。(3)充分利用公平竞争审查信息处理平台,保障社会公众知情权的行使,保障社会公众的全员参与、保障监督竞争公平性审查的积极有效。无论何种主体成为监督对象,首先要保证被监督对象信息的获取畅通无阻,然后努力促进获取被监督对象信息的便利性。如果收集监督对象信息的成本太高,就会伤害社会监控的积极性。公平竞争评估数据处理平台应当为存在匿名服务的公共信息处理平台,公众可以通过此平台来及时地对当地政府出台的政策进行监督,及时检查政策的自查与修正情况,并据此提出自己的问题与改进建议。接受审查的地方政府应当及时将审查结果通知社会公众,保障公民的知情权。二要强化行政规范性文件违法的责任追究,"应鼓励地方政府继续进行自我评估,以便通过问责制所带来的不利因素来追究它们的责任"[1]。需先明确责任主体。进行不同工作的主体应当负起不同的责任。对于审核工作,主要责任主体应当是政策的制定机构和合法性审查机构,但同时不能忽视其他可能参与合法性审查的行政机构。投诉机关的法律责任是严格依法进行尽职调查,并向有关部门发出尽职调查通知。其他可能的组织的职责是进行预先的完整性和标准化审查。监管部门在合法性检查过程中可以书面咨询其他部门。以上所有这些行政事项都需要进行合法性审查。制定明确、合法、合理的问责模式对整个追责机制至关重要。一个好的责任追究机制不仅要严惩严重的违法或不当行为,还要惩罚疏忽大意的过失行为。为规避由于追求短期利益、政治宣传效果、行贿受贿等原因而带来的审查主体在明知其制定的政策措施会破

〔1〕 丁茂中:《论我国公平竞争审查制度的建立与健全》,载《竞争政策研究》2017 年第 2 期。

坏竞争秩序的情况下,审查时并不明确排斥这种不良的竞争行为的情况,可以建立官员终身责任制度。

第四节　第三方评估模式

一、第三方评估的概念

根据《实施细则》第 20 条之规定,政策制定机关可以根据工作实际,委托具备相应评估能力的高等院校、科研院所、专业咨询公司等第三方机构,对有关政策措施进行公平竞争评估,或者对公平竞争审查有关工作进行评估。各级联席会议办公室也可以委托第三方机构,对本地公平竞争审查制度总体实施情况开展评估。其实,第三方评估常在政府公共管理当中被适用,通常认为,政府内部开展的自我检查、自我评价活动构成了第一方评估,行政系统内部的上级主管部门对于下级的相关工作开展的评价属于第二方评估,而独立于行政系统之外的第三方对于政府相关活动的评价属于第三方评估。也即,第三方评估可以看作相对于行政系统外部的评估方式,其是与行政机构之间尤其是委托方之间不存在"行政上的隶属关系或是利益相关性"[1]的外部介入力量。在避免委托方发生"短视"的方面发挥着重要的作用。随着新公共管理浪潮的兴起,第三方评估已经成为许多发达国家在行政管理活动中所采用的做法。在公平竞争审查制度中引入第三方评估,能在很大程度上消除政策制定机关在经济领域内的"利己"选择,并对其自我审查行为产生有效制衡。因此,第三方在利用专业知识技能之下出具的报告也应当被政策制定机关予以高度重视,并作为影响其之后决策行为的依据。

[1] 易斌、郭华:《政府购买图书馆服务第三方评估机制研究》,载《图书馆学研究》2020 年第 12 期。

二、第三方评估机制的理论基础

(一)社会共治理论

在20世纪70年代西方社会治理改革当中,以社会治理理论(Social Governance)以及"公共性理论"[1]为主要组成部分的社会共治理论的提出使将社会组织作为社会共治当中重要参与主体的研究构成了一个热点话题。社会共治理论指的是不同的社会主体能够共同治理公共事务,通过协商民主等手段发起集体行动以达成共同利益。[2] 该理论成为具有专业性、非营利性、外部性等特征的社会组织能够参与社会共治当中的基本理论起点。"共治共享的社会治理格局"是我们党在十九届四中全会提出的重要目标,也是不断推进我国治理能力现代化的重要手段。具体到公平竞争审查制度的语境下,社会共治理论为第三方评估机制在公平竞争审查制度之下的引入提供了强力的法理支持。即便社会共治当中所指的第三方组织大都属于非营利性的组织,而公平竞争审查之下的第三方评估主体具有获得评估费用的营利性目的,也不能简单否认该第三方评估活动和评估内容的社会公共性。公平竞争审查当中的评估属于一项承载了以维护社会经济公平竞争环境为最终目标的重要任务,其进行评估的最高目标与所有市场经济主体所共同追求的目标具有一致性。在无法实现整个经济市场当中所有市场主体人人参与治理的情况下,经过特定程序选择出一些专业组织或者个人的集合来实现对政府部分经济行为的共治,理应成为保障市场主体公平竞争权的重要方式。从这一点上来说,公平竞争审查当中的共治意味着政府、第三方以及被第三方所代表的市场经济主体为了实现政府所制定的有关经济政策措施等能够与市场公平竞争需求相一致的共同治理愿景。这种共治实现了主体的多元化发展,增加了政策规则从制定到实施全过程的公平公正。[3] 第三方在公平竞争审查当中的参与,一方面展现了在当代经济治

[1] Bozeman B., *All Organizations are Public: Bridging Public and Private Organization Theory*, Jossey-Bass Inc., 1987, p. 14-29.

[2] 王民、李健:《社会共治制度初探》,载《行政论坛》2014年第5期。

[3] 张玉洁、李毅:《公平竞争审查制度构建的价值维度与实践进路》,载《学习与实践》2018年第6期。

理格局当中,我们更加提倡整个社会的共同进步。社会治理的参与主体不再是以政府为核心的推动者和领导者,而转化为“政府—市场—社会”三元架构之下的共治。[1] 同时,并不是所有的公众都具备相应的能力和资质去从事政策评估活动,故公众会更加愿意相信具有专业知识技能但又不享有强制权力,且置于行政体系之外的第三方评估主体所作出的审查结果。另一方面,市场经济活动中公共产品供给的低效、经济政策制定的失误、权力寻租滋生的腐败等问题成为论证政府失灵的客观事实。因此,为了防止这种失灵的继续产生或是扩大,第三方主体在行政机关经济权力运行当中的参与,可以实现“行政权力得以克制和勤勉,社会组织智慧得以发挥”[2] 的结果。总而言之,第三方主体的参与在市场公平竞争环境的治理当中是弥补政府失灵、提高政策权威、消除政府中心主义之下导致的经济治理失效以及提升政府治理合法性与合理性的不二选择。

(二)委托代理理论

委托代理理论(the Principal-agent Theory)最早在新制度经济学当中被提出,并被应用于微观经济学领域。随着社会经济的发展,市场当中法人主体规模不断扩大,法人所有者自身所具有的专业知识以及精力已经不足以再像从前那样对法人运行的所有事项进行事无巨细的全盘把控。因而,在社会分工越来越精细化以及专业化的情形之下,经济社会当中出现了一大批具有专业能力的职业经理人,其通过与企业法人主体签订委托协议,在获得企业法人代理授权的前提之下,为企业法人的利益行使某些决策权。职业经理人的出现导致了法人当中所有权和经营管理权不再为一人所有,两权分离的情形造就了委托代理关系的产生。公平竞争审查制度作为社会主义市场经济体制建设新时代节点的产物,是治理行政垄断的具体表现。[3] 其旨在将政府反竞争的抽象行政行

---

〔1〕 刘乃梁:《公共危机的社会共治:制度逻辑与法治进路》,载《江西财经大学学报》2020 年第 6 期。

〔2〕 石佑启、杨治坤:《中国政府治理的法治路径》,载《中国社会科学》2018 年第 1 期。

〔3〕 陈林、李康萍:《公平竞争审查视阈下行政垄断与资源错配》,载《产业经济研究》2018 年第 4 期。

为限制在其对市场经济活动进行干预时法律所允许的范围之内，以此实现对行政垄断的源头防治。对于承载着如此重大意义的公平竞争审查制度而言，仅仅是通过自我裁决的方式作为核心的落实路径，显然缺乏社会公众的认可度。因此，基于自我审查机制在实施过程中固有的局限性及公平竞争审查极强的专业性，政策制定机关通过委托方式来赋予既具有法学、经济学等多领域专业知识又对行业背景了解的第三方代理权来代替自己进行评估活动，正是体现了社会公众对于公平竞争审查当中公正性及专业性的基本诉求。委托代理理论也因“委托—代理”的基本关系而为第三方评估主体的评估权利来源提供了正当性与权威性。此外，在将委托代理理论内化到公平竞争审查当中时，一方面，在明确委托方（政策制定机关等）和受托方（第三方主体）之间有效授权的基础上，需要将双方的权利义务予以具体化，充分保障第三方主体评估行为的有效推行，实现评估的专业化；另一方面，基于公平竞争审查之下委托代理双方地位的不平等以及利益追求的不完全相同性，在确保双方之间的沟通机制得以畅通以保证评估活动顺利进行的同时，也要作出合理的制度安排来最大限度地实现双方在追求市场公平竞争环境这一最高目标上的一致性。

（三）民主行政理论

民主行政理论（the Democratic Administration Theory）成为正式的概念是在《民主行政理论的发展》一文当中被德怀特·沃尔多提出的[1]。在此之前，传统的公共行政主张政治与行政二分，极端强调行政当中的效率准则或是效率与小部分民主之间的结合，在行政当中几乎不存在价值评价的过程。而民主行政理论的提出则在官僚制组织当中开启了民主哲学的价值，无论不同的学派在论证方法或是理论上有何不一致，在价值取向上都选择了将公民的平等、自由以及对于社会公共利益的维护等作为民主行政的价值追求，民主也因此而成为行政管理当中的重要手段和欲达到的最高价值目标。政府只是主权者任命的

〔1〕 Dwight Waldo, *Development of Theory of Democratic Administration*, 46 The American Political Science Review 1(1952).

官吏,以主权者的名义行使主权者托付给他们的权力。[1] 从这个意义上说,政府不会也不可能成为权力最初始的所有者,只有人民构成此处的主权者而成为权力最初的享有者,人民主权也由此意味着人民的统治。因而,行政行为的初衷、过程、结果都应当以民主为最根本的出发点和目标。对我国而言,中共十八届三中全会实施的《中共中央关于全面深化改革若干重大问题的决定》中"努力提升科学行政、民主行政和依法行政的水平"成为新时期政府改革当中首要的任务目标。如何构建服务型政府,使权力的行使始终为了人们谋幸福以及更好地发挥政府在市场经济当中的作用,是政府治理变革中改变政府在"政府—市场—社会"三元结构当中过于"强势"的地位,从而实现民主行政的重要问题。在公平竞争审查视阈下,自我审查的证成逻辑难以被公众信服,即该模式的逻辑在认为行政机关会出台违背市场公平竞争的法律政策,因此要求其自我审查的同时,又认为其在自我审查之后能够自发地去积极完成自我纠正的行为。所以,除非有相应机制矫正,否则公平竞争审查的结果在限制竞争的动机占上风的情形下,自我审查机制就会流于形式。[2] 而在现有制度框架之内,第三方评估机制的引入恰好可以成为具有矫正功能的"相应机制"。民主行政理论为第三方的引入提供了强有力的理论支撑。一方面,第三方主体能够被积极引入本身就意味着政府职能转变意识的体现,通过权力的分享,行政机关民主行政理念会不断加深;另一方面,在无法实现全国范围内直接民主的情形之下,通过具备专业性的特定第三方主体,可以实现最为合理的间接民主,从而最大限度地保障市场竞争环境的公平、公正、公开。

三、中国公平竞争审查第三方评估机制实效评析

从理论层面上说,第三方评估机制的引入及适用在该层面上具有可适性。因而,在实践层面上,通过第三方评估机制的引入,也理应能够同目前自我审查模式形成合力,从而规制行政垄断,构建以市场主体为中心的市场经

〔1〕 [法]卢梭:《社会契约论》,李平沤译,商务印书馆2011年版,第65页。
〔2〕 焦海涛:《公平竞争审查制度的实施激励》,载《河北法学》2019年第10期。

济架构，营造良好营商环境以及强化竞争政策的核心地位等公平竞争审查的整体制度目的。当然，最终是否能够实现这一制度目的，则需要进一步从实践角度来对公平竞争审查第三方评估机制进行考量与评估，通过数据信息的收集来考察制度文本从规定到具体落实之间存在的差距，并对这些差距所反映出的具体问题作分析，使仅停留在“纸面上”的制度能够更好地在实践当中得以落实。

无论是2016年发布的《意见》、2019年发布的《第三方评估指南》（虽已失效但仍具有一定参考意义）还是2021年发布的《实施细则》，都旨在增强公平竞争审查制度的有效实施。随着该制度在实践当中的具体应用，值得肯定的是，该制度在完善我国的市场经济体制，创造更加开放、公平、包容的营商环境及转变政府职能等方面起到了较为显著的积极成效，完成了制度价值在市场经济中的实现。

首先，对于公平竞争审查制度在近几年取得的整体成效，本书选取了2018—2020年全国范围内公平竞争审查的情况（见表4-1）作简要分析。

表4-1　公平竞争审查实施情况（2018—2022年）

时间	增量政策措施文件	存量政策措施文件	纠正废止
2018年	审查31万份， 修改完善1700余份	审查82万份， 清理2万余份	未查得相关数据
2019年	审查25万份， 修改完善300余份	未查得相关数据	未查得相关数据
2020年	审查17.7万份， 修改完善1500余份	清理107万份	近6000份
2021年	审查24.4万份	清理44.2万份	1.1万份
2022年	审查16.37万份	清理45.2万份	2.04万份

资料来源：《中国反垄断执法年度报告（2022）》《中国反垄断执法年度报告（2021）》《中国反垄断执法年度报告（2020）》《中国反垄断执法年度报告（2019）》《公平竞争审查制度2018年总体落实情况》，国家市场监督管理总局反垄断局，https://www.samr.gov.cn。

从所收集到的相关数据可以看出,单从数量本身来看,公平竞争审查制度自设立以来,对于增量或者存量措施的审查数量确实不少。但是,一方面,对于每年应当审查的规范性文件的总量并未公开,这就导致了无法对审查数据进行参照比较;另一方面,对于被修改或者废止的规范性文件具体为哪些,其被修改或被废止的依据是什么也无法知晓。也就是说,从制度实施以来,在相关审查信息进行完整、及时地公开方面仍有较大欠缺。因此,在评析第三方评估机制在制度当中的实际运行成果时,上述提及之处仍然值得关注。

其次,具体到公平竞争审查制度第三方评估机制的落实情况上。第一,在法律文件制定方面。截至 2021 年年底,全国几乎所有省份都出台了省一级的指导文件,一部分市级或是县级(区级)也出台了相应的指导文件,使第三方评估机制覆盖到了省、市、县三级。从整体上说,全国大多数地区都对《意见》当中所要求的"鼓励委托第三方开展评估"作出了积极的回应。但是在进一步比照各省级、市级等发布的指导第三方评估实施的文件内容之后可以发现,各地文本仍然存在较大的同质化倾向,内容组成上都是对《实施指南》或者是《实施细则》进行简单的"照搬照抄"。在中国东西部、城乡间存在较大差异的情况下,制度文本缺乏"本地特色",与《实施细则》当中不同地区不同实施的要求相违背。第二,在具体实施的数据方面,由于大部分省市对公平竞争审查第三方评估机制的适用仍处于筹备阶段,尚无法收集到全面的数据。笔者在查阅了大量省份的市场监管部门、政府及发改委等网站之后,对能够收集到的相关信息进行了汇总(见表 4-2)。

表 4-2　公平竞争审查第三方评估实施相关信息

地区	开始时间	具体评估方式及成效
四川省	2019 年	(1)2020 年审查经济措施 1.81 万件;第三方评估(四川大学为评估主体)2597 件(四川省省政府)政策措施。[①] (2)2020 年,川渝两省建立全国首创的"交叉互评"[在两省内部分区县(市州)开展]模式。[②]

续表

地区	开始时间	具体评估方式及成效
上海市	2019 年	(1)2020 年,审查该年及之前经济规章、规范性文件及措施 7475 件,清理 26 件(拟修订 7 件、废止 19 件);对 26 个上海市联席会议成员单位、16 个区政府(部分辖区政府及单位)的公平竞争审查制度总体实施情况进行评估,对 1296 件民营企业、招投标等重点领域政策措施进行专项评估。[③] (2)2022 年,全年会审政策措施 176 件,提出修改建议 148 条。[④]
湖北省	2019 年	(1)2020 年,武汉市对本市公平竞争审查工作总体情况进行评估(评估主体为中南财经政法大学经济法研究所)。2021 年,进一步扩大第三方评估的覆盖范围(从重点区、市直部门扩大到 25 个市直部门及 15 个区政府)。[⑤] (2)武汉市通过图表形式公布 2021 年辖区内各单位在第三方评估当中方发现涉嫌限制竞争的文件数量。[⑥] (3)2022 年,湖北省继续健全完善审查机制,引入专家和第三方机构,积极推行政策制定机关内部特定机构统一审查,将审查纳入决策的必要环节。全年共审查政策措施 4815 件,出台 4754 件;清理政策措施文件 11359 份,其中修改 236 份,废止 1480 份;开展第三方评估 67 次。[⑦]
河南省	2020 年	(1)第三方机构评估组专家在召开研讨会中采用抽查评估的方式对抽取的各成员单位文件中存在的涉嫌违反公平竞争审查标准的典型问题进行分析解读和交流反馈。[⑧] (2)安阳市对各区(市、县)政府 2017—2019 年的存量政策措施进行全面审查评估,目前已评估 590 件。[⑨] (3)2022 年,全省全年共审查增量政策措施 7778 件,清理各类存量政策措施 17665 件,废止、修订、纠正政策措施 210 件。组织召开公平竞争审查工作第三方评估成果运用会,对全省各地公平竞争审查制度总体实施情况进行综合评估。[⑩]
西藏自治区	2021 年	(1)拉萨市截至 2021 年 10 月已审查文件 1082 份;是全自治区中首个开展公平竞争审查第三方评估工作的市,目前已对辖区内部分单位文件进行了抽查评估(200 余份文件)。 (2)2022 年,组织对 2020 年至 2021 年出台的涉及经营主体经济活动的规范性文件和政策措施进行全面清理,共清理政策措施文件 466 份,废止、修改政策措施 18 份,经提请自治区人民政府常务会议研究,废止文件 5 件,修改 1 件。组织第三方评估机构抽取自治区政府办公厅、自治区 8 个部门和 51 个地(市)县(区)部门的规范性文件及其他政策文件 822 件,评估存在问题政策措施文件 41 件,积极推动相关单位完成整改。[⑪]

续表

地区	开始时间	具体评估方式及成效
重庆市	2019 年	(1)对辖区内部分政府及部门[10 个市级部门、5 个区(县)政府及 3 个所属部门]的公平竞争审查总体落实情况进行全面评估。⑫ (2)重庆市九龙坡区对辖区内 41 个单位存量文件进行审查,共计 317 份;评估辖区内 4 个单位共计 100 份政策文件。⑬
江苏省	2019 年	南通市 2020 年对辖区内区县政府及相关单位的政策措施进行抽查评估,共计 130 份。⑭
湖南省	2019 年	(1)2020 年审查文件 3.02 万件;对辖区内部分机关(省公平竞争审查工作联席会议各成员单位)进行第三方抽查评估,共计文件 169 件,整改 9 件。⑮ (2)2022 年,对长沙等 7 个市州开展公平竞争审查第三方评估,抽查文件 341 份,发现问题文件 17 份;对全省教育、住建、卫健、应急管理等重点行业领域开展公平竞争审查第三方评估,抽查文件 1878 份,发现问题文件 39 份。⑯
河北省	2020 年	(1)2021 年拟对 2020 年以前省政府及市一级政府经济政策措施进行"全面检查评估",对市级部门及县级政府文件进行"抽查评估"。⑰ (2)2022 年,全省各地各部门组织政策抽查 464 次,审查新出台政策措施 7569 件,修改调整 38 件,排查涉及经营主体经济活动的各类政策措施 17716 件,废止修订 522 件。⑱

注:①《四川省市场监督管理局 2020 年度法治政府建设工作情况报告》,载四川省市场监督管理局,http://scjgj.sc.gov.cn//scjgj/fz0002/2021/1/20/f97dd777b46641d29a223918354e5a9a.shtml。

②《2021 年川渝市场监管公平竞争审查第三方评估交叉互评入场》,载重庆市市场监督管理局,http://scjgj.cq.gov.cn/zwxx_225/bmdt/sj/202112/t20211202_10066301.html。

③《上海市公平竞争审查工作联席会议第三次全体(扩大)会议召开》,载上海市市场监督管理局,http://scjgj.sh.gov.cn/601/20200710/2c9bf2f6732de899017337c385810254.html。

④《中国反垄断执法年度报告(2022)》,载国家市场监督管理总局反垄断局,https://www.samr.gov.cn。

⑤《武汉市公平竞争审查工作联席会议办公室关于 2021 年公平竞争审查工作总体情况的公告》,载武汉市市场监管局,http://scjgj.wuhan.gov.cn/zwgk_65/jggg/tzgg/202202/t20220224_1928180.shtml。

⑥《2021 年武汉市各单位公平竞争审查第三方评估基本情况统计表(上半年)》,载武汉市市场监督管理局,http://scjgj.wuhan.gov.cn/zwgk_65/jggg/tzgg/202112/t20211224_1880956.shtml。

⑦《中国反垄断执法年度报告(2022)》,载国家市场监督管理总局反垄断局,https://www.samr.gov.cn。

⑧《河南省召开省直部门公平竞争审查第三方评估成果运用研讨会》,载河南省市场监督管理局,http://scjg.henan.gov.cn/2021/03-18/2111485.html。

⑨《河南安阳开展公平竞争审查第三方评估工作》,载国家市场监督管理总局,https://www.samr.gov.cn/fldj/tzgg/gpjzsc/202012/t20201208_324173.html。

⑩《中国反垄断执法年度报告(2022)》,载国家市场监督管理总局反垄断局,https://www.samr.gov.cn。

⑪《中国反垄断执法年度报告(2022)》,载国家市场监督管理总局反垄断局,https://www.samr.gov.cn。

⑫《重庆市市场监管局深入落实公平竞争审查制度成效明显》,载重庆市市场监督管理局,http://scjgj.cq.gov.cn/zwxx_225/bmdt/sj/202107/t20210723_9503935.htm。

⑬《重庆九龙坡区召开公平竞争第三方评估反馈会》,载重庆市九龙坡区市场监督管理局,http://scjgj.cq.gov.cn/zz/jlpq。

⑭《南通公平竞争审查第三方评估工作取得阶段性成果》,载江苏省市场监督管理局,http://scjgj.jiangsu.gov.cn/art/2021/1/5/art_70155_9625327.html。

⑮《湖南2020年调查处理各类涉嫌垄断问题线索14件》,载湖南省人民政府,http://www.hunan.gov.cn/hnszf/hnyw/bmdt/202012/t20201230_14095054.html。

⑯《中国反垄断执法年度报告(2022)》,载国家市场监督管理总局反垄断局,https://www.samr.gov.cn。

⑰《对各级各部门涉及市场主体经济活动政策措施开展抽查评估河北部署2021年全省公平竞争审查工作》,载河北省市场监督管理局,http://scjg.hebei.gov.cn/info/63228。

⑱《中国反垄断执法年度报告(2022)》,载国家市场监督管理总局反垄断局,https://www.samr.gov.cn。

从表4-2可以看出:第一,公平竞争审查第三方评估在实践中同样存在仅有结果而没有过程的问题。在当前公布具体评估数据的省份当中,都只是将评估的政策数量进行了简单公布,而对于评估报告内容、如何进行的评估程序、评估标准及评估结果的应用等方面皆无迹可循,这导致第三方评估透明度较低,难以实现对评估行为的外部监督。此外,在第三方主体的选择上,不同地区采取的主体遴选方式在过程上存在不相统一或者是不够公开明确的情形。第二，在评估范围上。单从评估数量上可以看出四川省、拉萨市、湖南省、上海市虽然引入了第三方评估，但与进行自我审查的政策文件相比，数量占比过低。同时，在引入第三方评估时，多数省份较多采用抽查评估方式。且四川、重庆等早于其他省份引入第三方评估的地区仍旧只在本辖区内的部分政府或者其部分职能部门的公平竞争审查当中引入第三方评估。即自我审查数量与第三方评估数量仍有较大悬殊，目前仍然是以自我审查为主导的审查方式，第三方评估由于仅存在于某年的存量政策措施、某地区或某部门的经济政策措施、被抽查的某些政策措施当中而导致整体数量较低且评估对象也不够全面。第三，第三方评估的信息传递、监督机制等存在较大缺位。如在湖北等早在 2019 年时就率先在公平竞争审查当中引入第三方评估的省份，笔者在查阅省级相关网站时并未查得其实施情况的具体数据等信息。即便查得该省武汉市第三方评估的相关信息，在其公开的相关内容当中也仅提到会进一步扩大评估范围，且在其公布的“2021 年上半年本市各单位公平竞争审查第三方评估统计表”当中，也仅存在“经评估发现涉嫌限制竞争的文件数量”一列，没有任何其他像是评估总量等相关数据能够予以比照。此外，其他同样已经开始引入第三方评估机制的云南省等许多省份也难以实现相关信息的及时公开，这直接造成了第三方评估的相关信息难以及时、全面地实现信息的外部化，并导致了难以对机制具体实施的成果进行分析和总结。综上所述，目前公平竞争审查第三方评估机制在具体实施过程中暴露出了制度依据缺位，评估对象、主体选择、评估程序三个基本构成要素及信息沟通、评估结果反馈及监督追责机制不健全的问题，需要进一步进行分析并对此提出优化建议。

四、中国公平竞争审查引入第三方评估的优化路径

市场经济得以确立的基本前提在于市场当中行之有效的公平竞争，欠缺了公平竞争的市场经济同计划经济相差无几。保障市场经济当中的公平竞争，从市场私主体的角度来说，要避免其利用自身优势地位对其他竞争者依法享有的

公平竞争权进行打压;从市场干预主体的角度出发,要避免其滥用权力对市场的公平竞争形成扭曲,在这两个层面上,公平竞争审查制度显然更加关注后者。正如前文所说,第三方评估在公平竞争审查当中的引入是大势所趋,而在目前对公平竞争审查第三方评估的制度安排在实践当中并未产生应有价值的情形下,理应吸纳域外在此方面的有益思路,为我国第三方评估在公平竞争审查当中的引入给出具体可行的实践路径,从而避免使其成为仅停留在文本之上的一纸空文。

(一)明确公平竞争审查第三方评估的制度依据

一项对于整个市场公平环境营造有着重要作用的制度理应由高位阶的法律制度文本来予以规范,从而实现制度效用的最大化。目前我国公平竞争审查第三方评估机制的实施依靠的是"柔性"的政策性文件,并没有法律法规为其提供制度化保障,且《实施指南》在2022年2月失效之后,对于公平竞争审查第三方评估的制度规定仅存在于《意见》《实施细则》或是地方层面出台的相关指导文件中。具体来说,《意见》的相关内容本身难以成为法定依据在实践当中直接援用,而《实施细则》本身内容也不够完善,无法构建完整的第三方评估机制。因此,在当前政策制定机关自我审查在实践中暴露出种种弊端的情形下,不能够再将第三方评估的引入作为《意见》或《实施细则》当中所表述的"在条件成熟时组织开展"或是"可以委托"的可选择性手段,而应当加快转为"应当开展"的必备手段,提升对公平竞争审查第三方评估的立法层次与规范效力。从总体上说,在短期内应当由国务院制定"公平竞争审查实施条例",并在适当时由全国人大制定相关的"公平竞争审查法",通过法律形式来明确第三方评估的地位,使其成为能够制衡行政机关经济行为的长效机制,并伴随公平竞争审查制度的实施一同发展完善。[1] 尽管我国的《反垄断法》已确定公平竞争审查制度条款,但从长远来看,仍应单独制定"公平竞争审查法",并由其作为第三方评估的法律依据。即便在价值维度上,公平竞争审查与被称作"经济宪

〔1〕 黄洁:《我国公平竞争审查模式的再思考》,载《新疆社科论坛》2018年第2期。

法”的《反垄断法》都旨在维护竞争基础性地位，两者具有高度统一的价值目标。但是，《反垄断法》的关注重点更多的应当是传统意义上市场私主体所实施的违背市场公平竞争的行为。经济性垄断和行政性垄断虽然都是垄断行为，但两者之间存在较大差异也是不可否置的。即便在《反垄断法》当中规定了禁止政府滥用权力妨害市场的有序竞争，但这种防控功能并不是以《意见》所确立的竞争模式展现出来的，而是法治所蕴含功能的具体化。[1] 也正因如此，《反垄断法》当中对于行政垄断行为的责任承担或是追责主体的规定都不如市场经营者所实施的经济性垄断行为一样全面且具有强有力的规制作用，而需要通过全新的公平竞争审查制度来对行政机关的经济权力滥用行为进行约束。再者，无论是对经济性垄断行为或是行政性垄断行为，在《反垄断法》中都更加强调如何在该行为发生之后进行救济，而公平竞争审查制度对其所规制的对象则更加强调如何防止该行为产生从而达到事前进行源头治理的目的。

在当前面临着《实施指南》失效的情况下，国务院层面应当加快对于公平竞争审查以及竞争基础性地位的深入讨论，在短期内尽快出台“公平竞争审查条例”（以下简称“审查条例”），在该条例中吸纳《意见》的相关精神，并对《实施细则》的整体构架及相关内容进行融入。同时，在继续沿用《实施细则》基本法律框架的基础上，仍然将公平竞争审查第三方评估作为单独一章加以规定，并将 2019 年市场监管总局出台的《实施指南》当中的相关内容进行优化之后融入“审查条例”当中，在短期内，至少由一部行政法规来提高第三方评估在公平竞争审查当中的制度依据是具有正当性及可行性的。一方面，从《意见》的规定来看，公平竞争审查的对象当中包含了除法律之外的广义上的法律范围以及相关政策措施等。但在《意见》本身仅为规范性文件的前提下，依照法律效力位阶当中上位法优于下位法的基本原则，用法律效力层级低的《意见》的内容来实现对于其上位法（规章及以上）的审查显然违背了法律效力位阶的基本原则。在此情况下，至少要通过制定行政法规的形式来保障其审查的合理性及

〔1〕 金善明：《公平竞争审查机制的制度检讨及路径优化》，载《法学》2019 年第 12 期。

可行性。另一方面,公平竞争审查制度的创设本身不仅关涉遏制行政垄断行为、政府职能转变等方面,还关涉我国的经济体制改革及良好营商环境的创造等方面。因此,其也理应成为一个由较高法律位阶所确认的,至少是由行政法规确认的一项“大制度”,而不应当是仅仅以国家层面或者地方层面出台规范性文件的形式来规定的一项“小制度”。此外,依照《立法法》中的相关规定,出台法律的程序远比由国务院出台行政法规的程序要繁杂得多,因此,在短期内由国务院出台“审查条例”在程序上同样存在更大的可行性。

(二)优化公平竞争审查第三方评估的构成要素

1. 扩大第三方评估范围

关于前述第三方评估在公平竞争审查中的实际效果评析,从收集到的相关数据可以直观地看到,目前在公平竞争审查当中引入评估的地区都存在评估范围不够全面,仅对一部分政策措施进行评估或在辖区单位内抽查评估的问题。同时,《实施细则》对于应当评估的增量以及存量措施存在不同处理。因而,需要进一步扩大第三方评估的范围,实现评估范围的全覆盖。具体而言:

首先,要明确公平竞争审查第三方评估引入的范围。依照《实施细则》第 2 条及第 3 条的相关规定,公平竞争审查的对象包含了除法律之外的所有规范性文件,而无论是实践所反映的数据结果或是在《实施细则》的规定当中,对于引入评估的范围都主要限定在“有关政策措施”当中(有极个别地区评估了规章)。而依照《意见》的基本精神,第三方评估理应成为推动整体制度完善的必要手段,也即进行竞争审查的范围应当等同于评估范围。因此,在评估对象这一要素上,首先要明确这一点,在整体上扩大第三方评估的适用范围,将所有需要进行公平竞争审查的对象及其相关活动都纳入第三方评估的范围。

其次,在明确了可进行评估的整体范围之后,要进一步强化第三方评估环节在公平竞争审查当中的强制适用。由于我国不同地区在经济水平、人才储备等方面仍存在较大差异。因此在现阶段不宜直接将第三方评估在全国范围内强制引入公平竞争审查的各方面和各环节当中,仍需要将第三方评估的引入分为“鼓励引入”和“应当引入”两方面。同时,本着“坚持存量清理和增量审查并重”的基本原则,在现行规定基础之上,应当参照《实施细则》第 21 条第 5 项将“与公平竞争审查工作相关的工作和环节”纳入“鼓励引入第三方评估”的范围。将(1)拟适用或适用例外规定的法规等(拟出台或者已出台的此类法律法规等对市场公平竞争的环境可能或者已经存在不被允许的危害);(2)拟出台的法规等(在难以快速落实对于存量法律文件进行评估全覆盖的情况下,可以先达成对面向未来的增量措施评估的全覆盖);(3)被多个单位或者个人反映或者举报涉嫌违反公平竞争审查标准的法规等(此类相关文件可能涉及利害关系人等的切身利益并产生较大社会影响);(4)对整体制度的实施进行综合评价(具有制度整体评价意义的重要环节)作为“应当引入第三方评估”的范围;(5)同时在此处增设“与其他公平竞争工作相关的阶段和环节”作为兜底条款,便于之后进一步在公平竞争审查的各个环节及方面能够实现第三方评估的全覆盖。此外,由于目前我国很大一部分省市对于第三方评估在公平竞争审查整体制度当中的具体应用已进行了具体实践并积累了一些经验。故无须继续规定在条件成熟时引入第三方评估,而可以直接在条文中规定由各省市在规定的年限内积极探索实践并在本省范围内部署实施,以实现第三方评估在省、市、县、乡四级全面覆盖。

2. 健全第三方评估主体遴选机制

只有在最大化保障第三方主体足够专业、充分独立的情形之下,其评估结果才能更加客观与权威。因此,需要健全第三方评估主体遴选机制。

首先,须明确评估主体构成人员的具体资格。实践当中仅委托律所或法学院作为第三方评估主体尚且不够全面,如昆明市某律师事务所在为当地某区政府提供公平竞争审查第三方评估专项服务时,其组成人员仅为四人,且其中两人为实习律师,在评估主体的整体构成及成员组成上都存在一定的局限性。因此,在通过借鉴澳大利亚对立法审查小组成员的选择标准上,应当将下列标准作为选择评估成员时必须考量的基本要求:与委托方不存在利害关系;具备并能熟练运用(“熟练运用”应通过评估成员在本领域范围内的工作成果、领域内影响力等指标综合判断)经济学或法学或政治学专业知识,且最终评估小组的人员构成当中应当同时存在具备前述三个领域背景的人员；选择引入 1~2 名相关行业协会成员或其他了解政策制定背景的人员；具有充分的数据分析能力及文书撰写能力；社会信誉良好，不存在违法违纪。同时，加入"具备评估所需其他条件"的兜底性条款。

其次，须明确第三方评估主体的产生方式。即便通过将购买第三方服务的费用纳入财政预算的方式来引入第三方评估可能导致第三方不能实现完全的独立性，但目前这应当是最为可行及合理的方式。但在此基础上，必须明确第三方产生方式来保障其与资金提供方之间存在最小的利益关联。具体可以有以下两种做法：第一，公开政府采购方式。政策制定机构引入第三方评估时，在参照组成人员标准的情况下，应当依照《政府采购法实施条例》的要求优先适用公开招标方式，采取其他方式进行政府采购的，应当注明原因并经本级联席会议办公室批准，同时禁止直接委托。第二，建立专家库进行盲抽。目前如浙江、湖北等多地的市场监督管理局在省级层面上已经建立了反垄断专家库（或反垄断专家指导委员会）。因此，应当进一步落实在全国各省层面上建立反垄断专家库，在此基础之上，可在总库之下分别设立法学、经济学、政治学三个专家分库。政策制定机关在引入第三方评估时作为委托方可通过向省级市场监督管理局提出申请，在网上公布项目信息之后首先征询专家库当中专家的参与意愿并组成三个类别的初步专家名单，之后采用分层抽样方式在各个专家名单中随机抽取 2~3 名专家组成最终的评估小组，从而实现评估成员选取的公正性。

3. 细化第三方评估程序

在当前"确定评估事项→选择评估机构→制定评估方案→开展评估工作→验收评估结果"的基本框架下，还需要进一步细化各个步骤的具体流程。

首先，须细化评估方案的制定。具体而言：第一，评估方案当中除应当包含评估的目标、方法、时间安排等基本要素之外，还需要细化评估双方的责任（见下文）。第二，评估方案的制定过程应当由第三方独立完成，但可以听取委托方的意见。同时，考虑到委托方可能利用其所具有的优势地位损害第三方评估主体的独立性以及评估活动本身的重要性，因此评估方案应当报同级联席会议同意（乡一级报县级联席会议同意），而无须经政策制定机关审核同意。第三，应在委托合同当中明确委托方的权利。现代行政机关作为为公众谋求最大福利的主体，其在第三方评估当中无论处于委托评估者还是被评估者的角色，都应当主动学习并与第三方进行交流，在沟通中充分理解第三方在推进政府职能转变中的独特作用。[1] 因而，受制于保护第三方外部独立性的需要，原则上，委托方不得不当干预第三方的评估工作，应当始终恪守委托合同中能够使第三方独立依照其意思表示形成评估报告的基本义务。同时，基于公平竞争审查在市场经济当中的重要地位，在委托方在评估过程中作为“旁观者”的前提下，应当赋予其监督权，通过双方在协议当中约定，委托方有权在评估中期或规定的时间要求第三方评估主体进行线下或是线上的评估工作汇报，以此督促评估机构的评估效率并强化双方沟通。

其次，须细化评估工作的开展环节。在相关信息收集上，除了建立第三方与委托方之间健全的信息沟通机制以外，需要将征求评估对象所涉及的相关行业当中行业协会、组织以及利害关系人的意见纳入必要步骤，具体可通过短信、微信公众号等方式进行通知或公告。在评估结果的形成上：第一，要通过绘制图表等更为直观的方式进行相关数据的经济分析，可同时引进竞争分析方法，如 SCP 范式分析法等；第二，在可查询的前提下，评估主体应当对评估对象进行域外实施的比较，并应当提出改善意见，同时将相关内容写入评估报告当中；第三，在充分发挥第三方评估主体专业化的优势下，评估主体应当出具可替代方案并在评估报告中写明理由及替代方案的优势和可行的实践路径；第四，对前期相关组织、利害关系人及公众提出的意见进行考量，并决定是否采纳，采纳或不予采纳皆应在评估报告中以专章形式列明；第五，形成包含所有必备模块的评估报告。

最后，须细化评估结果的验收环节。如前文所述，第三方评估主体在形成

---

〔1〕 尚虎平、孙静：《失灵与矫治：我国政府绩效“第三方”评估的效能评估》，载《学术研究》2020年第7期。

评估结果之后,应当通过文本形式交同级或是上级联席会议进行验收。同时,需要增加联席会议的再次征询意见步骤,由各级联席会议在收到评估报告之后通过网站、微信公众号等多途径进行公开并在一定期限内征求意见,特别是利害关系人的意见。各级联席会议在征求意见之后综合判断评估结果是否合格,进而通知委托方支付评估资金或者通知第三方针对部分或者全部评估内容进行重新评估。

(三)优化公平竞争审查第三方评估的保障机制

1. 健全信息沟通机制

由于公权力机关与第三方主体事实层面上地位的不对等,两者之间的信息不对称也就成为一种常态。信息传递在双方之间存在壁垒的原因,除了双方事实地位不平等之外,还是由于行政系统内部对于"行为底线"所达成的共识所导致的。即行政系统内部的监管主体或是上级主体即便是在发现被监管主体或是下级机关存在隐秘的行政抽象性垄断行为,并完全掌握了这些违法信息的情形下,只要该行为不属于"公然滥用权力"或会发生"全国性影响",其就会选择"睁一只眼、闭一只眼",甚至达成帮助隐藏这些信息并维护整个行政系统外部良好信誉的共识。因此,只有在内部信息外部化的基础之上,第三方评估主体才能够快速、全面、准确地获得评估相关信息,行使好公平竞争评估这一重大职责。在通过借鉴澳大利亚国家竞争政策在 2005 年提出的建立竞争"监管影响评估"中央数据库的基本思路上,科技快速发展的我国也应当加快建立国家层面上的公平竞争审查信息传递机制。具体而言:基于各级联席会议依法具备的统筹协调职能及其成员组成的相互制衡性,可以由部际联席会议为主体,运用大数据、"互联网+"等方式组建全国范围内的公平竞争审查信息查询平台,由其制定相应的规章等文件,明确各级联席会议的公平竞争审查全部信息录入义务及责任,进行定期更新,并在查询平台内组建第三方评估这一单独模块,在整体上构建面向公权力内部主体、社会公众及第三方评估主体的能够实现多方互动的信息交流机制。

2. 健全评估结果反馈机制

作为与自我审查并进的第三方评估，原则上，后者作出的评估报告理应成为前者在作出下一步行为时的重要依据。第三方主体作为一个与行政机构或是立法机构不存在隶属关系的主体，其能够与两者站在截然不同的角度看待相同的社会事实。[1] 其出具的评估报告也理应具有突出的创新性及参照性，可以避免政策制定机构的"短视"，能够提出并解决政策制定机构在制定时未考虑到的问题。具体而言，应当从以下方面完善评估结果的反馈机制：

首先，如果在第三方评估报告依前文所述经各级联席会议进行验收合格后，应当明确该评估结果应当作为政策制定机关出台、废止或修改相应法律文件的依据；如果各级联席会议或是参与到验收工作当中的相关法律文件的直接制定人员提出有效异议认为评估报告存在错误的情形下，该联席会议应当告知评估主体针对错误部分进行重新评估。在对修改之后的评估报告进行重新验收后，合格的保证其强制适用，不合格的可以单方面解除委托合同并进行重新委托（在订立委托合同时应当存在该单方解除权的条款），同时应当注明理由并将该理由公示；如果初步形成的评估报告在验收期间被利害关系人或者公众提出异议，则联席会议应当审查，异议不成立的驳回并写明理由，异议成立的按照前一步骤进行；如果评估报告是评估主体中的成员违反规定造成的，委托方可解除委托合同并要求该成员承担相应责任。此外，在公平竞争审查引入第三方评估的初期，委托方与第三方评估主体可以在委托合同当中约定在评估结果最终被采纳的情形下，给予第三方评估主体一定比例的奖励，以此增强第三方主体的积极性及评估结果的权威性。

其次，要加强对于公权力机构竞争理念的贯彻。要转变政府在我国长期计划经济之下所形成的"包办一切"的固有思维模式。推动政府经济职能转变，承认市场作用，尊重市场规律，以政府力量培育市场，这才是市场经济在我国得以发展的根本原因。如果没有公平竞争，就不可能有真正的市场经济。[2] 政

〔1〕 江国华、刘新鹏：《法律制度实施效果第三方评估机制》，载《江汉论坛》2019 年第 8 期。

〔2〕 张守文：《公平竞争审查制度的经济法解析》，载《政治与法律》2017 年第 11 期。

府作为市场竞争的保护者,在公众对于社会第三方参与公共事务意识淡薄的情形下更加应当积极了解社会力量参与共治的基本理念,并向公众宣传这些理念。政府特别是政策制定者以及领导干部这一“关键少数”必须要学习并具备竞争理念的相关知识,从自身思想意识上进行观念转变。具体而言,可通过邀请法学、经济学等方面的专家到系统内部开展讲座,定期开展竞争理念读书报告会,开展集中培训会等方式来实现思想意识上不再排斥,而是配合且尊重第三方力量参与到公平竞争审查工作当中。

3. 强化评估监督追责机制

在强化第三方评估主体的监督机制方面,除了前文当中所提到的委托方应当要求第三方主体在中期或者规定时间进行公开化的评估工作汇报,将初步评估报告进行公示供公众及利害关系人监督以及特定情形下委托方享有单方解除权之外。还需要明确以下方面:第一,评估主体的成员名单应当对外公布,并允许公众提出异议。第二,应当对第三方评估主体建立明确的信用征信体系。在评估过程当中,政策制定机构发现第三方评估的成员(或是评估机构)具有违法违规等行为时,应当在向同级联席会议报告并经批准之后将该成员(或是该评估机构)拉入“黑名单”,记入其信用档案,并不允许其再次从事此类评估工作。第三,在第三方评估过程当中,如果公众在评估汇报、初步评估报告公示当中或者其他时间发现评估主体存在故意侵害其合法权益或其他违法违规行为时,有权向政策制定机构或者该级联席会议控诉。向政策制定机构控诉的,政策制定机构应当处理并报告同级联席会议决定是否将违法者纳入“黑名单”;向联席会议控诉的,受理的联席会议在审查后可自主决定是否将违法者纳入“黑名单”。

在强化第三方评估主体的追责机制方面,责任意识显然能够更好地督促第三方义务的履行,责任也是约束评估质量的最终保障。[1] 应当通过构建相应的民事责任、行政责任及刑事责任来保证第三方主体评估的谨慎性及公正性。

---

〔1〕 孙晋、阿力木江·阿布都克尤木:《公平竞争审查引入第三方评估的重要性及其实现》,载《江海学刊》2020年第2期。

具体而言,第一,在第三方评估主体的经济责任上,可以借鉴美国竞争评估当中规定经济责任的思路。委托方与第三方评估主体在签订委托协议时应当在协议内容中规定在政策制定机构依据第三方评估结果出台相关法律文件后,如果在实施当中产生限制、排除竞争的后果且第三方主体(机构或者成员个人)存在过失或者故意的,该机构或该成员应当依其过错承担经济赔偿责任;如果政策制定机关同样存在过错的,双方依照按份责任对受损者承担相应的经济责任。在支付方式上,先由政策制定机关进行统一赔偿,之后其可依照委托协议向第三方评估主体(该机构或成员)追偿。同时,在此应当明确第三方评估主体(个人或者机构)的救济途径。第二,在第三方评估主体的行政责任上,在评估主体是第三方机构,政策制定机关依其评估结果出台相关法律文件后,如果在实施当中产生限制、排除竞争的后果且第三方机构存在过错,则政策制定机构可以在权限范围内(没有权限的可向有该权限的主体申请)依照《行政处罚法》的相关规定按照评估机构的过错程度作出通报批评、取消评估资质等行政处罚。第三,在评估主体的刑事责任上,应当明确依照《刑法》的规定予以处罚。

第五章　相关市场界定

第一节　相关市场界定理论

一、相关市场的概念

现代反垄断制度始于西方资本主义国家，所以，西方的反垄断制度对其他国家的反垄断立法产生了一定影响，因而我国很多的反垄断制度理念都源于西方国家先进的反垄断制度，相关市场也不例外。

相关市场并非自反垄断法诞生之初就自然具备，而是在后续的执法过程中逐渐发展起来的一个概念。其最早源于美国 1948 年的“哥伦比亚钢铁公司案”[1]，即在美国反垄断制度制定和实施后 50 年才出现相关市场的概念。但在美国反垄断法领域的官方文件中从未出现“相关市场”一词，只有概括性的定义表达，如在《谢尔曼法》（1890 年）及《克莱顿法》（1914 年）的相关条款中都可以看到涉及相关市场界定的条款。其后，美国 1997 年的《司法部和联邦贸易委员会横向合并指南》中，从市场的基础含义出发，将相关市场定义为相关商品市场和地域市场，相关市场的概念由此初步确立。而英国则是在 1998 年的《竞争法》中引入了相关市场这个概念，在此之前，英国的竞争法体系中也存在相关市场界定的问题，但那不是真正意义上的相关市场，而是“案件移送涉

〔1〕 *United States v. Columbia Steel Co.*，334 U. S. 495（1948）.

及市场”(reference market),是指产品或服务种类的指代,其外延比相关市场宽。[1] 需要说明的是,有些反垄断立法国家和地区在司法实践中并未直接使用“相关市场”这一术语,而是使用其他概念进行指代,如日本、韩国使用的“特定交易领域”[2]。虽称谓不同,但其所指的具体内容基本相同。根据我国《反垄断法》第15条之规定,相关市场是指经营者在一定时期内就特定商品或者服务进行竞争的商品范围和地域范围,即相关市场是指与涉案市场有密切联系的市场,通常具有竞争关系或限制竞争行为发生的市场就是相关市场。

二、市场界定的含义

市场界定即是通过合理方法识别出具体涉案企业发生竞争关系或者限制市场竞争关系发生的具体范畴的行为过程。市场界定是通过相关证据分析、确认相关市场范畴的一个行为过程,因此又被称为相关市场界定。我国的《国务院反垄断委员会关于相关市场界定的指南》(以下简称《界定指南》)第2条明确指出了界定相关市场的作用,“科学合理地界定相关市场,对识别竞争者和潜在竞争者、判定经营者市场份额和市场集中度、认定经营者的市场地位、分析经营者的行为对市场竞争的影响、判断经营者行为是否违法以及在违法情况下需承担的法律责任等关键问题,具有重要的作用。因此,相关市场的界定通常是对竞争行为进行分析的起点,是反垄断执法工作的重要步骤”。而根据我国《反垄断法》第15条之规定,市场界定的维度通常包括商品和地域维度。但这并不意味着相关市场界定只考虑这两个维度,市场界定的维度应根据具体个案情况的不同,从实际出发,从不同的角度和维度进行考虑。我国《界定指南》也明确指出除考虑商品和地域的影响外,涉及特殊产品或者某些特殊因素已构成影响市场竞争的关键因素时,可以根据个案的具体情况,界定相关的时间市场、创新市场、技术市场等。至于具体的市场界定方法,学界和实务界也在不断进

〔1〕 李国海:《英国竞争法研究》,法律出版社2008年版,第109页。

〔2〕 “特定交易领域”是指“展开竞争的场所——也就是在一定的供给群和需求群之间形成的经济学上所说的市场”。[日]根岸哲、舟田正之:《日本禁止垄断法概论》,王为农、陈杰译,中国法制出版社2006年版,第43页。

行探索。现今主流方法包括替代认定法、整体市场界定法、商品群理论界定法、假定垄断者测试法(SSNIP 法)等。可以说,相关市场界定理论的出现标志着现代反垄断法基础理论的重大变革,即突破了反垄断法诞生以来直接将垄断行为与违法性后果进行简单直接关联判定的认定方法,转而通过分析垄断行为对于市场竞争的损害程度来判断其违法性,使反垄断判罚更具合理性。

三、相关市场界定的适用争议

通常而言,相关市场界定是进行市场竞争分析的重要前提,但随着市场经济的发展和反垄断理论的完善,相关市场界定的适用也出现了较大争议,在适用态度上主要分为“支持说”和“反对说”两种观点。

“支持说”是基于相关市场界定理论的适用性和反垄断法的权威性而提出的,认为相关市场界定仍是对个案进行竞争分析的重要前提。尽管部分案件由于其特殊性无须界定相关市场,就可直接进行市场竞争评估,但对市场行为进行规制的核心是为了防止或者限制垄断行为对市场竞争产生不合理的损害,而判断市场主体的行为是否会对市场竞争产生损害,通常需要将其限定在一个合理的市场范围内,这个市场范畴就是反垄断法上的“相关市场”。并且对于涉案证据收集而言,虽然存在多种方法可以替代相关市场界定的作用,但无论是证据收集的透明度,还是公信力、可用性等方面,相较于界定相关市场而言仍存在一定的差距。相关市场界定是识别涉案企业市场势力的重要一步,是分析滥用行为的前提,可以作为证据证明案件的真实性。[1] 不可否认,相关市场界定有其局限性,尤其是相关市场界定不可避免地存在不确定性和不够精确等问题,但使用其他方法评估市场势力仍还存在较大风险。且随着经济全球化和区域一体化的加剧,跨国企业经营者集中的现象时有发生,如果不同地区、不同国家采用不同的竞争分析标准,将会进一步加剧企业并购的风险,阻碍市场经济的发展。“如果为了采用其他分析工具而全面放弃相关市场的界定,那就走得

[1] 王晓晔:《论相关市场界定在滥用行为案件中的地位和作用》,载《现代法学》2018 年第 5 期。

太远,背离了建设性改革的方向"[1],因而应坚持采用相关市场的分析方法。

"反对说"主要是基于相关市场界定理论固有的缺陷和难以适用于新经济模式而提出的,认为相关市场界定没有法律上的渊源、界定方法具有内在缺陷、不能够被普遍适用等。一方面,尽管在现有的反垄断法体系中,相关市场界定已成为世界各国(地区)反垄断审查的普遍做法,但也存在不少的法律规定说明相关市场的界定并非必须,如美国 2010 年的《横向并购指南》中明确指出,对于市场竞争分析而言,无须从相关市场界定开始。并且从现有的司法文件来看,具体关于相关市场界定的规范文件,其立法目的并非全部出于相关市场界定方法适用的需要,有可能是出于其他法益的考量。如有学者认为美国 1914 年颁布的《克莱顿法》第 7 条规定的"商业行业"与"地区和社区"等概念并非为相关市场界定所创设的概念,而是为保障《克莱顿法》的有效实施而创设的管辖权概念。如果是为了界定相关市场,应在具体的条文中给予说明。[2] 另一方面,相关市场界定理论存在固有的弊端。一是传统的相关市场界定理论主要依赖于通过市场份额的界定来考量涉案企业的市场力量,而经济学上普遍认为影响市场力量的因素除市场份额外,还包括市场需求弹性和市场供给弹性,单考虑市场份额的影响,无法有效地衡量涉案企业的市场力量,界定出来的市场范围在一定程度上存在不合理性。二是相关市场的界定方法不具有广泛适用性,如涉及"本身违法原则"的案件,因其涉案企业所实施的垄断行为本身就违反了相关法律的规定而直接排除了相关市场界定的适用,如固定价格、限制最低转售价格、分割市场等行为;而"合理原则"则通过对涉案企业实施垄断行为的目的、方式以及对竞争损害造成的后果判断涉案企业的违法性,也间接排除了相关市场界定的适用。三是随着现代经济的不断发展,传统的相关市场界定理论不适用于新经济模式。如在以技术竞争为核心的行业中,即使某些企业所占的市场份额不大,但凭借其所掌握的关键技术也可能会对该行业的市场竞争

---

[1] OECD Policy Roundtables, Market Definition 2012, contribution by the Europe an Union, available at www. oecd. org/daf/competition/Marketdefinition2012. pdf, p. 245.

[2] Herbert Hovenkamp, *Markets in Merger Analysis*, 57 Antitrust Bull 887, 2012:891-93.

产生重要影响。为此,可以对相关市场界定进行模糊化处理,相关市场界定的标准可以适当降低,市场界定结果的准确度可以进行适度调整。[1] 或者寻找其他方法替代相关市场界定,如可以根据个案情况,采用直接证据法、产品性能测试法、盈利模式测试法等。[2] 抑或弱化相关市场界定的作用。"市场界定并不是一个独立的程序,而是后续进行市场势力评估和企业市场行为审查的一个重要的辅助工具。"[3]为此可以越过相关市场界定步骤,采用直接证据的方法处理垄断案件。

由此可见,无论是"支持说",还是"反对说"都认识到传统相关市场的界定理论存在一定不足,但是在应对态度上却大相径庭。"支持说"认为应继续坚持相关市场的界定理论,在没有合适方法替代的情况下,不轻易变换市场竞争评估的步骤。而"反对说"则认为随着反垄断理论的不断完善,界定相关市场的作用在下降,可以通过多种方法替代相关市场界定的作用。不可否认,由于市场经济的发展和相关市场界定理论的缺陷,其适用范畴在不断缩减。且随着现代反垄断理论的不断完善,可替代性方法在日益变多,"本身违法原则"和"合理原则"的适用,在一定程度上排除了相关市场界定理论的适用。但我们应当明确,适用"本身违法原则"的案件毕竟是少数,绝大多数的案件仍然适用"合理原则"。而"合理原则"的适用通常也要将涉案企业限定在一定的合理范围内,这个范围就是相关市场。并且,尽管"反对说"提出了诸多方法来替代相关市场界定,但其合理性还有待考量,未经实践检验过的新方法产生的危害可能比有缺陷旧方法产生的危害还要大。一方面,虽然现今提出的产品性能测试法、盈利模式测试法等有一定的可取之处,但其严重依赖市场数据信息的获取。反垄断执法机构毕竟是市场监管主体,不是市场活动的直接参与者,市场数据

---

〔1〕 Rasek, A., and Wismer, S., *Market Definition in Multi-Sided Markets*, in OECD, Rethinking Antitrust Tools for Multi-Sided Platforms (2018), p. 55-68.

〔2〕 陈兵:《数字经济下相关市场界定面临的挑战及方法改进》,载《中国流通经济》2021 年第 2 期。

〔3〕 Höppner, T., *Defining Markets for Multi-Sided Platforms: The Case of Search Engines*, 38 World Competition 349 (2015).

信息的收集、整理主要依靠市场主体的提供,而由于市场主体的趋利避害性,难保数据收集的有效性、真实性和可用性。且这些方法在适用上,专业化要求较高,在反垄断执法资源有限的情况下,这在一定程度上加大了反垄断执法的难度,增加了反垄断执法的成本。另一方面,越过相关市场界定,以直接证据判定垄断势力或者市场支配地位的方法,经实践检验也是不可取的,难以精确测量产品的边际成本。[1] 而相关市场界定是各国(地区)反垄断立法以来适用时间最久、经实践检验过的能够适用于绝大多数反垄断案件的方法,其理论探索早已成熟。尽管其存在一定不足,且传统的界定方法在新经济领域适用困难,但可以对其进行改良,完善其理论。因此,在现有新方法、新技术未经实践检验和自我完善的情况下,仍应坚持相关市场的界定方法,其仍是竞争分析的重要前提和基础。

第二节　相关市场的界定方法

根据我国《界定指南》第 7 条的规定可知,界定相关市场的方法不是唯一的。但无论采用何种方法界定,都要始终把握商品满足消费者需求的基本属性,并以此作为对相关市场界定中出现明显偏差时进行校正的依据。第 8 条、第 9 条还分别对“界定相关商品市场考虑的主要因素”和“界定相关地域市场考虑的主要因素”从需求替代和供给替代的角度进行了详细说明。总体来看,现今主流的相关市场界定方法主要包括定性分析法、定量分析法(以 SSNIP 法为主)、盈利来源测试法、产品性能测试法和直接证据法等。

一、定性分析法

定性分析法,是与定量分析法相对的概念,侧重于从检验对象本身出发,通过检验对象本身的功能、结构、属性等特征认识事物的本质。具体到相关市场

〔1〕 王晓晔:《论相关市场界定在滥用行为案件中的地位和作用》,载《现代法学》2018 年第 5 期。

界定,定性分析主要是指反垄断执法人员通过分析产品的结构、功能、价格、质量等因素,考察不同产品之间是否具有可替代性,即通过产品的本质属性考察产品的可替代性。根据产品需求对象的不同,替代性分析可从供给者和需求者两个角度进行考虑。需求替代是根据需求者对商品功能用途的需求、质量的认可、价格的接受以及获取的难易程度等因素,从需求者的角度确定不同商品之间的替代程度。如《界定指南》第 8 条规定,考虑商品的需求替代时,主要考虑需求者因商品价格或其他竞争因素变化,或考虑转向购买其他商品的证据;商品的外形、特性、质量和技术特点等总体特征和用途;商品之间的价格差异;商品的销售渠道;其他重要因素,如需求者偏好或需求者对商品的依赖程度,可能阻碍大量需求者转向某些紧密替代商品的障碍、风险和成本,是否存在区别定价等。第 9 条考虑地域的需求替代时,主要考虑需求者因商品价格或其他竞争因素变化,转向或考虑转向其他地域购买商品的证据;商品的运输成本和运输特征;多数需求者选择商品的实际区域和主要经营者商品的销售分布;地域间的贸易壁垒,包括关税、地方性法规、环保因素、技术因素等;其他重要因素,如特定区域需求者偏好,商品运进和运出该地域的数量等。原则上,从需求者角度来看,产品之间的替代程度越高,竞争关系越强,就越可能属于同一相关市场。但对于需求替代分析而言,由于没有确定的标准,其适用具有一定的局限性,容易受分析者主观能动性的影响,"自由裁量权"的滥用和误用容易导致"玻璃纸谬误"〔1〕。供给替代是根据其他经营者改造生产设施的投入、承担的风险、进入目标市场的时间等因素,从经营者的角度确定不同商品之间的替代程度。从供给角度界定相关商品市场,一般考虑的因素包括:其他经营者对商品价格等竞争因素的变化做出反应的证据;其他经营者的生产流程和工艺,转产的难易程度,转产需要的时间,转产的额外费用和风险,转产后所提供商品的市场竞争力、营销渠道等。从供给角度界定相关地域市场时,一般考虑的因素包括:其他地域的经营者对商品价格等竞争因素的变化作出反应的证据;其他

〔1〕"玻璃纸谬误"是指美国司法实践中相关市场界定方法的误用,在 1956 年的杜邦公司案中,关于涉案产品市场范畴的界定,法院错误地将其认定为包装材料市场,扩大了相关市场的范畴。

地域的经营者供应或销售相关商品的即时性和可行性,如将订单转向其他地域经营者的转换成本等。原则上,其他经营者生产设施改造的投入越少,承担的额外风险越小,提供紧密替代商品越迅速,则供给替代程度就越高,界定相关市场尤其在识别相关市场参与者时就应考虑供给替代。

但随着市场经济的发展,定量分析法的缺陷越来越明显。尤其是在数据要素市场中,由于双边市场特性和数据要素多变性的影响,使需求替代分析法和供给替代分析法难以适用。不同于传统的商品市场,数据商品的功能通常具有多样性,即为多功能产品。多功能产品的出现除了加大基础市场的选择难度外,还增加了替代性分析法的适用难度。根据替代性分析法的界定维度,多功能产品的不同功能可能构成不同的商品市场,且各功能之间的相互联系难以通过替代性分析法表现出来。而且数据产品的延展性极强,基于市场竞争状况和消费者需求的不同,数据产品可以进行跨界竞争,经营者可以基于市场需求添附商品功能。如果把这些多功能产品视为一个整体进行相关市场界定,则可能把可替代性极小的商品界定到同一市场,从而导致相关市场界定的范围过大。同时,数据要素市场动态竞争的特点进一步加大了替代分析法的适用难度。数据市场具有"先入者得天下"的市场特征,先进入者凭借其先占地位,迅速集合起一批用户,从而获得市场优势地位,凭借其优势地位可以进行"抄袭式开发"和企业兼并,达到垄断的目的。消费者受限于消费习惯、价格、转换成本等因素影响,在新进入者的市场产品未达到质变的情况下,通常不会选择市场新进入者的产品。尽管随着现代技术的发展,数据要素市场的准入门槛在不断降低,但人为制造的门槛却在逐渐增多,这些人为制造的因素制约着市场新进入者的发展。由于数据市场动态竞争的特点,我们很难通过市场变动情况来判断哪些是人为制造的门槛,哪些是本来市场就存在的门槛,且缺乏统一性的标准,导致现行的定性分析法难以适用。

二、定量分析法

定量分析法是指分析一个研究对象所包含成分的数量关系或所具备性质

间的数量关系，也可对几个对象的某些性质、特征、相互关系从数量上进行比较，研究结果用数量加以描述。[1] 定量分析法适用的前提是拥有数量庞大且准确的数据信息，运用复杂的数据模型和公式进行计算。定量分析法主要以假定垄断者测试法（SSNIP 法）为主，考察具体变量对企业竞争的影响。SSNIP 法诞生于美国 1982 年的《并购指南》，“只需简单地变换其生产及设备就可供给相应的商品的供给者”纳入相关市场的范畴。它是对需求替代分析法的继承和发展，核心是考察价格变动下消费者的需求变化，具体是指假定的垄断者在一段时间内（通常一年以上）能否通过小幅涨价（一般判定增长 5%～10%）来获利或实现利润的最大化。美国司法部与联邦贸易委员会于 2010 年联合发布了新版《横向合并指南》。该指南对假想垄断者测试作了进一步的细化和更为完善的规定，新指南也明确了合并分析是需要结合每一个案件的具体实践内容的，要根据涉案的案情、经验等综合考量适用何种分析方法。欧盟 1997 年颁布的《关于为欧洲共同体竞争法界定相关市场的委员会通知》也采用了 SSNIP 法，根据欧盟通告，在界定相关市场时，“需要回答的问题是：在被考虑的产品和地域内，假设一个小幅（幅度为 5%～10%）但是持久的价格上涨，当事方的顾客是否会转向购买可以得到的替代品，或者转向其他地区的供应商。由于涨价会减少销售数量，在替代程度大到足以使涨价无利可图的情况下，这些替代品或扩大了的区域就应当包括在相关市场之中。扩大相关产品市场或相关地域市场的这个过程会持续下去，直至这个小幅但持久的涨价可以使当事方有利可图为止”。其他反垄断国家和地区也相继在反垄断法中规定了 SSNIP 法，如英国公平交易局 2004 年发布的《相关市场界定——理解竞争法》，日本公平交易委员会 2004 年发布的《企业合并的反垄断法审查指南》，加拿大竞争局 2004 年发布的《并购执行指南》等中都有 SSNIP 法的相关规定。我国《界定指南》第四章也对假定垄断者测试分析法进行了详细说明。

SSNIP 法能在产生后的很短时间内被其他反垄断国家和地区所借鉴并不

[1] 张霭珠、陈力君：《定量分析方法》，复旦大学出版社 2003 年版，第 2 页。

是偶然的,而是必然的。一方面,其弥补了定性替代分析法中替代因素考虑不充分、不合理和执法人员主观随意性的不足而提出了可量化的科学界定方法,使相关市场界定的外部边界由不明确逐渐走向明确,即依据 SSNIP 法界定出的市场范畴就是涉案企业的相关市场。另一方面,SSNIP 法主要考察的是价格因素变动对市场结构的影响,在传统的市场竞争中,价格因素足以表现市场竞争的核心,价格变动会影响消费者的需求,从而影响市场竞争。尽管 SSNIP 法具有很多优势,但其也有不足,如只考虑价格变动,而忽略了其他非价格因素对市场竞争的影响;专业性太强,实践运用困难等,尤其是随着数字经济的发展,SSNIP 法的适用也存在困境。SSNIP 法主要建立在单边市场基础上[1],对于多边市场结构的分析难以准确描述。且在数据市场中,由于数据型企业可以利用数据优势,使市场信息失灵或失真,在界定基础市场时,所考虑的影响因素范围更加扩大化,不仅涉及价格因素的考量,更多的是非价格因素的考量,特别要结合数据特征考虑多个市场,由此导致了数据市场的基础市场确定难,从而使 SSNIP 法难以适用。且在数据要素市场中,由于双边市场架构的存在,非对称性的定价策略导致了免费营销模式的出现,这进一步加大了 SSNIP 法的适用难度,其基准价格难以确定,从而导致无法进行涨价分析。而且对于免费商品而言,哪怕只进行细微的价格涨幅,商品的属性也发生了变化,这种变化不是量变,而是质变,超出了 SSNIP 法的适用基础。同时 SSNIP 法的实施通常要求除价格变量外,其他变量保持不变,而在数据要素市场中,这样的条件往往只存在于理想状态。

三、盈利来源测试法

盈利来源测试法最初由欧盟的司法实践所提出,后被其他反垄断立法国家所借鉴。顾名思义,它是指以企业的盈利模式作为相关市场的界定因素。如在欧盟电信合并案中,相关当局创设性地提出盈利来源测试法,认为互联网上的付费内容与广告服务属于两个不同的市场,是因为二者的利润来源群体不同。

[1] 蒋岩波:《互联网行业反垄断问题研究》,复旦大学出版社 2019 年版,第 85-86 页。

且市场上还存在一种利润来源方式，即向消费者提供上网接入服务，消费者为此付费。因而需要界定三个独立的市场，即网络广告服务市场、上网接入服务市场和网络付费市场。[1]

盈利来源测试法能避开双边市场特性的影响，既不分析复杂的价格因素变化，也不考虑产品性能因素影响，摆脱了数据要素市场认定中的技术限制，直接以收费对象和收费模式为界定因素，认为盈利模式相同的不同市场主体之间具有竞争性，且其可替代程度较强。简言之，盈利来源测试法主要以盈利模式和盈利来源确定具体的相关市场范畴。一方面，企业以追求利润为中心，以利润来源确定具体的市场范畴，较传统的市场界定方法而言，其更为便捷，专业性要求也相对较低，实践中的可操作性相对较强。另一方面，盈利来源测试法明确了以平台企业的盈利来源确定具体的市场范畴，摆脱了传统单边市场界定理论的认知瑕疵，更符合界定数据要素市场范畴的需求。具体而言，在界定相关地域市场时，可通过数据平台企业在不同区域的盈利来源和盈利模式，判断其是否构成该平台企业利润来源的中心。在界定相关产品市场时，盈利来源测试法更加注重的是收费市场的竞争分析，但并不是说免费市场的竞争分析不再重要，免费市场的博弈最终也是为了平台的整体盈利，只是根据盈利模式的不同，界定的侧重点应有所区别。

四、产品性能测试法

产品性能测试法（SSNDQ）是对 SSNIP 测试法的继承和发展，是指进行微小但显著的非暂时性产品质量下降的测试法。即其与 SSNIP 测试法相似，只不过将价格变量转换为质量变量进行测试，探讨在一定时间内，产品质量变动对用户需求变动和企业盈利情况的影响。其最初由 Hartman 等人提出，是为了应对创新市场竞争的影响，在“360 诉腾讯”案中被采用而广为人知。[2] 有学者进一步对 SSNDQ 法的具体界定步骤进行研究，认为 25%的核心性能变化能

---

〔1〕 孙晋、钟瑛嫦：《互联网平台型产业相关产品市场界定新解》，载《现代法学》2015 年第 6 期。

〔2〕 陈永伟：《平台条件下的相关市场界定：若干关键问题和一个统一分析流程》，载《竞争政策研究》2020 年第 3 期。

很好地反映出市场供需替代关系的变动。[1] 具体而言:当涉案商品的性能特别是关键性能降低25%后,消费者是否会转向其他的可替代产品;或者当其他的可替代产品的性能尤其是关键性能提高25%以后,消费者是否会转向该产品;或者是当涉案产品尤其是免费产品的广告量增长时,用户是否愿意并且能够转向该产品等。如果存在可替代产品,那么在界定相关市场时,应该把这些性能替代产品的范畴都考虑进去,通过这些可量化的指标来反向验证质量这种不可量化的变数。

SSNDQ法既延续了SSNIP法的界定思路,又在一定程度上考虑了商品的本质属性——产品性能,能很好地适用于数据平台的相关市场界定。数据市场由于动态竞争的影响,产品更新换代快、创新性高,市场竞争更加注重的是产品性能的研发,而不是传统市场中的价格竞争。因而选择SSNDQ测试法能更好地反映出数据要素市场的竞争特性。由于数据要素产品多为多功能产品,因而选取的基础产品功能应为多功能产品的核心功能,根据该功能的变动情况影响来判断替代关系,从而确定相关产品市场的范畴。尽管SSNDQ法能有效减轻基础数据收集的成本障碍和数据分析的技术障碍,但其在数据要素市场的适用仍还存在较大争议,仍需根据具体案情进行合理适用。如对于多功能产品而言,基础产品功能的确定标准至今仍未达成共识,依赖执法人员的主观判断具有较大的不确定性。且如果把SSNDQ法作为一种定性替代分析法来看,数据产品功能对于不同的用户而言具有不同的价值,难以通过一个公认的利益衡量标准来进行判断,且像调整标准、调整程度、调整影响等具体步骤的适用均存在较大争议,难以保障个案的公信力。如果把SSNDQ法作为一种定量分析法来看,质量的参数又存在一个难以量化的问题,且有些产品的属性导致了即便产品的性能如上文所述发生了25%的变动,但可能并不会影响整体产品性能的发挥,这样的性能测试将毫无意义可言,因而SSNDQ法应该慎用。

---

〔1〕 张小强、卓光俊:《论网络经济中相关市场及市场支配地位的界定——评〈中华人民共和国反垄断法〉相关规定》,载《重庆大学学报(社科版)》2009年第5期。

五、直接证据法

尽管相关市场界定对于涉案企业的市场竞争分析起着不可忽视的作用，但相关市场界定只是识别市场势力的一种方法，并不是反垄断竞争分析的根本目的。且由于相关市场界定方法在数据要素市场中的司法实践困境日益凸显，越来越多的反垄断立法国家和地区开始越过相关市场界定，采用其他方法进行反垄断竞争分析。如美国在司法实践中就曾采用过直接证据法。美国的司法判例中曾指出可以不用通过市场界定来进行市场竞争分析，如果原告有直接证据可以证明被告有排除、限制竞争的行为，那么就可排除间接证据的使用。[1] 我国在“360 诉腾讯”一案中也明确指出相关市场界定只是进行竞争分析的重要工具，并非目的，可以通过其他方法进行竞争评估。因而，如果在有直接证据证明涉案企业的市场竞争影响时，可以不用进行相关市场界定就可进行市场竞争分析。

由于数据要素市场双边市场效应和数据特性的影响，传统的相关市场界定理论难以适用。在数据市场中，即便是市场份额不高的数据平台也可以通过数据优势垄断市场，而即便市场份额很高的数据平台也可能因为用户归属的多元性导致其只有较小的市场力量，且动态竞争效应的影响加剧了市场结构的变动。因而，在数据要素市场中，可以采用直接证据法来证明市场企业的不正当竞争行为。但这并不意味着相关市场界定不再重要，而是基于个案公平的需要，选取更加合理的方法进行市场竞争力量的评估。尽管美国的司法判例中提出了直接证据法，但是至今为止，美国的司法实践中并未有依据直接证据就作出涉案企业拥有市场支配地位的判决，其更多起到的是辅助作用，仍以传统的相关市场界定方法为主进行市场势力的竞争评估。且具体到数据要素市场，直接证据法更加重视数据收集的准确性，但由于市场主体的逐利性，数据要素市场的数据信息难保其真实性，这加大了直接证据法适用的难度。同时依据什么

〔1〕 *Re/Max International, Inc. v. Realty One Inc.*, 173F. 3d 995, 1018 (6th Cir. 1999). 转引自王晓晔:《论相关市场界定在滥用行为案件中的地位和作用》，载《现代法学》2018 年第 3 期。

证据能直接证明涉案企业的市场支配力,或是证明消费者合法权益的损失与涉案企业实施的垄断行为相关,现今也尚未有非常成熟的理论支撑。但是直接证据法作为反垄断竞争分析发展的前沿理论,值得我们重视。具体而言,应结合个案具体情况,选取更为合理的相关市场界定方法,或使用更为合理的直接证据法进行竞争评估。

第三节　数据平台相关市场的界定

一、数据平台相关市场界定的价值

尽管学界对相关市场的界定适用具有较大分歧,但从现有的司法实践来看,其仍是反垄断竞争分析的重要前提。而数字经济催生的平台企业更易产生垄断倾向,也更容易实施垄断行为,为此,我国 2021 年颁布并实施了《关于平台经济领域的反垄断指南》(以下简称《平台指南》),其中明确指出对平台经济领域的反垄断审查,通常需要进行相关市场界定。因此,在坚持个案分析原则的基础上,相关市场界定仍是数据平台反垄断竞争审查的重要步骤,是数据治理模式下的最优选择,是证明涉案企业市场势力的最佳证据。

(一)数据治理的最优选择

数据治理因研究视角的不同而有不同的内容,在反垄断语境下,数据作为生产要素,在市场竞争中发挥重要作用。如何有效促进数据要素作用的发挥,成为当前数字经济发展的重点和难点问题。现今主流的数据治理方式有三种:第一,人格权模式,认为个人信息权具备人格权的基本属性,而信息与数据乃是一体两面的关系,因此可通过法律规定人格权的各项权能或通过司法实践将个人数据与人格权益建立起联系,通过人格权保护模式来治理数据。这是世界各国(地区)数据治理的主流模式,大多数欧洲国家和美国将互联网上的数据认定为个人信息,将其归属于数据生产者,通过个人信息规制法的方式来规制数据利用。但是,关于个人信息权的保护模式,仍还存在争议。一种观点认为隐私与个人信息存在重合,当两者发生重合时,应优先适用隐私规则;[1]另一种观点认为对信息处理关系中的信息处理行为,应优先适用个人信息保护规则。[2] 第二,财产权模式,认为数据具有物权上的财产性,从市场生产要素出发,数据能够产生价值,影响竞争。财产权模式主要针对的是市场流通中的企业数据,即认为相关的法律制度应确认数据的财产权属性,并且在现有的财产权保护模式上建构适合数据流通的法律机制。[3] 主要的治理模式包括:一是知识产权法保护模式,数据与知识产权具有密切联系,基于数据信息的流通性,知识产权模式能更好地保护数据信息;二是传统民法保护模式,从现有的民法理论出发对数据财产权进行保护;三是反不正当竞争法保护模式,数据资源具有一定的排他性,市场企业能够利用数据优势进行不正当竞争;四是专门数据财产法保护模式,随着数字经济的发展,数据的重要性日益凸显,专门的法律规定更有利于数据的管理。第三,数据产权模式,认为数据虽然无形,在物理上却客观存在,与知识产权存在较大的不同,因此不是一种知识产权。[4] 数据产权应是一种新型的产权,其以信息为内容,具有财产权性质、生产要素价值,属于特定主体。[5] 即数据产权承认数据具有双重属性,既含有人格权属性,可通过特别信息识别特定人;也有财产权属性,可用于市场交易。

由此可见,数据权利具有复杂性,其权利归属具有多元性,由此导致了数据治理方式的多元化,主要包括数据人格权治理模式、数据财产权治理模式和数据产权治理模式三种。而在反垄断语境下,数据作为影响市场竞争的重要生产

---

〔1〕 王利明:《和而不同:隐私权与个人信息的规则界分和适用》,载《法学评论》2021年第2期。

〔2〕 王苑:《个人信息保护在民法中的表达——兼论民法与个人信息保护法之关系》,载《华东政法大学学报》2021年第2期。

〔3〕 这一观点的主要代表是龙卫球教授,他认为当前企业数据保护存在法律瓶颈现象。一方面,并未出台专门的企业数据保护法律;另一方面,现有的法律机制与企业数据保护存在根本矛盾。龙卫球:《数据新型财产权构建及其体系研究》,载《政法论坛》2017年第4期;龙卫球:《再论企业数据保护的财产权化路径》,载《东方法学》2018年第3期。

〔4〕 纪海龙:《数据的私法定位与保护》,载《法学研究》2018年第6期。

〔5〕 赵磊:《数据产权类型化的法律意义》,载《中国政法大学学报》2021年第3期。

要素,只有促进其充分流动才能保障市场在资源配置中的基础地位。而从我国目前的数据流通现状来看,对于个人数据而言,通常以“副产品”的形式提供给企业,个人数据的价值得到进一步挖掘,数据隐私的保护降到了次要地位(并不是说个人隐私保护变得不再重要,而是出于更高价值的考量,将隐私保护降到了下一层次),这导致个人数据的保护从个体本位转向社会本位;对于企业数据而言,随着数字经济的发展,平台企业的建立,企业数据得到进一步利用,财产属性越发明显,但相应的数据利用制度并未建立,从而导致存在滥用、误用、阻碍数据流通的现象,合理配置数据资源刻不容缓;对于政府数据而言,促进政府数据的合理流通是政府工作转型的重点。因此,当我们在对数据进行治理时,通常需要考虑数据流通与数据保护的关系,而这一般需要将其划定在一个合理的范围内,这个范畴就是相关市场。且数据要素还具有多价值性。一方面,数据资源具有可替代性和互补性。在某些情况下,即使来源不同、类型不同的数据要素也可相互替代和相互补充。另一方面,当新数据加入大数据集合时,不仅可以挖掘新加入个体数据的价值,还可以挖掘大数据整体的新价值。新数据的加入不仅可以扩大数据集合,增加数据之间的相关联系,使新数据的价值较单独状态下更高,关键数据的加入还可能促进数据整体价值的“质变”。同时,数据的价值并不是永恒不变的,随时间的推移,数据的价值在不断降低,旧数据不如新数据有价值。[1] 在这种情况下,如果不及时将数据市场划分到一个合理范围内,后续的市场变动可能会影响数据治理的公正(数据型企业可以进行跨市场竞争,影响“不相关市场”和“未来市场”)。相关市场的界定不仅有利于合理划分涉案企业市场竞争的边界,还有利于刻画市场竞争结构,能为数据治理提供更好的选择。

(二)涉案企业市场势力识别的最佳证据

尽管相关市场界定在适用于数据平台时还面临很多困境,但正如上文所述,在尚未有经实践检验过的新方法、新技术的情形下,相关市场界定仍是评估

[1] See Lockwood Lyon, *The End of Big Data*, Database Journal (16 May 2016), https://www.databasejournal.com/db2/the-end-of-big-data/.

市场竞争的一个重要步骤，司法实践中执法机关的反垄断审查证明了这一观点的合理性。

一方面，相关市场界定是经实践检验过的识别涉案市场范围、刻画市场势力的有效途径，是反垄断诉讼中的重要证据。尽管学界提出了很多替代方法替代相关市场的界定，但这些方法的适用范围较窄，且很多方法还存在严重缺陷，在适用上还存在不稳定性，贸然将其引入可能会带来未知的危害。尤其是对于拥有动态竞争的数字市场而言，贸然引入新方法、新技术可能导致个案的不公。且在目前的反垄断司法实践中，无论是行政主导型的反垄断执法，还是司法主导型的反垄断执法，相关市场界定作为一种相对稳定、可靠的市场力量评估分析框架对于反垄断执法机构而言具有非常重要的意义。一是相关市场界定可以识别涉案企业的市场范围，具有筛选功能，在一定程度上减轻反垄断执法工作，缓解我国反垄断执法资源不足的困境。尽管数字平台多功能产品的出现会在一定程度上加大市场范畴划分的难度，但是多维度、多方位市场因素的考量有利于解决这一困境。二是相关市场界定可以明确具体的涉案当事人，明确具体的竞争关系和相关市场的参与者。对于数据平台而言，其市场竞争结构的特殊性，导致跨界经营成常态，涉案企业难以有效辨别，而相关市场界定在识别市场范围的同时识别了具体的涉案企业，降低了执法机构的工作难度。三是相关市场界定不仅可以用于识别市场势力，还可以用于确定罚款数额、确认豁免资格等具体措施中，即相关市场界定作用的多样性导致其适用范围变得更加广泛。在反垄断法审慎监管的前提下，相关市场界定仍是评估数据平台市场力量的有效方法。

另一方面，相关市场界定可以作为间接证据证明案件的具体情况，相关当事人可以就相关市场界定的合理性作相应的陈述或辩解，对具体的界定方法提出异议。[1] 这在一定程度上提高了反垄断执法的透明性，增强了反垄断执法的公信力。一是相较于其他识别市场势力的方法而言，相关市场界定方法的专

---

〔1〕 郑鹏程：《反垄断诉讼相关市场界定证据规则研究》，载《湖南社会科学》2016 年第 1 期。

业性相对较低，通常在裁判文书中都可对其界定步骤进行详细说明，从而有利于使复杂的反垄断文书简洁化，相关当事人和公众更易了解案件的具体情况，提高反垄断刑罚的公信力。二是作为证据而言，证据收集的最终目的是证明案件的真实性，但与此同时，相应的证据收集也需要花费一定的成本，最优的结果应当是让证据收集的边际收益等于边际成本。[1] 相关市场界定是经时间检验过的评估市场势力的科学方法，反垄断执法机构对其适用已经轻车熟路，这在一定程度上降低了证据收集过程中的不必要成本支出。且对于动态竞争的数据平台而言，证据与案件的关联性越高，越能证明案件的事实。相关市场界定不仅能够评估涉案数据平台的市场势力，还能刻画数据平台市场的竞争关系，厘清涉案企业行为发生的市场边界，明确具体的相关当事人。相较于其他方法，其证据价值更高。

（三）数据平台反垄断监管的最优方法

尽管学界和实务界普遍认为相关市场界定只是用来衡量市场势力的一种方法，在存在其他合理可替代性方法时，可以不用进行相关市场界定，但对于数据平台而言，相关市场的界定作用不容忽视。衡量市场势力只是相关市场界定的目的之一，其最大的作用还在于厘清涉案企业的市场经营范围，刻画相关市场竞争结构，将涉案企业的主动行为与外部环境区分开来。[2]

数字经济作为我国反垄断执法规制的重要内容，更应坚持公平竞争审查的作用。从产业结构而言，数据平台企业具有交叉网络效应，用户黏性较强，无论是内部竞争还是外部竞争都存在较强的动态性，跨界经营成常态。且数据产业成熟的时间随现代技术的发展而被不断缩短，如果不对数据市场的无序竞争加以干预，则可能导致数据产业市场竞争秩序的崩溃，“强者霸凌弱者”的现象不可避免。实际上，现在的一些数据平台企业凭借其数据和资本上的巨大优势，

---

〔1〕 See Posner R. A., *An Economic Approach to the Law of Evidence*, 51 Stanford Law Review 1477 (1999).

〔2〕 See Werden, G., *Why (Ever) Define Markets? An Answer to Professor Kaplow*, 78 Antitrust Law Journal 729 (2012).

能迅速抢占新市场,经营规模在不断扩张。且多功能产品的出现进一步导致市场企业经营业务范围的不断扩大,从而形成了更强的用户黏性,中小企业的发展受到严重制约。特别是一些超级数据平台企业,对内通过数据优势牢牢掌握用户群体,吸引资本进入排除同业竞争,对外通过不断提高市场进入门槛限制新进入者从而迅速巩固其市场支配地位。随着数据平台规模的不断扩大,其涉及的业务范畴也在不断扩大,垄断企业可能会滥用其支配地位侵犯消费者的隐私、危害国家安全等。因此,要加强对数据平台的反垄断规制。

但由于数据平台企业的特殊性,如双边市场特性、赢者通吃、用户锁定、创新动态性、竞争跨界性等,对数据市场的监管要结合数据平台的市场特性,变更传统的反垄断监管理念。具体而言,传统的反垄断监管理念往往在静态的市场环境中分析涉案企业的垄断行为,但是数据平台市场以动态竞争为主,如果仍以传统的静态视角分析数据平台的垄断问题,则可能无法有效评估数据平台企业的竞争行为对市场竞争的影响,因此,应当关注创新的作用。而在市场竞争评估的方法中,无论是直接证据评估,还是其他相关市场界定的替代方法评估,都无法有效衡量市场竞争对创新的影响。但相关市场界定却能有效避免这种困境的出现,相关市场界定通过划分具体的市场范畴,厘清与案件相关的市场,排除不相关市场,通过合理的界定方法考量涉案企业滥用市场支配地位和经营者集中后,相关市场竞争状况的变化来进行竞争分析,在一定程度上体现了对创新的关注。如我国的《平台指南》中指出,考虑到平台经济的复杂性,对商品维度和地域维度的市场界定都作了详细说明,同时强调了市场界定在反垄断竞争分析中的作用,明确了个案分析的原则。另外,尽管数字经济的发展给世界各国和地区的反垄断执法带来了极大的挑战,但其未完全超脱传统市场的范畴,在一定程度上,可以将数字经济看作传统市场的数字化发展。并且,在具体垄断行为的表现方式上,无论是数据平台的内部竞争还是外部竞争,都表现出同传统市场一样的垄断问题,如数字化的滥用市场支配地位、拒绝交易、侵害消费者的数字权利等。因此,传统的相关市场界定理论仍可适用于数字市场。质言之,在现有反垄断法审慎监管理念的指导下,相关市场的界定仍是评估数据平台企业市场竞争的重要方法。

二、数据平台相关市场界定的方法

从深层次上看,任何对市场竞争行为的判断都是一个利益或价值取舍的问题,法律实施的最终目的是使社会各方的合法利益免受不法侵害以及促进各方利益的最大化发展。故数据平台的相关市场界定也应以此为指引,完善数据平台的市场界定理论,建立健全数据平台市场界定证据规则,精准做好数据平台相关市场界定工作。

(一)完善数据平台的市场界定理论

尽管传统的市场界定理论在适用于数据平台时还存在较多瑕疵,但从现有的司法实践来看,传统的市场界定理论仍是界定数据平台相关市场的最优办法。且综观世界各国(地区)的反垄断立法,传统的相关市场界定理论也在与时俱进,能不断满足现实执法的需要。因此,可以基于数据市场的竞争特性对传统的相关市场界定理论进行改良,使其符合数据市场竞争审查的需要。同时,也不能因循守旧,如果符合个案公平的需要,也可引入其他市场界定方法。

对定量分析法的改良,以具有代表性的 SSNIP 法为例,可以通过两种途径进行完善以期符合市场经济发展的需要,一是改变假定条件,即不再以价格因素为核心分析要素,而是结合数据特性,选择其他的测试因素,如商品质量、功能、流量等,SSNDQ 法就是实践中关于 SSNIP 法的完善路径之一;二是仍保持假定条件不变,结合数据特性,通过调整后续的测试方法对其进行改良,如调整价格结构、缩小提价幅度等。而对传统定量分析法的适用,更应结合数据特性进行完善。尽管数据市场与传统市场相比,在定价策略、产品属性、市场竞争影响等方面存在差异,但其本质仍是传统市场的数字化发展,因而传统的定性替代分析法仍可适用于数据平台。且综观世界各国(地区)的反垄断立法,在相关市场界定中,都延续了传统市场界定理论中的定性分析,在实践中,也有具体的司法判例予以支持。如 2004 年的美国诉维萨卡案[1],银行卡市场是典型的

---

[1] *United States v. Visa Usa Inc.*, 344 F. 3d 229.

双边市场,维萨卡被指控"排他性竞争",联邦最高法院基于商品服务的功能、支付方式、价格和便捷程度等因素的考量,认为尽管普通信用卡与信用卡网络服务之间具有一定的功能替代性,但是从替代分析来看,其替代性并不显著,因此,该案应界定为两个相关市场。但由于数据要素市场竞争特性的影响,价格因素不再是影响市场竞争的核心要素,因而在对传统的定性替代分析法进行改良时应着重考虑非价格因素的影响。同时结合数据特性,扩展传统定性替代分析法考虑因素的范畴。

(二)完善数据平台市场界定证据规则

由于我国的数字经济起步较晚,因此司法过程中对于证据的收集也没有形成一个完整的体系。相关市场界定作为反垄断诉讼的关键证据,界定结果的合理性需要其他政府文件、行业数据、专家证言、电子证据等来证明。但从目前的反垄断司法实践来看,数据平台的相关市场界定证据规则还存在较大问题,需扩大相关证据的法定解释范畴,完善专家证人制度,合理配置举证责任等。

1. 扩大相关证据解释范畴

目前,并没有专门的文件规定相关市场界定的证据种类,且司法实践中证明了相关市场界定的证据来源十分广泛。为了合理界定数据平台的相关市场,需要大量数据的支撑,通常会涉及经济分析和数据模型的运用。在这种情况下,一些市场数据就变得十分重要,如行业市场调查、企业年度报表、政府统计报告等,但这些数据通常并不具备传统证据所要求的法定性,其合理性也难以认定,法官对于此类证据的适用难以把握。并且尽管有些新证据,法律已经明确了其证据适用的合理性,但相关规则却并未得到完善,其案件证明力仍有待考量。如对于电子证据而言,尽管我国的《民事诉讼法》明确了其可以作为一种新证据来证明案件的具体情况,但并未出台专门的法规规制其具体的使用规范,司法实践中多由法官发挥主观能动性进行适用(为避免出错,多依传统的证据规则进行适用),由此导致现有证据规则的混乱。因而,为缓解证据法定性和现实需求的矛盾,提高新证据适用的合理性,应扩大相关证据的解释范畴。

在证据数据化的大环境下,以计算机为依托的电子证据发挥越来越重要的作用,因此对于一些数据化形式存在的商业报告、年度报告、行业协会年鉴等都应纳入电子证据的范畴。而对于一些行业协会的出版物、企业年度报表等以数字或文本、图表等形式表现出来的证据可以进行扩大解释,将其纳入书证的范畴。除此之外,我们还需要注意的是,电子证据的数据性导致其取证十分困难。与传统证据不同,电子证据多以数据化的形式记载,其更易被更改或销毁。且市场中的数据信息大都被市场企业所掌握,市场主体的逐利性,难保电子证据的真实性。为此,当执法人员在采信电子证据时,应对证据形成的时间、地点进行全面考察。先明确需要收集的电子证据范围,排除不相关证据的干扰;后根据电子证据收集时采用的手段判断其合法性,排除非法证据的适用;再根据特定的标准化技术对其进行检验,判断其真实性;最后,对所有的程序性事项进行记录,以便进行查阅。在有条件的情况下,可以对电子证据收集的全过程进行录像,保证执法人员的公正性,规范其数据收集行为,保障相关当事人的隐私权。

2. 完善专家证人制度

相关市场界定是项系统工程,其中涉及大量经济学分析和数据模型的运用,专业性要求极高。执法人员可能受限于自身专业能力或其他因素的影响,难以合理界定出相关市场的范畴。因而,需要引入专家证人制度。所谓专家证人,是指掌握有某一方面或某一领域的技巧或专门知识的人就特定案件的具体问题或者事实陈述意见以帮助案件情况的认定。而在相关市场界定中,经济学家发挥着重要作用。现代相关市场界定的概念起源于经济学,相应的界定方法也是由经济学家提出的,因而,对于相关市场界定而言,具体的适用范畴,经济学家更有发言权。引入专业人才的帮助,能更有利于促进相关市场界定理论的完善,能更有利于提高个案相关市场界定的合理性,保证案件审理的实质公平。但专家证言能否作为证人证言或鉴定意见来使用,现今仍然争论不休。

鉴定意见是指执法人员或相关当事人请专门鉴定机构或鉴定人作出的有关客观存在事物情况的说明,如有关物证的真伪、痕迹的说明等,鉴定对象大多是证据材料本身。因而,对于市场界定而言,专家证言不等于鉴定意见。而专家证言并非对具体案件情况的说明，其也不是证人证言。因此，对于专家证言来说，应将其视为一种新型的证据类型引入相关市场界定中。需要说明的是，专家证言的适用应有其严格限制。先明晰专家证人的资格和能力，法律应对其进行明确规定，可以就以下几项因素进行参考：专业性要强，应当具备相关市场界定领域的专门知识或技能；在相关市场界定领域具有一定的工作经验和工作能力；能就自己关于相关市场的界定提供科学论据；能就执法人员或相关当事人的提问作出合理的说明等。后明确专家证人的选任主体。就相关市场界定而言，执法机关应当有权聘请专家证人，听取专家证人就案件市场界定问题作出陈述；相关当事人也有权聘请专家证人进行相关市场界定。最后进行专家证言质证。执法人员在收到专家证言后，应就其相关市场界定的合理性问题进行提问，可以参考以下因素：市场界定的数据来源是否真实、合理；市场界定的方法是否科学，是否经过检验；市场界定的范畴是否符合具体情况；使用的理论或技术存在的弊端是否会与个案情况相冲突等。

3. 合理配置举证责任

作为法律应对控诉双方实力不对等、信息收集加工处理难的主要制度手段之一，举证责任的分配不仅事关个案诉讼的成败，还事关反垄断目标的实现。从现有的司法实践来看，关于相关市场界定举证责任的分配主要有一般举证责任和举证责任倒置两种模式。一般举证责任分配是指在相关市场中，按照民法上的传统方式，由谁主张，就由谁举证，即谁提起诉讼，谁就承担相关市场界定的责任。举证责任倒置则是指在相关市场界定中，市场界定的责任不再由提起诉讼方承担，而是由被告承担。需要说明的是，从广义而言，国家对法律的实施包括司法活动与行政活动，反垄断法的实施也不例外，既有行政领域的反垄断审查工作，也有司法领域的诉讼工作。对于行政领域的反垄断执法而言，专门的反垄断审查机关依法对市场主体的垄断行为进行查处，其当然负有提供涉案证据的义务，作为重要证据之一的相关市场界定必然属于执法机关的责任。而对于司法领域的诉讼而言，现有的司法实践主要坚持民法上的举证责任分配，由原告负责市场界定，如早在 1976 年，美国法院就明确表示原告必须准确界定相关市场。[1]

具体到数据市场，对于私人诉讼主体而言，由于双方地位的不对等，加之数据技术的专业性较强，要求原告提供有关相关市场界定的证据会加大原告的举证责任。尽管我国的反垄断立法已经在有意识地减轻私人原告的举证责任，如最高人民法院曾经出台关于反垄断领域民事纠纷案件适用的相关规定，其中为了减轻原告收集证据的难度，认为被告对外发布的数据信息可以作为证据使用。但在司法实践中仍还坚持一般举证责任分配原则，如在李某起诉马某、支付宝、蚂蚁金服和阿里巴巴等垄断侵权系列案中，昆明市中级人民法院要求原告提交有关被告主体的证明材料——营业执照。[2] 而按我国有关立案的规定，原告只用提供能够识别被告身份的材料即可，对于企业而言，大都只用提供名称和地址即可。且从既有的司法实践来看，在反垄断民事诉讼中，相关市场界定的责任大多由原告承担，举证责任倒置的情况出现较少，这种实质不对等的举证责任分配导致反垄断民事诉讼的维权成功率相对较低。为此，对于相关市场界定而言，应适当限缩原告举证的范围，合理适用举证责任倒置规则。

具体而言，相较于原告，被告通常为数据市场垄断企业，其市场势力雄厚，在数据收集、整理和技术运用中具有优势地位，将相关市场界定责任分配给被告有利于合理界定相关市场范畴。当然，任何规则的适用都是有限度的，如果任何涉及相关市场界定的案件都采取“举证责任倒置”，则会加重被告的举证责任，减轻原告的诉讼成本，带来滥诉的风险。为此，司法机关应根据诉讼双方实力的差距、市场界定的难易程度、市场数据的掌握情况等判定是否要适用“举证责任倒置”规则。且对于规则的适用应作出合理安排，不能把原告所有的举证责任都转嫁给被告，应结合具体案情的需要，合理转嫁举证责任。对于举证责任方要求另一方当事人披露有关案件信息的申请，司法机关应根据披露信息是否是该当事人能够收集到的信息，是否与相关市场界定有关，是否属于

---

〔1〕 *Morton of Nebraska, Inc. v. Morton Bldgs Inc.*, 531 F. 2d 910 (8th Cir. 1976). 转引自郑鹏程：《反垄断诉讼相关市场界定证据规则研究》，载《湖南社会科学》2016 年第 1 期。

〔2〕 云南省昆明市中级人民法院民事裁定书，(2018)云 01 民初 758 号。

该当事人的商业秘密、数据隐私等来判断是否应当披露信息，且应要求披露申请人对披露信息负有保密义务。

（三）精准做好数据平台相关市场界定

在完善传统市场界定理论的基础上，应结合数据平台的竞争特征对其进行精准界定。为此，应从数据平台的市场特性出发，着重考虑数据要素的影响，合理选定基础市场，扩大替代因素考虑范围，以期界定出合理的市场范畴。

1. 以数据平台的市场特性为界定出发点

现代产业经济学的经典分析模型 SCP 范式（结构—行为—绩效）一直是世界各国（地区）反垄断司法实践竞争分析的重要工具，但在数字经济背景下，如果仍然坚持 SCP 范式进行相关市场界定将会带来诸多的不合理之处。一是在以数据为核心竞争的市场中，垄断和市场势力的存在相较于传统市场而言，可能会是一个福音，数据市场强大的网络效应可能会实现社会总福利的最大化。二是在数据市场中，即便所占市场份额很小的市场企业，凭借其掌握的关键数据也可能会对市场竞争造成影响。市场份额、市场集中度等结构性标准不再是衡量数据企业市场势力的重要指标。三是数据市场竞争的核心不再单纯是掌握数据资源的多少，而是转变为用户注意力和大数据资源的竞争，以市场份额为核心的 SCP 范式并不能准确反映出数据市场企业的竞争动态。为此，在相关市场界定中，应从数据平台的市场特性出发，更多关注市场的动态性和竞争的多维性，考察数据市场双边特性、用户锁定效应、交叉网络外部性等对市场竞争的影响。

具体而言，在界定相关市场时，可根据涉案企业的盈利来源确定其定价策略，考虑网络外部效应对市场定价的影响。在进行产品替代分析时，应考虑用户锁定效应的影响。不同于传统市场，数据市场的用户黏性较强，除非出现颠覆性技术或者受国家政策等特殊因素影响外，消费者在一般情况下，不会轻易更换产品。因此，在考虑用户锁定效应时，可以考虑涉案企业的市场地位、提供的基础服务、消费者自身的喜好、产品转换成本等因素的影响。同时，由于双边市场特性和交叉网络效应的影响，执法人员在界定相关市场时，需要根据具体的涉案情况,判断是否应当将其视为一个整体进行界定,还是应分开界定相关市场。

2. 结合数据特性确定基础产品市场

如何确定基础市场,各国(地区)的反垄断法律并没有明确规定,但通常在进行替代性分析之前,需要确定一个具体的产品,根据该产品的具体市场范畴来确定基础市场。而在反垄断视野中,有一类案件进行了“产品界定”,即搭售案件,为了区分搭售品与售卖品,产生了独立判断商品的要求。以其为参考,可以为基础市场的确定提供指引。有学者按司法实践判断标准的不同,将搭售产品中的市场界定归纳整理为 *Jefferson* 案之前的复杂标准、该案形成的需求标准,该案之后的合理性分析标准。[1] 当然,搭售案件中的“产品界定”标准并不完全适用于基础市场确定。因此,我们有必要结合数据特性对其进行改良,通过价格因素的合理确定和非价格因素的有效考量来确定数据平台的基础市场。

对于价格因素的合理确定而言,尽管在数据市场中,由于免费营销模式的存在导致其市场竞争作用在降低,但数据企业中的免费并不是真正意义上的免费,平台为用户提供免费商品,用户相应地付出了个人信息、注意力、流量等无形数据,本质上仍是等价交换,只不过不以价格的形式表现出来。因而在进行“产品界定”时,仍可通过数据平台企业的市场竞争动态和市场架构,将价格因素纳入其中。首先,可以通过涉案企业的整体盈利来判断价格因素的影响。在平台企业中,企业的市场利润不仅仅源于收费市场,还与免费市场存在较大联系,因而在考虑价格因素的影响时,需从平台企业的整体盈利标准出发。其次,在考虑价格因素的影响时,不仅要考虑整体利润的影响,还要考虑个体单价变动对两边市场的综合影响。如平台企业可能为保障整体利润,改变免费营销模式,在原来的免费市场收取费用。这种价格变动彻底改变了产品的属性,即由“免费产品”变成了付费商品,在进行产品界定时,其市场范畴也相应地发生了

---

〔1〕 张江莉:《论相关产品市场界定中的“产品界定”——多边平台反垄断案件的新难题》,载《法学评论》2019 年第 1 期。

变动。最后,由于数据要素市场动态竞争的特点,数据产品也具有动态定价的特点。且由于现代技术的发展,数据型企业间达成价格合谋变得越发隐蔽化和技术化,因而在进行产品界定时,还需考虑技术对价格因素的影响。数据型企业可以通过设定价格基础算法、人工智能学习算法定价以及基于动态数据的价格平行行为来影响市场定价,[1]即利用数据特性,数据型企业之间更易达成企业合谋,进而控制市场价格。因此,我们在考虑价格影响时,除考虑可替代产品整体市场定价情况外,还需注意其市场价格是否是由数据型企业联合操控而形成的垄断价格。

对于非价格因素的有效考量,首先,应着重从竞争者的供给替代分析出发。不同于相关市场中的产品界定,基础市场中的产品界定是为了确定一个基准产品,最终目的是通过产品确定涉案企业的具体市场经营范畴,只有当其能够被多个市场竞争者独立提供时,才会产生竞争关系,供给替代分析的重要性凸显。其次,数据市场中的基础产品多为二次加工的数据资产,应重视技术因素的影响。应考虑数据平台企业的基础技术支撑,依基础技术的不同,划分为不同的用户市场。如对具有功能替代性的产品而言,因其平台基础技术的差距,一个平台内的数据资源可以跨境流通,而另一个平台内的数据资源只能内部共享,这样的两个产品不能被认为具有可替代性。还需要注意的是,当某项数据产品已构成知识产权上的技术产品时,其可能独立构成一个市场。这时的市场竞争已从数据竞争转变为抽象层面上的技术竞争,当技术被滥用时,也应受到反垄断法的规制。最后,以功能替代分析法确定具体的非价格因素。即在确定基础产品的过程中,需要考虑多功能产品的可分性,基于特定用途的多功能产品或服务,其各个功能部分能否分离并独立存在,以用户需求为导向的功能替代分析法能有效地界定出具体产品的范畴。简言之,尽管在多功能产品中,产品的组成部分可能由多个主体提供,交易环节也可能由不同的市场参与者完成,但无论数据要素市场产品的功能如何变化,其最终都要进入市场交易,以需求方

[1] 詹馥静、王先林:《反垄断视角的大数据问题初探》,载《价格理论与实践》2018 年第 9 期。

的功能需要来分析具体产品,能很好地界定出产品市场,需要考虑的因素主要包括产品的可获得性、用户习惯、用户的转换成本等。

3. 对数据特性的着重考量

数据要素作为数据型企业市场竞争的核心,在市场资源配置中起着不可忽视的作用,相应的数据反垄断问题也得到各国(地区)的高度重视。基于此,我国的《平台指南》中也重点规制了数据滥用行为,《反垄断法》第 10 条也明确规定,“经营者不得利用数据和算法、技术、资本优势以及平台规则等从事本法禁止的垄断行为”。但在实践中,数据要素的作用并未引起执法者的重视,在涉及数据平台的竞争分析时,相关市场界定多从平台企业的市场结构和传统的市场界定理论出发进行竞争分析,对企业数据的掌握程度并未予以重视。因而,有必要对数据要素的重要性予以说明。尽管有学者认为如果数据只是作为企业的基础生产要素并未作为交易产品而进行销售,供需关系不存在,无须考虑数据的可替代性。[1] 但在数据要素作为行业基础设施的情况下,不对数据要素进行规制,反垄断问题将会层出不穷。且随着现代技术的不断成熟发展,数据要素已构成新的市场准入门槛,经营者从用户数据中获得的价值远远大于其数据收集时的意图。尽管从法律上看,经营者实施垄断行为的产品或服务不是数据,但其实际仍是数据要素的产品化形式。在进行相关市场界定时,需要综合考虑数据要素对两边市场竞争的影响,从整体上进行竞争评估。

另外,在数据平台的市场竞争中,技术因素的作用十分凸显。数据型企业可以利用技术创新优势人为地加大市场进入难度,阻碍其他市场主体进入。且由于技术创新涉及知识产权保护,我们在进行相关市场界定时,很难界定出数据型企业的阻碍行为是否应当受到反垄断法的规制,从而进一步加大了市场界定的难度。但高频次颠覆性的创新或竞争是数据市场竞争的特点,即便一些企业能凭借其技术优势在短时间内获得垄断地位,但当某一项具有颠覆性的技术或产品出现时,便很可能打破该企业的垄断地位,即依靠技术优势形成的垄断

[1] Darren S. Tucker, Hill B. Wellford, *Big Mistakes Regarding Big Data*, Social Science Electronic Publishing, 2015, p. 1–12, Here p. 12.

地位具有很大的不稳定性，新技术的出现很快会打破这种垄断，同时新技术可能会形成新一轮的垄断，数据要素市场的发展便是由这一轮轮的技术创新而推动的，因而在进行市场界定时，必须注重创新因素的作用。具体到立法实践，我国的《界定指南》指出在涉及特殊行业的市场界定时，要扩大市场界定维度，重视技术因素的影响。具体而言，我们在界定技术因素时，既要关注一些共性问题，从时间、地域、产权许可等方面进行考虑，还要结合个案关注一些个性问题，如数据技术的属性、用途、使用费用、兼容程度、转换成本、创新能力等。即我们需要关注的是数据型企业能否凭借其技术能力较长时间地维持或强化其垄断地位，且存在滥用技术优势阻碍、限制市场竞争的行为。

第六章　垄断协议

第一节　垄断协议概述

一、垄断协议的概念

垄断协议是指两个或两个以上的企业，采取合同、决议、默示或其他形式，共同决定产品或服务的价格，或就产品的销售数量、生产技术标准，以及产品的销售地区、销售对象进行限制，从而排除、限制或妨碍特定市场竞争的行为。[1]我国《反垄断法》第 16 条，将其界定为“排除、限制竞争的协议、决定或者其他协同行为”，并以第二章对其进行了专章的规定。除第 16 条规定了垄断协议的定义外，第 17 条规定了横向垄断协议的规制制度，第 18 条规定了纵向垄断协议的规制制度，第 19 条规定了为垄断协议提供实质性帮助的规制制度（2022 年《反垄断法》修订新增条文，有学者认为该条文是规制轴辐协议的具体条款），第 20 条通过规定豁免类型明确了垄断协议受到反垄断法豁免的情形，即我国对垄断协议的规制采取“原则禁止+例外豁免”的处理方式。此外，第 21 条还明确禁止行业协会组织本行业经营者从事垄断行为。垄断协议的核心是共谋，是经营者之间或者他们与交易相对人之间通过共谋行为排除、限制相关市场内的竞争，从而获得高额的垄断利润。垄断协议是经济领域最普遍、危害性最严重的限制市场竞争的行为之一，因而广受世界各国（地区）反垄断法的

[1] 孟雁北：《反垄断法》（第 2 版），北京大学出版社 2017 年版，第 96-105 页。

规制,通常将其置于滥用支配地位和经营者集中之前,作为第一类反垄断规制的对象。

垄断协议在不同的反垄断国家和地区中有不同的称谓,如美国《谢尔曼法》将其称为"通谋"(包括"合同""联合""共谋"行为),欧盟竞争法将其称为"限制竞争协议",德国的《反对限制竞争法》将其称为"卡特尔"(但"卡特尔"是一种横向垄断协议,并不能涵盖垄断协议的所有范畴),日本《禁止私人垄断及确保公平交易法》将其称为"不正当交易限制"。而按照我国《反垄断法》的规定,垄断协议主要包括"协议""决定"和"其他协同行为"。"协议"是最常见且也是较容易被证明的一种垄断协议的方式,"垄断协议"中的"协议"是个广义的概念,包含达成共谋的一切形式,而《反垄断法》条文中的"协议"是个具体的概念,不仅包括了《合同法》意义上的"合同",还包括其他两个或者两个以上经营者在相关市场中达成的排除、限制竞争的意思表示形式,其既可以是书面的,也可以是口头的,还可以是邮件、聊天记录等。"决定"主要是指在团体中形成的集体意思,并被团体的组成人员执行,即经营者形成集团或通过其他形式的企业联合的形式作出的决定,要求其成员企业共同实施的排除、限制竞争的行为,主要包括团体所形成的章程、决定、通知、声明、会议记录等。尤其需要注意的是,由于我国行业协会发展的特殊性(不同于西方国家行业协会发展的自发性,我国的行业协会多由政府机关设立或者由政府机构转化而来,尽管随着市场化改革的不断加深,这样的情况有所改变,但历史遗留问题仍然存在),一些行业协会履行行业管理职能,因此行业协会单方面的行为实际代表了各成员的意见,在性质上与协议相当,有时也会排除、限制市场竞争。"其他协同行为"是指经营者之间协调一致的排除、限制市场竞争的共同行为。根据国家市场监督管理总局 2022 年修正的《禁止垄断协议暂行规定》第 5 条之规定,"其他协同行为是指经营者之间虽未明确订立协议或者决定,但实质上存在协调一致的行为"。第 6 条对执法机构认定"其他协同行为"应考虑的因素进行了说明,包括但不限于以下因素:其一,经营者的市场行为是否具有一致性;其二,经营者之间是否进行过意思联络或者信息交流;其三,经营者能否对行为的一致性作出合理解释；其四，相关市场的市场结构、竞争状况、市场变化等情况。《平台经济领域的反垄断指南》规定在认定平台经济领域协同行为时，可以通过直接证据判定是否存在协同行为的事实。如果直接证据较难获取，可以根据《禁止垄断协议暂行规定》第6条规定，按照逻辑一致的间接证据，认定经营者对相关信息的知悉状况，判定经营者之间是否存在协同行为。经营者可以提供相反证据证明其不存在协同行为。

需要说明的是，我国的《反垄断法》关于“垄断协议”的定义主要借鉴了欧盟竞争法的相关规定，根据《欧盟运行条例》第101条第1款之规定，“凡可能影响成员国间贸易，并以阻碍、限制或扭曲共同市场内的竞争为目的或有此效果企业间协议、企业协会的决议或协同行为，均被视为与共同市场不相容而被禁止”。我国反垄断法中的“协议”“决定”“协同行为”对应着欧盟竞争法上的“企业间协议”“企业协会的决议”“协同行为”，但“协同行为”并不是对“协议”“决定”的补充和兜底，尽管《反垄断法》在具体条文中使用了“或者”一词，但三者应是并列的关系，其适用并不存在先后关系。

二、垄断协议的特征

垄断协议具有下列特征：

(1)主体上由两个或两个以上的经营者构成。单个经营者并不能构成垄断协议，垄断协议中包含共谋的含义就明确了至少应包括两个经营者。而行业协会虽然是一个独立的社会组织，但实质上仍是会员组成的社会团体，从数量上看包括两个或两个以上的主体，因而其实施的“决定”行为也是由多个经营者沟通决议的行为。世界各反垄断国家和地区纷纷限制多个经营者联合作出排除、限制市场竞争的决议。在美国，不仅禁止工业或商业性的行业协会排除、限制市场竞争，而且自20世纪70年代以来还禁止律师、会计、工程和医疗等职业协会通过直接或者间接的方法排除、限制市场竞争。[1]

---

[1] [美]马歇尔·C.霍华德：《美国反托拉斯法与贸易法规》，孙南申译，中国社会科学出版社1991年版，第108页。

(2)从主体的资格来看,参与垄断协议的主体应当具有独立性。这里的独立性是指实质意义上的独立性,不仅指经营者在法律上具有独立的人格,能够独立承担责任,还指经营者具有独立的决策能力,能够按照自己的意愿行事,不受"他人"的干预。强调经营者的独立性是因为,如果不具有法律上的独立人格,没有独立的财产(如公益性事业单位等)、没有营业执照、不能独立承担责任的分公司,就不能成为垄断协议的主体;不具有独立的决策能力,也不能成为垄断协议的主体。例如,企业兼并后作出的决定就不能视为垄断协议,母子公司间作出的具有排除、限制竞争的协议、决定或者其他协同行为也不能视为垄断协议,因为子公司并不具有独立的决策能力,母公司对其享有实质性的控制权。

(3)从空间范围来看,参与垄断协议的主体应同属于同一个市场,经营者之间的产品或服务具有可替代性,即主体之间应具有竞争关系。或者主体之间具有直接的交易关系,如生产企业和销售企业的关系,即同属于同一市场的上下游关系。

(4)垄断协议的行为产生或者可能产生排除、限制竞争的效果。经济学家亚当·斯密在《国富论》中写道:"进行同一种贸易活动的人们甚至为了娱乐或消遣也很少会聚集在一起,但他们聚会的结果,往往不是阴谋对付公众就是谋划抬高价格。"虽然在某些情况下,垄断协议也会产生积极效果,但在绝大多数情况下都是为了排除、限制市场竞争,使参加协议的经营者之间原来的竞争受到限制,或者使参加协议的经营者以外的其他经营者的交易受到限制,从而阻碍、扭曲正常的市场竞争和市场交易。

三、垄断协议的认定

关于垄断协议的违法性认定框架,我国《反垄断法》采取了"原则禁止+例外豁免"的模式,该模式主要源自《欧盟运行条约》第 101 条的规定,该条文第 1 款规定了垄断协议的禁止行为,第 3 款规定了豁免行为。如果忽略程序启动机制和证明责任,欧盟模式对垄断协议的认定大致可以描述为如下步骤:先依据第 1 款看行为是否具有反竞争目的或效果,如果没有,则不予规制,如果有,则依据第 3 款看行为是否具有促进竞争效果且符合其他相关条件,如果符合,则对之予以豁免;反之,则予以禁止。而在美国,对垄断协议违法性的认定则主要依照本身违法原则和合理原则。但实际上本身违法原则和合理原则孕育于英国的限制贸易协议管制制度。在 18 世纪以前,英国法院一律禁止当事人履行契约中包含限制市场竞争性质的辅助条款,但到了 18 世纪后,法院则转向允许当事人履行具有合理性的限制竞争的辅助条款。在 1711 年,英国的帕克勋爵在"米切尔诉雷诺兹"案中主张将限制竞争行为划分为一般行为和特殊行为两类,前者应当禁止,后者如果限制竞争具有合理性则可以容忍。[1] 可见,在 18 世纪前后的英国,已经出现了类似于本身违法原则和合理原则的思想萌芽。

在美国,本身违法原则和合理原则出现于美国法院对《谢尔曼法》进行使用和解释时形成的判例中,美国联邦贸易委员会和司法部 2000 年公布的《关于竞争者之间合谋的反托拉斯法执法》指出:联邦最高法院运用两种分析模式决定竞争者之间的协议的合法性,即本身违法规则和合理规则。我国《反垄断法》第 20 条关于垄断协议豁免的规定统一适用于第 17 条的横向垄断协议、第 18 条的纵向垄断协议和第 19 条的实质性帮助行为,所以我国的反垄断立法不存在严格意义上的本身违法原则,对于垄断协议行为的判定都需要进行合理分析,被告可以通过豁免条款的理由进行抗辩。具体而言,对垄断协议的调查分析是垄断协议认定、执法工作的第一步,通常需要经过"观察平行行为—调查取证—推定行为性质"三个步骤。

垄断协议按照公开程度的不同,可以将其分为公开的垄断协议和隐蔽的垄断协议。公开的垄断协议的认定通常较为简单,但即便是公开进行的垄断协议,成员之间也不一定会留下明显的满足证据的材料,所以对于公开的垄断协议的认定不必拘泥于固定的形式要件,可以采用间接证据来加以证明,证明标准相对宽松,应着重考察成员实施协议后对市场竞争的影响。而隐蔽的垄断协

〔1〕 种明钊主编:《竞争法》,法律出版社 2005 年版,第 248 页。

议按照当事人的意愿,可以分为隐蔽的明示垄断协议和默示垄断协议。隐蔽的明示垄断协议是指当事人采取了限制、排除市场竞争的合意行为,但该合意是对外严格保密的,通常情况下,执法机构难以对该合意举证,也难以直接获得当事人间的协议作为证据,因而需要通过推定的方法来证明该协议的存在。即涉案企业间虽然尚未达到缔结狭义上所谓契约的程度,但当事人实际上已经进行了避免竞争风险的合作。而按照波斯纳的观点,默示通谋是指在寡头垄断市场上,各寡头之间心照不宣的协调行为,只有在高度集中的市场上,才有发生默示通谋的可能性,因为默示通谋的成立和维持都比较困难,如果市场上竞争者数量众多,各个企业的产品之间又存在差异,很难达成和维持默示的通谋,即使达成了,参与通谋的各个企业与通谋集团的整体利益不一致,成员间容易发生欺骗行为,不利于通谋的维持,所以通谋者的数量不宜过多,并且这些通谋者的市场力量加起来必须足以控制整个市场的产出,拥有提高价格的能力。[1] 实践中,对隐蔽的明示垄断协议和默示垄断协议并没有清晰的界限,但二者通常都需要通过推定的方法进行认定。

第二节　横向垄断协议

一、横向垄断协议概述

横向垄断协议(又称卡特尔)是指在生产或者销售过程中处于同一阶段的,具有竞争关系的两个或两个以上经营者为获取高额垄断利润而达成的具有排除、限制或者可能具有排除、限制市场竞争的协议、决定或者其他协同行为。横向垄断协议由于是具有竞争关系的经营者之间订立的协议,直接损害的是当事人之间的竞争,因而其限制、排除市场竞争的效果比纵向垄断协议更严重,因而历来是各反垄断国家和地区规制的重点,美国更是将该类行为的认定适用本

---

〔1〕 许光耀主编:《垄断协议的反垄断法调整》,人民出版社 2018 年版,第 73 页。

身违法原则。

在世界各反垄断国家和地区的立法中，对横向垄断协议的规制主要采取三种方式：一是原则性规制，如美国《谢尔曼法》第1条之规定，"所有限制州际或对外商业贸易，以托拉斯或其他形式组成联合，签订合同或秘密协议的，都属于违法行为"。二是作列举型规定，如欧盟在《建立欧洲联盟的条约的竞争规则》中列举了五种应予以禁止的限制竞争的协议。也有其他国家反垄断法除对横向垄断协议进行抽象描述外，还明确列举了几种典型行为，如韩国《规制垄断与公平交易法》、瑞典《竞争法》的规定。三是既有原则性规定，又有例外的列举，比如德国《反对限制竞争法》第1条，"企业或企业协会为共同的目的所订的合同以及企业协会的决议，其目的如果是限制竞争，且影响了商品或劳务的生产或市场情况，则无效。本法另有规定者不适用上述原则。法人的股东是企业时，该法人的股东大会决议视为企业协会的决议"。很多的国家和地区的立法机构在进行立法的时候会区分，然而像美国、欧盟等国家和地区经常在司法过程会有差别地对待上述两种垄断协议。[1] 我国《反垄断法》第17条所称的"禁止具有竞争关系的经营者达成下列垄断协议……"针对的便是横向垄断协议。针对该条规定，横向垄断协议主要包括：固定或者变更商品价格；限制商品的生产数量或者销售数量；分割销售市场或者原材料采购市场；限制购买新技术、新设备或者限制开发新技术、新产品；联合抵制交易；国务院反垄断执法机构认定的其他垄断协议六种形式。《平台经济领域的反垄断指南》中详细规定了平台经济领域达成实施横向垄断协议的情形，主要包括通过利用平台收集并且交换价格、销量、成本、客户等敏感信息；利用技术手段进行意思联络；利用数据、算法、平台规则等实现协调一致行为；其他有助于实现协同的方式等达成固定价格、分割市场、限制产（销）量、限制新技术（产品）、联合抵制交易等横向垄断协议。此处的价格包括但不限于商品价格以及经营者收取的佣金、手续费、会员费、推广费等服务收费。

---

〔1〕 张穹：《反垄断理论研究》，中国法制出版社2007年版，第111页。

横向垄断协议的特征主要有:(1)主体主要是在生产或者销售过程中处于同一阶段的具有竞争关系的经营者。该经营者必须具备独立的法律资格,能够以自己的名义参与竞争,承担不利的法律责任。需要注意的是,该竞争关系只能是"水平竞争",不包括"垂直竞争"。(2)在客观上实施了限制、排除竞争的联合行为,其意思表示既可以是书面的、口头的,也可以是其他默示合意的方式。(3)对市场竞争产生了危害。参与横向垄断协议的经营者在市场中具有竞争关系,如果一旦通过协议达成联盟,可以直接或间接地操控市场价格,影响上下游的竞争关系,排挤其他市场竞争者,从而获取高额的利润,破坏了有序的市场竞争环境,损害了消费者的合法权益,因而构成违法,并不需要造成实际上的排除、限制竞争的效果,只要实施的行为有可能造成排除、限制市场的效果就可以构成违法。但其对市场竞争产生的危害需要达到一定程度,需要危害到整体的市场竞争环境,如果只是少数小企业间达成的联合行为,对市场整体的竞争环境并不会造成严重影响,通常也不会被判定为违法,且参与垄断协议所获的收益不受法律保护。如德国《反对限制竞争法》第 5 条第 2 款就规定了横向垄断协议的规制并不适用于企业为达到经济合理化的合同和决议,且这样做不会过多影响市场的竞争,而且这种合同和决议可使中小企业的生产效率提高。我国的《反垄断法》第 20 条也规定了"为提高中小经营者经营效率,增强中小经营者竞争力的"垄断协议可以得到豁免。

案例:台州市路桥吉利机动车驾驶培训有限公司、台州市路桥区承融驾驶员培训有限公司与台州市路桥区东港汽车驾驶培训学校等、台州市路桥区浙东驾驶员培训服务有限公司横向垄断协议纠纷案[最高人民法院(2021)最高法知民终 1722 号],本案强调当事人主张垄断协议豁免应当承担具体证明有关实际效果的举证责任,同时明确了认定涉横向垄断协议的民事行为无效的原则、考量因素与价值目标。

在吉利驾培公司、承融驾培公司与东港驾培公司等 13 家被诉驾培单位以及第三人浙东驾培公司横向垄断协议纠纷案中,同在浙江省台州市路桥区的涉案 15 家驾培单位签订联营协议及自律公约,约定共同出资设立联营公司即浙东驾培公司,固定驾驶培训服务价格、限制驾驶培训机构间的教练车辆及教练员流动,涉案 15 家驾培单位原先分散的辅助性服务(如报名、体检、制卡等)均由浙东驾培公司统一在同一现场处理,浙东驾培公司对应收取服务费 850 元。其中,联营协议第 3 条具体约定联营公司设立的注册资本与股本结构。涉案 15 家驾培单位中的吉利驾培公司和承融驾培公司以该 15 家单位构成垄断经营为由,向法院起诉,请求确认联营协议及自律公约无效。一审法院判决确认涉案联营协议及自律公约中构成横向垄断协议的相关条款无效,但同时认为,浙东驾培公司统一处理涉案原先分散的辅助性服务,可提高服务质量、降低成本、增进效率,其收取 850 元服务费的行为符合垄断协议豁免条件。吉利驾培公司、承融驾培公司不服,提起上诉,请求改判确认联营协议中股本结构条款无效,东港驾培公司等 13 家被诉驾培单位提出的固定价格协议豁免理由不能成立。最高人民法院二审认为,达成垄断协议的经营者欲以该协议具有 2008 年施行的《反垄断法》第 15 条第 1 款第 1 项至第 5 项情形为由主张豁免,应当提供充分证据证明协议具有上述五项法定情形之一项下所指积极的竞争效果或经济社会效果,且该效果是具体的、现实的,而不能仅仅依赖一般性推测或者抽象推定;一审法院在经营者没有提供真实、有效证据支持其豁免主张的情况下,主要根据一般经验推定浙东驾培公司统一提供服务的效果,直接认定其统一收费符合垄断协议豁免情形,适用法律不当。合同条款违反反垄断法关于禁止垄断行为的规定原则上无效;如果合同无效部分会影响其他部分效力的,其他部分也应无效;涉案联营协议第 3 条的约定主要是当事人实施横向垄断协议、实现市场垄断目的的手段;判断合同或者合同条款是否因违反《反垄断法》而无效时,还应该考虑消除和降低垄断行为风险的需要,实现《反垄断法》预防和制止垄断行为的立法目的。最高人民法院终审判决:撤销一审判决,确认涉案联营协议及自律公约全部无效。

二、横向垄断协议的分类

(一)固定或者变更商品价格

具有竞争关系的经营者固定或者变更商品价格的行为是最常见的一种横

向垄断协议行为，指少数经营者之间达成的实行统一价格或实施价格统一变动的协议，通常被称为“价格卡特尔”，通常表现为经营者之间协议同步涨价或降价、最低或最高限价、统一价格、固定或变更价格等行为。除了固定或变更价格之外，价格卡特尔还会采取一些隐蔽方式，比如确立计算价格的标准公式，在具有竞争关系但又非相同商品之间固定价格比率，消除价格折扣或者确定同一折扣，签订协议或决议未经其他成员同意不得降价，等等。[1] 价格竞争是市场竞争的核心，如果具有竞争关系的经营者共同商议价格，在没有替代商品或服务的情况下，市场就失去了竞争，消费者的自由选择权也就受到了侵害。因此，价格卡特尔一直是各反垄断国家和地区规制的重点，如德国《反对限制竞争法》第 15 条规定，“企业间在本法有效范围内就市场上商品和劳务所订合同，如果对合同当事人(成员企业)与第三者关于商品和劳务所签订的合同，限制其价格构成或合同条件方面的自由，均无效”。美国《谢尔曼法》第 1 条就将固定价格行为视为严重的违法行为，甚至规定了刑事责任。

关于固定或者变更商品价格的横向垄断协议，我国《反价格垄断规定》[2] 曾规定了八种价格垄断协议类型。现行的《禁止垄断协议暂行规定》第 7 条关于“禁止具有竞争关系的经营者就商品或者服务(以下统称商品)价格达成下列垄断协议”条款中也列举了四类关于固定或者变更商品价格的情形：一是固定或者变更价格水平、价格变动幅度、利润水平或者折扣、手续费等其他费用；二是约定采用据以计算价格的标准公式；三是限制参与协议的经营者的自主定价权；四是通过其他方式固定或者变更价格。

(二)限制商品的生产数量或者销售数量

具有竞争关系的经营者为获取高额利润，通过协议、决定或者其他协同行为，共同控制市场上商品的生产数量或者销售数量，从而间接控制商品价格的垄断协议，通常也称为数量卡特尔。该行为既可能发生在生产环节，也可能发生在销售环节。对数量卡特尔的规制主要是依据供需理论而产生的，如果市场

〔1〕 刘继峰主编：《竞争法学》，北京大学出版社 2018 年版，第 101 页。
〔2〕 2019 年 8 月 26 日经中华人民共和国国家发展和改革委员会令第 28 号废止。

上某种商品数量供不应求,商品的价格通常会提高;相反,如果某种商品的数量供过于求,商品的价格通常会下跌。具有竞争关系的经营者通过控制商品的数量来间接控制商品的价格,使参与协议的经营者能够持久地获得高额利润。

关于限制商品的生产数量或者销售数量的横向垄断协议,我国《工商行政管理机关禁止垄断协议行为的规定》[1]第4条规定了两种限制商品生产数量或者销售数量的垄断协议,即"以限制产量、固定产量、停止生产等方式限制商品的生产数量或者限制商品特定品种、型号的生产数量;以拒绝供货、限制商品投放量等方式限制商品的销售数量或者限制商品特定品种、型号的销售数量"。根据《禁止垄断协议暂行规定》第8条,具有竞争关系经营者之间实施的限制商品的生产数量或者销售数量的横向垄断协议包括三种情形:一是以限制产量、固定产量、停止生产等方式限制商品的生产数量,或者限制特定品种、型号商品的生产数量;二是以限制商品投放量等方式限制商品的销售数量,或者限制特定品种、型号商品的销售数量;三是通过其他方式限制商品的生产数量或者销售数量。

(三)分割销售市场或者原材料采购市场

其又被称为市场卡特尔,与价格卡特尔、数量卡特尔一起作为核心卡特尔被反垄断国家和地区明确禁止。是指具有竞争关系的经营者之间通过协议、决定或者协同行为达成的划分各自销售或采购市场的横向垄断协议,以减少市场的竞争者来获取高额的垄断利润。分割销售市场或者原材料采购市场也是一种变相的价格卡特尔行为,以市场划分为基础确定市场总利润的分配,主要通过划分地域市场、产品市场、消费者市场等方式打破原有市场的竞争秩序,避免了原有市场经营者之间的竞争,为市场新进入者设置了门槛,阻碍了市场的发展进步。分割销售市场或者原材料采购市场协议也被认为严重排除、限制了市场竞争,在反垄断规制中通常也采用本身违法原则进行规制。

关于禁止具有竞争关系的经营者就分割销售市场或者原材料采购市场的

[1] 2019年9月1日,《禁止垄断协议暂行规定》开始施行,《工商行政管理机关禁止垄断协议行为的规定》同时废止。

横向垄断协议,我国《工商行政管理机关禁止垄断协议行为的规定》曾规定了三种情形:(1)划分商品销售地域、销售对象或者销售商品的种类、数量;(2)划分原料、半成品、零部件、相关设备等原材料的采购区域、种类、数量;(3)划分原料、半成品、零部件、相关设备等原材料的供应商。我国《禁止垄断协议暂行规定》第9条也规定了禁止具有竞争关系的经营者就分割销售市场或者原材料采购市场达成下列垄断协议:一是划分商品销售地域、市场份额、销售对象、销售收入、销售利润或者销售商品的种类、数量、时间;二是划分原料、半成品、零部件、相关设备等原材料的采购区域、种类、数量、时间或者供应商;三是通过其他方式分割销售市场或者原材料采购市场。需要说明的是,这里的原材料不仅包括物理意义上的生产某种产品的基本原料,如自然形态下的森林产品、矿产品、海洋产品与农产品等,还包括经营者生产经营所必需的技术和服务。

(四)限制购买新技术、新设备或者限制开发新技术、新产品

反垄断法基于发展社会生产力、提高经济效益、维护消费者利益、鼓励创新和社会公共利益的目的,必须禁止具有竞争关系的经营者之间实施限制购买新技术、新设备或者限制开发新技术、新产品的行为。其实质上是对某一商品或服务行业的技术更新发展、质量提升的阻碍,最终会限制社会整体生产技术水平的提高。一般而言,经营者在经济利益的驱使下通常会通过技术创新来降低生产成本,提高市场效率,以此来提高自己的市场竞争力。而为了获取高额利润,具有竞争关系的经营者也可能通过联合限制创新,延长现有技术的寿命来保障现有的市场地位。尽管限制购买新技术、新设备或者限制开发新技术、新产品的垄断协议可以在短期内降低生产成本,但从成员来看,会导致全行业生产力的下降,减缓产品的更新换代,最终损害社会的整体利益。

关于禁止具有竞争关系的经营者就限制购买新技术、新设备或者限制开发新技术、新产品的横向垄断协议,我国《工商行政管理机关禁止垄断协议行为的规定》曾规定了五种情形:(1)限制购买、使用新技术、新工艺;(2)限制购买、租赁、使用新设备;(3)限制投资、研发新技术、新工艺、新产品;(4)拒绝使用新技术、新工艺、新设备;(5)拒绝采用新的技术标准。我国《禁止垄断协议暂行

规定》第10条也规定了禁止具有竞争关系的经营者就限制购买新技术、新设备或者限制开发新技术、新产品达成下列垄断协议：一是限制购买、使用新技术、新工艺；二是限制购买、租赁、使用新设备、新产品；三是限制投资、研发新技术、新工艺、新产品；四是拒绝使用新技术、新工艺、新设备、新产品；五是通过其他方式限制购买新技术、新设备或者限制开发新技术、新产品。

（五）联合抵制交易

联合抵制交易是指具有竞争关系的经营者通过协议、决定或者其他协同行为，约定一致不与其他经营者进行交易或有业务往来的垄断行为。并非所有的联合抵制行为都应当受到反垄断法的禁止，有时候联合抵制行为也可能是为了提高经济效率或者促进行业健康发展，如中小企业联合起来抵制大企业对其施加的不合理要求等。因此，对市场竞争具有明显排除、限制影响并且没有促进竞争效益的联合抵制行为才需要严格禁止。联合抵制包括三方主体和两方主体的形式。在三方主体的情形下，经营者联合起来对竞争者的上下游主体施加不正当的影响，迫使上下游主体拒绝与竞争者交易，这种抵制属于间接抵制；在两方主体的情况下，经营者联合起来直接对抗利益相对方，这种抵制属于直接抵制。[1]

关于禁止具有竞争关系的经营者就联合抵制交易达成横向垄断协议，德国《反对限制竞争法》第18条规定了，企业间关于商品和劳务的合同，如果对合同当事人：(1)限制交货用商品，或其他商品或劳务的使用自由。(2)限定从第三者购买其他商品或劳务，或限定向第三者提供商品或劳务。(3)限定向第三者提供交货用商品。(4)有责任接受实质上或商业习惯上不属于商品或劳务的东西，并且：①因此使具有竞争关系的企业受到拘束，从而不公正地限制了自由竞争；②因此而不公正地限制了其他企业进入市场；③由于此种限制的规模，从根本上损害了市场上该种或他种商品或劳务的竞争。卡特尔当局可宣告价

〔1〕 刘继峰主编：《竞争法学》，北京大学出版社2018年版，第106页。

格拘束立即失效，或在规定的某一将来时刻后无效，并提出使用一种新的、同类的拘束。我国《禁止垄断协议暂行规定》第 11 条也规定了禁止具有竞争关系的经营者就联合抵制交易达成下列垄断协议：一是联合拒绝向特定经营者供应或者销售商品；二是联合拒绝采购或者销售特定经营者的商品；三是联合限定特定经营者不得与其具有竞争关系的经营者进行交易；四是通过其他方式联合抵制交易。

（六）国务院反垄断执法机构认定的其他垄断协议

我国《反垄断法》第 17 条虽将“国务院反垄断执法机构认定的其他垄断协议”作为横向垄断协议列举的兜底条款，但该条款太过抽象，实践中并不利于操作。为此，我国的《禁止垄断协议暂行规定》第 13 条对此进行了细化，认为市场监管总局在认定其他垄断协议时，应当考虑下列因素：一是经营者达成、实施协议的事实；二是市场竞争状况；三是经营者在相关市场中的市场份额及其对市场的控制力；四是协议对商品价格、数量、质量等方面的影响；五是协议对市场进入、技术进步等方面的影响；六是协议对消费者、其他经营者的影响；七是与认定垄断协议有关的其他因素。

（七）行业协会与垄断协议

不同国家对行业协会的称谓各不相同，如日本《禁止垄断法》称其为“事业者团体”，德国《反限制竞争法》称其为“产业团体”，美国判例法曾使用“行业协会”和“职业协会”的称谓。尽管我国的《反垄断法》并没有规定行业协会的概念，但一般认为，行业协会是由单一行业的竞争者组成的非营利性组织，其目的在于促进该行业中的产品销售和为雇佣方面提供多边性援助服务。[1] 由此可见，行业协会并不属于政府管理机构，而是政府与企业的桥梁和纽带。但囿于我国特殊的国情，部分行业协会是由行政主管机关演变而来，因而具有一定的行政管理职能。我国行业协会实行以双重管理为主要特征的管理体制，其成立

---

〔1〕 Joseph F. Bradley, *The Role of Trade Association and Professional Business Society in America*, 1965, p. 4. 转引自李昌麒主编：《经济法学》，法律出版社 2016 年版，第 115 页。

先是经业务主管部门审查同意,而后到民政部或县级以上地方各级民政部门登记注册,并且遵循"一业一会、一地一会"原则。这在客观上会导致同一区域内同类行业协会的数量极其有限,甚至只有一个,几乎所有的同业竞争者都是同一行业协会的成员,大大增加行业协会组织达成横向垄断协议的可能性。且行业协会具有稳定、统一的组织形式,相较于一般垄断协议,行业协会组织达成的垄断协议更稳固,更易得到执行,对竞争的损害也更大。从我国的司法判例来看,一些行业协会并未成为加强行业自律的"帮手",反而组织经营者达成垄断协议,成为实施垄断行为的"推手"。根据市场监管总局发布的《中国反垄断执法年度报告》发现,2019 年,重点围绕垄断协议立案 28 件,涉及 2 个行业协会和 56 家企业;2020 年,查处涉行业协会垄断协议案 7 件,涉案企业 92 家,罚款 7764 万元;2021 年,查处丰城市预拌混凝土协会及其会员企业达成并实施垄断协议案,对行业协会处以顶格罚款 50 万元(依据 2008 年版的《反垄断法》)。2022 年,办结垄断协议案 16 件,罚没金额合计 5.69 亿元,涉及 4 个行业协会、106 家企业。

实际上,根据我国《民法典》的规定,行业协会属于社团法人,是非营利性机构。我国的《社会团体登记管理条例》第 2 条对社会团体作出了详细界定,社会团体是指中国公民自愿组成,为实现会员共同意愿,按照其章程开展活动的非营利性社会组织。国家机关以外的组织可以作为单位会员加入社会团体。而根据《禁止垄断协议暂行规定》第 14 条之规定,行业协会是指由同行业经济组织和个人组成,行使行业服务和自律管理职能的各种协会、学会、商会、联合会、促进会等社会团体法人。我国《反垄断法》明确规定了行业协会不得组织本行业的经营者从事垄断协议的行为,《禁止垄断协议暂行规定》第 14 条对此进行了细化,应禁止行业协会从事下列行为:一是制定、发布含有排除、限制竞争内容的行业协会章程、规则、决定、通知、标准等;二是召集、组织或者推动本行业的经营者达成含有排除、限制竞争内容的协议、决议、纪要、备忘录等;三是其他组织本行业经营者达成或者实施垄断协议的行为。

第三节　纵向垄断协议

一、纵向垄断协议概述

纵向垄断协议是指处于同一行业中不同经济环节的经营者在交易过程中达成的具有限制、排除市场竞争效果的垄断协议,也称为纵向限制竞争协议、垂直限制协议。纵向垄断协议具有以下特征:(1)参与主体通常处于不同的市场层次,即通常表现为上下游的市场关系,具有的不是竞争关系,而是交易关系:(2)纵向垄断协议的表现形式多样,既可以是书面协议,也可以是口头或者默契行为的方式,即对单方行为的默许也可以构成纵向协议;(3)纵向垄断协议通常是关于产品购买、销售、转售的协议,通常是交易双方之间的协议,而不是横向上的协议。各反垄断国家和地区都对纵向垄断协议进行了规制,如美国的《克莱顿法》第3条规定,商人在其商业过程中,无论商品是否授予专利,商品是为了在美国内准州内、哥伦比亚区及美国司法管辖权下的属地及其他地域内使用、消费或零售、出租、销售或签订销售合同,是以承租人、买者不使用其竞争者的商品作为条件,予以固定价格,给予回扣、折扣,如果该行为实质上减少竞争或旨在形成商业垄断,是非法的。欧盟也相继出台了《纵向协议集体豁免条例》《欧委会纵向限制指南》等对纵向垄断协议进行规制。我国《反垄断法》第18条规定,禁止经营者与交易相对人达成下列垄断协议:一是固定向第三人转售商品的价格;二是限定向第三人转售商品的最低价格;三是国务院反垄断执法机构认定的其他垄断协议。对于第1项和第2项规定的协议,经营者能够证明其不具有排除、限制竞争效果的,不予禁止。经营者能够证明其在相关市场的市场份额低于国务院反垄断执法机构规定的标准,并符合国务院反垄断执法机构规定的其他条件的(通常是指符合《反垄断法》第20条规定的豁免情形),不予禁止。《平台经济领域的反垄断指南》中详细规定了平台经济领域达成实施纵向垄断协议的情形，主要包括通过利用技术手段对价格进行自动化设定；利用平台规则对价格进行统一；利用数据和算法对价格进行直接或者间接限定；利用技术手段、平台规则、数据和算法等方式限定其他交易条件，排除、限制市场竞争以达成固定转售价格、限定最低转售价格等纵向垄断协议。平台经营者要求平台内经营者在商品价格、数量等方面向其提供等于或者优于其他竞争性平台的交易条件的行为可能构成垄断协议，也可能构成滥用市场支配地位行为。国务院反垄断执法机构在认定平台经济领域的其他纵向垄断协议时，可以综合考虑平台经营者的市场力量、相关市场竞争状况、对其他经营者进入相关市场的阻碍程度、对消费者利益和创新的影响等因素。

对于纵向垄断协议的影响，学界通常有两种不同的观点：第一种以美国芝加哥学派为代表，认为纵向垄断协议不是同业竞争者之间的协定，其目的不是共同限制生产数量或者抬高商品价格，而是提高产出，获取共同利益，这种协议普遍能够起到增加社会财富的作用；第二种是以微观分析学派为代表，他们要求对这种限制竞争行为中协议当事人所处市场的结构、各自在相关市场上的地位，以及限制竞争的动机等进行具体分析，在整体上，微观经济分析学派的观点在各国反垄断法中占据主导地位。[1] 即与横向垄断协议相比，纵向垄断协议的危害性较小，其积极效果明显，且不同类型的纵向协议、同类型的纵向协议在不同的市场条件下的竞争效果都不同。因此，针对纵向垄断协议，应具体问题具体分析，辩证地去看待它对市场竞争的影响。具体而言，纵向垄断协议的积极效果通常表现为：(1)解决“搭便车”问题。每一个企业联营都是“排他性的”，主要防止“搭便车”，因为“搭便车”问题会使该企业联营无法对其所作投资和所投资和承担的风险进行利用。[2] (2)提高消费者福利。基于“搭便车”理论，保守经济学形成的一种观点是，纵向价格限制通常情形下会提高流通效

---

〔1〕 孙晋、李胜利主编：《竞争法原论》，法律出版社 2020 年版，第 67 页。

〔2〕 [美]赫伯特·霍温坎普：《联邦反托拉斯政策：竞争法律及其实践》，许光耀、江山、王晨等译，法律出版社 2009 年版，第 218-219 页。

率,增进品牌间竞争,从而增加消费者福利。[1] (3)在一定程度上有利于促进市场竞争。纵向垄断协议对市场竞争的影响包括行业内的影响和行业间的影响,纵向限制竞争行为促进了不同品牌产品间的竞争。纵向垄断协议使经营者并非一味专注于同一品牌间的价格竞争,而经常通过服务竞争提高服务的水平,提高自身的品牌效应。另外,对内限制往往也只是被限制在某一个方面,如限制最低转售价格只是让其他经营者在定价上失去了自主权,因价格的非自主性往往会使同一产品的销售商之间竞争转化为服务上的竞争:每个销售商会在售前、售中、售后服务上投资,努力改善销售场所的环境,从事商品展示、功能解说、使用方法说明、广告宣传、促销活动、售后服务等,以从其竞争对手处将顾客吸引过来。[2] 纵向垄断协议的消极效果通常表现为:(1)排除、限制同一品牌内的竞争。纵向垄断协议有助于推动各经销商之间达成横向垄断协议,损害了经营者的自由选择权,排除、限制了同一品牌内的竞争。(2)损害消费者的合法权益。纵向垄断协议还可能导致上游生产商之间的协同,从而将高价格通过生产商和销售商之间隐晦的协议最终强加到消费者身上。且如果生产商实施纵向限制最低转售价,同一品牌的经销商之间就停止价格竞争,这实质上在经销商之间形成一种价格垄断协议,显然不利于消费者。(3)排斥竞争者。纵向垄断协议可以通过固定或限制转售商品的价格来提高竞争对手的准入障碍或形成扩张障碍,且不遵守价格垄断协议的经销商也会遭到生产商和其他经销商的报复,从而阻碍了市场竞争。因此,对于纵向垄断协议不应该一律被禁止,而应权衡该行为潜在的排除、限制竞争效果,进而判断该行为的违法性,再决定是否对其进行规制。

二、纵向垄断协议的分类

(一)纵向价格垄断协议

纵向价格垄断协议也称限制转售价格协议,是指上下游经营者以价格要素

---

〔1〕 [美]罗伯特·皮托夫斯基:《超越芝加哥学派》,林平、臧旭恒等译校,经济科学出版社 2013 年版,第 179-181 页。

〔2〕 刘继峰主编:《竞争法学》,北京大学出版社 2018 年版,第 128 页。

为核心签订的纵向垄断协议,通常包括四种类型:固定转售价格、限定最低转售价格、限定最高转售价格和建议价格。在实践中,最常见的是生产商对于经营者转售商品的价格施加限制,但也存在经营者发起的纵向价格限制。我国《反垄断法》只列举了纵向价格垄断协议的主要形式,对于纵向非价格垄断协议通常是通过兜底条款进行规制。需要指出的是,这里的“价格”不局限于明示的价格本身,还包括价格的其他表现形式,如价格水平、价格变动幅度、利润等。《禁止垄断协议暂行规定》第 12 条对《反垄断法》第 18 条规定的纵向价格垄断协议进行了细化,主要包括:一是固定向第三人转售商品的价格水平、价格变动幅度、利润水平或者折扣、手续费等其他费用;二是限定向第三人转售商品的最低价格,或者通过限定价格变动幅度、利润水平或者折扣、手续费等其他费用限定向第三人转售商品的最低价格;三是通过其他方式固定转售商品价格或者限定转售商品最低价格。

通常而言,纵向价格垄断协议的成立通常涉及两对交易关系,即生产者与销售者、销售者与第三人之间的交易关系,后一个交易关系中的价格受第一个交易关系影响,阻碍了销售者的自由定价权。需要注意的是,如果只涉及一对交易关系,如生产者与销售者之间的代理关系或寄售关系,因为其代理人不具有独立性,因而不构成纵向价格垄断协议。但并不是所有的代理协议都是合法的。如在欧盟法中就明确规定,下列情况的代理协议可能违法:(1)代理协议可能包含禁止本人就特定类型的交易、客户或地域委托其他代理人的条款(排他代理条款),和/或禁止代理人担任与本人有竞争关系的经营者的代理人或分销商的条款(单一品牌条款);(2)多个本人使用同一代理人,并共同阻止他人使用该代理人,或通过该代理人共谋营销策略或在本人之间交换敏感市场信息;(3)名为代理实为独立经销。纵向价格垄断协议因违背“限制处分权理论”和“契约自由原则”而多被认为属本身违法的行为;然而,纵向价格垄断协议有利于企业进入市场,减少“搭便车”,稳定价格,改善售后服务,扩大销售和生产,一定程度上也对市场竞争起着积极的推动作用。[1] 即与横向价格垄断协

〔1〕 彭真军、高文艺:《论我国反垄断法对纵向限制竞争行为的规制》,载《经济论坛》2006 年第 8 期。

议相比，纵向价格垄断协议对企业竞争的影响往往更为间接和复杂。因而，对于纵向价格垄断协议的规制也应区分不同的情况进行，如对最高价格协议的规制，欧盟2000年发布的《纵向协议集体豁免条例适用指南》第4(a)条就明确指出，禁止纵向价格约束的规定不适用于卖方对买方作最高销售限价的行为，从而明确了纵向最高价格约束不属于本身违法的行为，应当适用合理原则在个案中分析判断其对竞争的影响。〔1〕

(二)纵向非价格垄断协议

纵向非价格垄断协议是指所有不涉及价格成分的其他纵向协议，其在社会经济生活中的影响较为复杂，难以通过列举全面描述，因而我国《反垄断法》采取了兜底式的立法涵盖纵向非价格垄断协议的形式，即国务院反垄断执法机构认定的其他垄断协议。《禁止垄断协议暂行规定》进一步明确了适用《反垄断法》认定其他垄断协议，即纵向非价格垄断协议时需要考虑的因素，同时规定认定纵向非价格垄断协议的机构为市场监管总局。市场监管总局在认定纵向非价格垄断协议时需要考虑经营者达成、实施协议的事实，该市场的竞争情况，经营者在相关市场中的市场份额及其对市场的控制力，以及该协议对商品价格、商品数量、商品质量、市场进入、技术进步、消费者、其他经营者的影响等各种因素，综合比较该协议对市场竞争的影响。

通常而言，纵向非价格垄断协议一般表现为对交易区域或消费者的限制，如独家销售协议、独家购买协议、特许经营协议、搭售协议、选择性交易协议等。需要说明的是，纵向非价格垄断协议所表现出来的行为和占有市场支配地位的企业滥用市场支配地位的行为表现相似，如独家交易、搭售等行为和滥用市场支配地位产生“竞合”。我国基本上没有单独规制纵向非价格垄断协议的执法案例。因而，关于纵向非价格垄断协议的规制一直是学界争论的重点，有学者认为应以拉伦茨经验性形象类型、逻辑的理念类型及规范的理念类型的划分，纵向非价格垄断协议的“表现形象”得之于经验，经归纳生成各种细分的经验

〔1〕张骏:《转售价格维持反垄断法实施的理想路径选择》，载《法学评论》2020年第4期。

性类型（排他性分销、选择性分销、特许经营、排他性购买和搭售等）；接着，应遵循“品牌内—品牌间竞争”的逻辑筛选经验类型，区分其纵向垄断协议、横向垄断协议与支配地位滥用的关系；进而置于反垄断法规范体系下考察，才能够确立纵向非价格垄断协议规范性类型的规制方法。[1]

借鉴域外的经验，关于纵向非价格垄断协议的适用原则，美国通过大量的司法判例最终确定了应当采取合理原则进行分析，以市场力量为基础判断纵向非价格垄断协议是否具有正当理由，如 *Sylvania* 案[2]。Sylvania 是一家处于挣扎中的电视机生产商，占全国电视机生产市场的 1%～2%。1962 年它开始挑选零售商来进行地域排他性销售，从而改变其市场绩效，这一策略一直实施到 1965 年，其市场份额上升到 5%。本案的原告 Continental T. V. 是旧金山的一家零售商，它他对 Sylvania 公司在该市又许可设立了一家新的销售商而表示不满，于是它开始更多地销售其他品牌的电视机，并在旧金山自行开设了一家未经授权的销售商店。Sylvania 公司开始减少其销售数量，最后终止其销售资格。联邦最高法院在审理过程中认定应当适用合理规则，除非存在“明显经济效果”才能排除其适用。此后，虽然联邦最高法院再未审理过纵向非价格类案件，但在下级法院审理的非价格类转售限制案件中合理规则开始占据主流，大多数被认定为合法。根据欧盟《纵向协议成批豁免条例》和《纵向限制指南》的相关规定，纵向垄断协议分为核心限制和非核心限制，核心限制包括价格限制、地域限制、对象限制、交叉供应、搭售，核心限制不适用集体豁免。而按照《纵向限制指南》的规定，非价格类限制包括单一品牌或排他性购买、排他性分销/排他性客户划分、排他性供应、选择性分销、特许经营、搭售、进场费、品类管理协议等，即便构成核心限制亦不意味着本身违法，仍应进入个案豁免流程分别分析不同类型行为的竞争影响。因此，欧盟对纵向非价格垄断协议采取的态度是原则上禁止，在当事人提出相关抗辩理由且成立时，予以个案的豁免。

---

〔1〕 江山：《论纵向非价格限制的反垄断规制》，载《法律科学（西北政法大学学报）》2020 年第 1 期。

〔2〕 *Continental T. V. Inc. v. GTE Sylvania, Inc.* ,433 U. S. 36(1977).

第四节　轴辐协议

一、轴辐协议概述

轴辐协议(hub-and-spoke conspiracy)是一种特殊形式的垄断协议,它将当事人的行为比喻为一个自行车轮,其包含一个轴心(hub)和多个辐条(spokes),轴心与辐条并不处在市场的同一层次,往往是上下游关系,辐条之间则互为竞争对手,但辐条之间没有直接的意思联络,它们间的横向联系以每个辐条与轴心之间的纵向关系为纽带。[1]

轴辐协议的概念源于美国,其并不是反垄断法的专有名词,最早见于1939年的 *Interstate Circuit* 案,该案虽未直接使用轴辐协议的提法,但判决中指出"每个发行商都知道,其他发行商也参与了同样的计划……非法的共谋可能并经常是在共谋者没有达成协议的情况下形成。在没有事先达成协议的情况下,竞争对手共同接受了参与一项计划的邀请,如果其必然后果是限制州际贸易,这足以构成《谢尔曼法》第1条规定的非法共谋",初步表述了轴辐协议的含义。其后在1946年的 *Kotteakos* 案中,法院在判决中指出,"这种模式是多个独立的辐条(spokes)围绕一个中心(a common center)……"[2]正式提出了轴辐协议的概念。之后在"玩具反斗城案"(简称TRU案)中将这种行为类型固定化,在该案中,美国联邦贸易委员会认为"TRU组织了一个玩具制造商间的横向协议",在这个所谓的轴辐协议中,联邦贸易委员会扮演着核心角色,在玩具制造商间来回穿梭,帮助他们达成共识。[3] 2012年,"苹果电子书案"[4]再一

---

〔1〕 焦海涛:《反垄断法上轴辐协议的法律性质》,载《中国社会科学院研究生院学报》2020年第1期。

〔2〕 *Kotteakos v. United States*, 328 U. S. 750(1946), p. 755.

〔3〕 *Matter of Toys R Us, Inc.*, 126 F. T. C. 415(1998), p. 574.

〔4〕 2012年美国司法部指控苹果公司和5家出版商合谋非法高电子书价格,违反了《谢尔曼法》的规定。苹果公司对有关电子书的销售采取的是"代理模式"加"最惠国待遇条款"(Most Favored Nation Clause)的方案。即电子书的零售价由出版商设定,苹果公司收取零售价的30%,出版商获取70%。"最惠国待遇条款"是保证出版商和苹果公司上述的价格能够得以执行的手段。

次将这类行为的复杂性展现出来。在我国的反垄断执法中,类似轴辐协议的案件有两个,一个是“湖南娄底保险行业价格垄断案”,另一个是“湖北联兴民爆器材股份公司限定数量垄断案”。两个案件都涉及上下游市场主体,都有一个“轴心”,两个案件的难点在于,依行为的性质均涉嫌违反《反垄断法》横向垄断协议的规定,但从主体的关系上看,涉案主体均不属于法律规定的“具有竞争关系的经营者”,因而很难认定其为违法者,即轴心主体责任依据缺失。幸而,在2022年《反垄断法》修订之际,新增了第19条“经营者不得组织其他经营者达成垄断协议或者为其他经营者达成垄断协议提供实质性帮助”作为规制轴辐协议的法律依据,因而也可称其为组织帮助型垄断协议。《平台经济领域的反垄断指南》第8条将轴辐协议界定为具有竞争关系的平台内经营者可能借助与平台经营者之间的纵向关系,或者由平台经营者组织、协调,达成具有横向垄断协议效果的轴辐协议。

轴辐协议具有以下特征:(1)通常有一个明确的“轴心”,一般是经营者,但并不限于经营者,还包括普通的代理人、消费者、政府机关或其工作人员等,甚至算法也可以构成“轴心”。在轴辐协议中,“轴心”通常只是帮助传递信息的第三者,因而并不要求“轴心”与其他经营者具有竞争关系或者交易关系,只要能为其他经营者达成垄断协议提供实质性帮助就能构成“轴心”。(2)轴辐协议中既有横向关系,也有纵向关系。横向关系是指辐条之间的关系,通常是竞争关系;而纵向关系是指轴心与辐条之间的关系,通常是交易关系。之所以会存在这样的混合协议,是因为具有竞争关系的经营者无法或者难以直接达成并难以有效维持横向垄断协议,转而借助上下游企业或其他第三方协助完成,至少涉及三方意思表示一致。(3)轴辐协议中的意思表示既有明示的共谋,也有默示共谋,但主要是默示共谋,尤其是随着数字经济的发展,算法的出现使轴辐协议的意思表示更加隐蔽。(4)因轴辐协议既涉及横向上的协议,也涉及纵向上的协议,因而其影响市场竞争的效果也具有双面性,但多以消极影响为主,限制、排除竞争的范围既可能包括品牌内的竞争,也可能包括品牌间的竞争,需要具体问题具体分析。

二、轴辐协议的认定

实际上，轴辐协议是一种混合协议，即既有横向垄断协议，又有纵向垄断协议，涉及的主体关系既包括竞争关系，也包括交易关系。因而，即便是在形式上表现相同的轴辐协议，在不同的案件中也可能具有不同的性质，这样的不同表现在辐条与辐条、轴心与辐条之间各自促成协议的动机和维持协议的能力存在差异，因而并不能像其他垄断协议一样进行类型化的处理，而需要结合具体的案件情况进行规制。

尽管关于轴辐协议的性质，学界还有所争议，如有学者认为它是横向垄断协议和纵向垄断协议中间的一种特殊形态，也是当事人规避法律而产生的一种更加隐蔽的垄断协议形式；[1]也有学者认为轴辐协议呈现为若干相互平行的纵向协议与一个横向协议的组合结构，其中纵向协议是明协议，横向协议是暗协议，因而应是游离于横向协议和纵向协议之外的第三类垄断协议；[2]也有学者认为轴辐协议虽然同时涉及横向协议与纵向协议，但从竞争效果出发应当将其视为横向协议。但与当然违法的横向垄断协议相比，轴辐协议的构成应当包含两个额外要件：一为横向竞争者之间的合谋，二为纵向经营者积极促进横向合谋的形成。[3] 但从实践来看，各国（地区）的反垄断司法实践中普遍将轴辐协议视为一种特殊的横向垄断协议进行规制。如欧盟委员会《关于纵向限制的指南》明确指出，代理协议中的限制行为不适用《欧盟运行条约》第 101 条第 1 款有关纵向垄断协议的规定。美国的司法判例中也普遍将轴辐协议视为特殊的横向垄断协议进行规制，但其认定并未选择本身违法原则进行处理，而是适用合理原则进行分析。我国在处理轴辐协议时也多将其认定为特殊的横向垄断协议，且在《国务院反垄断委员会横向垄断协议案件宽大制度适用指南》第 10 条中就规定了，经营者组织、胁迫其他经营者参与达成、实施垄断协议或

---

〔1〕 丁茂中：《论规范垄断协议行为的立法完善》，载《政治与法律》2020 年第 3 期。

〔2〕 张晨颖：《垄断协议二分法检讨与禁止规则再造——从轴辐协议谈起》，载《法商研究》2018 年第 2 期。

〔3〕 侯利阳：《轴辐协议的违法性辨析》，载《中外法学》2019 年第 6 期。

者妨碍其他经营者停止该违法行为的，执法机构不对其免除处罚，但可以相应给予减轻处罚，该条文也将轴辐协议视为横向垄断协议进行处理。《平台经济领域的反垄断指南》规定在认定垄断协议时，可以考虑具有竞争关系的平台内经营者之间是否利用技术手段、平台规则、数据和算法等方式，达成、实施垄断协议，排除、限制相关市场竞争。在"湖南娄底保险业垄断协议案"中，娄底市保险行业协会牵头，组织湖南省 11 家财险公司与湖南瑞特保险经纪有限公司（以下简称瑞特公司）共同组建娄底市新车保险服务中心，由娄底市保险协会领导。新车保险服务中心是受到瑞特公司控制的"独家销售渠道"，与 11 家财险公司分别签订"合作协议"，规定所有新车保险业务必须集中在娄底新车保险服务中心办理，以此帮助各公司形成划分新车保险业务市场份额的意思联络。最终，娄底市保险行业协会和主要几家财险公司被湖南省物价局给予行政处罚，而瑞特公司的协调、帮助行为虽然被执法机关认定为排除、限制了竞争，却没有受到《反垄断法》制裁。在此案中，从形式上看，形成的独家买卖协议是纵向垄断协议，但实质上却是为达到横向协同行为的一种手段或工具。娄底市保险行业协会牵头签订的《自律公约》虽没有明确要求固定或者变更商品价格，但不允许竞争者给予客户任何费率折扣或优惠，属于变相限制了竞争者通过低价提升自己竞争力的行为，在特定条件下会起到价格固定或价格限制的作用，可能构成《反垄断法》规定的"固定或变更商品价格"。且行业协会由于其自身性质，很容易捕捉到市场信息，当这样的信息可以在同一经济环节的竞争者间流通时，即便没有正式的横向协议，事实上也很容易形成横向协同，可以利用解释学将其解释为我国《反垄断法》规定的"其他协同行为"。当然，也有少数反垄断国家将轴辐协议视为更广泛的纵向协议中转售价格维持协议的一部分，这种观点在波兰反垄断执法机构的实践中得到了支持。[1] 因而，在具体的执法过程中，执法机关可以参考相关的纵向垄断协议和横向垄断协议的具体处罚数额，决定类似市场竞争中轴辐协议的处罚数额。

---

〔1〕 Antoni Bolecki, *Polish Antitrust Experience with Hub-and-spoke Conspiracies*, 4 Yearbook for Antitrust and Regulatory Studies, V5(2011).

第五节 垄断协议豁免

一、垄断协议豁免制度概述

垄断协议豁免是指排除适用反垄断法有关垄断协议的规定，通常要求经营者举证证明豁免理由具有正当性且符合法律规定。即垄断协议豁免是指本应受到反垄断法规制的垄断协议，由于其维护社会公益等方面的积极效果大于其产生的消极影响，从而对其免于法律追究的一种制度，其实质是一种利益衡量，即当垄断协议“利大于弊”时可排除适用反垄断法。欧盟及其成员国、英国、美国、韩国等主要反垄断国家都规定了垄断协议的豁免制度，但具体的衡量因素囿于各国(地区)基本情况的差异，在各国(地区)的反垄断规定中体现出不同的衡量标准。如《罗马条约》第 85 条第 3 款规定了垄断协议的豁免，如果联合限制竞争行为有利于改善产品的生产或销售，或有利于促进技术和经济进步，同时使消费者能公平分享由此产生的利益，并且不对所涉及企业施加对于达成协议目标来说并非必不可少的限制，不使相关企业凭此获得能力消除竞争，则不认为该行为违法。

我国《反垄断法》第 20 条也规定了垄断协议的豁免制度，经营者能够证明所达成的协议属于下列情形之一的，不适用《反垄断法》第 17 条、第 18 条第 1 款、第 19 条的规定：(1)为改进技术、研究开发新产品的；(2)为提高产品质量、降低成本、增进效率，统一产品规格、标准或者实行专业化分工的；(3)为提高中小经营者经营效率，增强中小经营者竞争力的；(4)为实现节约能源、保护环境、救灾救助等社会公共利益的；(5)因经济不景气，为缓解销售量严重下降或者生产明显过剩的；(6)为保障对外贸易和对外经济合作中的正当利益的；(7)法律和国务院规定的其他情形。对于前五项情形，经营者还应当证明所达成的协议不会严重限制相关市场的竞争，并且能够使消费者分享由此产生的利益。《禁止垄断协议暂行规定》进一步细化了《反垄断法》有关垄断协议豁免规定的内容,明确了豁免的申请条件、反垄断执法机构的考虑因素、豁免的执行力等,使豁免制度具有了可操作性。如规定经营者能够证明被调查的垄断协议属于反垄断法规定的豁免情形,适用《反垄断法》垄断协议豁免的规定,不适用《禁止垄断协议暂行规定》;反垄断执法机构认定被调查的垄断协议属于反垄断法规定的豁免情形时,应当终止调查并制作终止调查决定书,说明协议的基本情况、适用豁免制度的依据和理由等。其中,又进一步明确了反垄断执法机构适用豁免制度的衡量因素:(1)协议实现该情形的具体形式和效果;(2)协议与实现该情形之间的因果关系;(3)协议是不是实现该情形的必要条件;(4)其他可以证明协议属于相关情形的因素。反垄断执法机构认定消费者能否分享协议产生的利益,应当考虑消费者是否因协议的达成、实施在商品价格、质量、种类等方面获得利益。

二、豁免制度与其他制度的比较

(一)适用除外制度

适用除外制度是指排除《反垄断法》的适用,我国《反垄断法》第 68 条规定,经营者依照有关知识产权的法律、行政法规规定行使知识产权的行为,不适用本法。第 69 条规定,农业生产者及农村经济组织在农产品生产、加工、销售、运输、储存等经营活动中实施的联合或者协同行为,不适用该法。关于豁免制度与适用除外制度的关系,学界大概有两种理解:一种是宽恕制度与适用除外制度是相同的,都是基于公共利益的考量,在一定程度上许可某些特定领域,排除适用反垄断法律制度,其实质都是对垄断行为的宽容、认可、容忍;[1]另一种认为宽恕制度与适用除外制度是两种不同的制度,反垄断适用除外是指法律规定某些特定的领域、行业或行为不适用反垄断法。反垄断豁免是指某些特定的领域、行业或行为本身应受到反垄断法的规制,但由于某些因素,反垄断法对其

[1] 黄进喜:《反垄断法适用除外制度的法理分析与制度完善》,载《东南学术》2011 年第 1 期。

不予追究。[1] 而从各国(地区)的反垄断实践来看,在美国的反垄断法中,并没有适用除外的法律概念,只有豁免的概念。《欧盟运行条约》第 81 条规定了豁免制度,其只适用于垄断协议,不适用于其他垄断行为,而适用除外制度却没有此限制。因而,从各国(地区)的反垄断立法来看,豁免制度与适用除外制度的概念还存在一定的争议。从司法实践来看,仍需将二者作区分。宽恕制度本意是指违反了反垄断法的规定,由于其他因素的考量,而不予追究和处罚,因而实践中也要启动反垄断法的调查程序,由经营者证明其豁免理由的合理性、合法性。而适用除外制度是指反垄断法基于社会公共利益的考量,对某些特定领域排除适用反垄断法,因而该领域的垄断行为不会受反垄断法的规制,实践中也就没有必要启动反垄断法的调查程序。

(二)宽大制度

宽大制度又称宽恕制度、宽免制度,是指经营者在反垄断执法机构掌握关键证据前主动"投案自首"并积极配合反垄断执法机构的工作而获得免予或减轻处罚的一种制度。该制度的理论基础源于逻辑学中的纳什均衡[2]和经济学中的囚徒困境[3],即参与垄断行为的每个主体都不是完全可信任的,基于自身利益最大化的考虑,鼓励参与者成为"告密者"而免予或减轻处罚。同豁免制度一样,宽大制度通常只适用于垄断协议案件,但其针对的对象和产生的效果存在明显的差异。宽大制度一方面能有效鼓励参与垄断行为的主体向反垄断执法机构报告其参与垄断行为的实施情况,从而减轻反垄断执法机构对垄断行为的调查难度,降低执法成本,提高反垄断执法机构发现并查处垄断协议行为的效率;另一方面还能造成垄断行为主体间的相互不信任,在一定程度上阻碍新垄断行为的产生。该制度首先由美国司法部在 1978 年提出,一经面世,便在

[1] 应品广:《反垄断法的豁免——中国的视角和选择》,载《中南大学学报(社会科学版)》2010 年第 5 期。

[2] 纳什均衡是指在博弈中,对于每个参与者来说,只要其他人不改变策略,他就无法改善自己的状况。

[3] 囚徒困境是指两个被捕囚徒之间的一种特殊博弈现象。该现象说明了为什么在对合作双方都有利时,保持合作仍然是困难的。

世界各反垄断立法国家和地区广泛流行。根据宽免范围的不同,宽大制度可以分为刑事宽大制度和行政宽大制度。美国、加拿大等国在适用宽大制度时主要是在刑事程序上给予免除犯罪追诉,属于刑事宽大制度;欧盟、德国、日本等国在适用宽大制度时主要是在行政处分上给予免除或减轻处罚,属于行政宽大制度。我国《反垄断法》第56条规定的宽大制度,经营者主动向反垄断执法机构报告达成垄断协议的有关情况并提供重要证据的,反垄断执法机构可以酌情减轻或者免除对该经营者的处罚,因而是行政宽大制度。为具体落实宽大制度,《国务院反垄断委员会横向垄断协议案件宽大制度适用指南》和《禁止垄断协议暂行规定》都对其适用条件作了细化。

《禁止垄断协议暂行规定》第33条对"重要证据"作了明确释义,重要证据是指能够对反垄断执法机构启动调查或者对认定垄断协议起到关键性作用的证据,包括参与垄断协议的经营者、涉及的商品范围、达成协议的内容和方式、协议的具体实施等情况。第34条对宽大制度适用的条件和宽免的程度作了规定,反垄断执法机构应当根据经营者主动报告的时间顺序,提供证据的重要程度以及达成、实施垄断协议的有关情况,决定是否减轻或者免除处罚。对于第一个申请者,反垄断执法机构可以免除处罚或者按照不低于80%的幅度减轻罚款;对于第二个申请者,可以按照30%~50%的幅度减轻罚款;对于第三个申请者,可以按照20%~30%的幅度减轻罚款。而在《国务院反垄断委员会横向垄断协议案件宽大制度适用指南》(以下简称《指南》)则详细规定了反垄断执法机构适用宽大制度时应遵循的基本原则、适用条件和执法义务等。《指南》明确了执法机构给予宽大的一般程序是:第一,调查认定垄断协议行为成立;第二,根据经营者违法情节的轻重,综合考虑除宽大申请以外所有情节确定对经营者的处罚金额;第三,根据经营者配合调查情形等分别作出是否给予宽大的决定;第四,根据符合宽大要求经营者的顺位及贡献程度确定具体的减免幅度。明确了经营者申请宽大的时间,可以在执法机构立案前或者依据《反垄断法》启动调查程序前,也可以在执法机构立案后或者依据《反垄断法》启动调查程序后、作出行政处罚事先告知前,向执法机构申请宽大。明确了申请宽大,提供的材料应详细说明达成和实施垄断协议的具体情况，包括：(1)垄断协议的参与者基本信息（包括但不限于名称、地址、联系方式及参与代表等）；(2)垄断协议的情况（包括但不限于联络的时间、地点、内容以及具体参与人员）；(3)垄断协议主要内容（包括但不限于涉及的商品或者服务、价格、数量等）及经营者达成和实施垄断协议的情况；(4)影响的地域范围和市场规模；(5)实施垄断协议的持续时间；(6)证据材料的说明；(7)是否向其他境外执法机构申请宽大；(8)其他有关文件、材料等信息。关于“重要证据”的衡量标准，则明确表示为：(1)执法机构尚未掌握案件线索或者证据的，足以使执法机构立案或者依据《反垄断法》启动调查程序的证据；(2)执法机构立案后或者依据《反垄断法》启动调查程序后，经营者提供的证据是执法机构尚未掌握的，并且能够认定构成《反垄断法》规定的横向垄断协议的。《指南》第 10 条规定了经营者申请宽大制度的配合义务，具体包括：停止涉嫌违法行为，不得隐匿、销毁、转移证据或者提供虚假材料、信息，不对外披露相关情况等。

第七章　滥用市场支配地位

第一节　市场支配地位概述

一、市场支配地位的概念

市场支配地位又被称为控制市场地位，是德国《反对限制竞争法》和《欧洲经济共同体条约》使用的概念，其他反垄断国家和地区并没有使用这一术语。在美国的反垄断法中将其称为市场力量，韩国的《规制垄断与公平交易法》则将其称为"支配市场的事业者"，日本的反垄断法则使用了"垄断状态"一词，匈牙利的反垄断法使用的则是"占有经济优势"一词等。虽称谓不同，但其指向的内容一致，如韩国《规制垄断与公平交易法》对"支配市场的事业者"的认定，是指作为一定交易领域的供给者或者需求者，拥有能够单独或者与其他事业者一起决定、维持或者变更商品或者劳务的价格、数量、品质及其他交易条件的市场地位的事业者；日本《禁止私人垄断及确保公正交易法》对"垄断状态"的说明：本法所说的"垄断状态"，是指在国内（出口除外）提供的同种商品（包括对与该同种商品有关的通常事业活动的设施不作重要变更而可能提供的商品）（在本款内下称"一定的商品"）以及其性能和效用显著类似的其他商品的价额（扣除相当于该商品的直接课税额后的数额）或在国内提供的同种劳务的价额（扣除相当于对该劳务的受供给者在劳务上课税额后的数额），按政令规定，在最近一年内超过500亿日元的场合，该一定的商品或劳务在与其相关的一定事业领域内，给市场构造和市场造成弊害者等。由此观之，市场支配地位是指经营者基于某方面的力量而在相关市场内享有的优势地位。

我国《反垄断法》将市场支配地位定义为,"经营者在相关市场内具有能够控制商品或者服务价格、数量或者其他交易条件,或者能够阻碍、影响其他经营者进入相关市场能力的市场地位"。即通过企业在市场中的地位和对竞争的影响两个角度界定了市场支配地位的概念。在实践中,经营者通常只要满足其中的一个条件就可认为其具有市场支配地位。《禁止滥用市场支配地位行为暂行规定》第5条又对"其他交易条件"和"能够阻碍、影响其他经营者进入相关市场"进行了细化说明。其他交易条件是指除商品价格、数量外能够对市场交易产生实质影响的其他因素,包括商品品种、商品品质、付款条件、交付方式、售后服务、交易选择、技术约束等。能够阻碍、影响其他经营者进入相关市场,包括排除其他经营者进入相关市场,或者延缓其他经营者在合理时间内进入相关市场,或者导致其他经营者虽能够进入该相关市场但进入成本大幅提高,无法与现有经营者开展有效竞争等情形。

需要注意的是,市场支配地位并不等同于相对优势地位。我国曾在第一次修订《反不正当竞争法》时,在《反不正当竞争法(修订草案征求意见稿)》的第6条增加了关于相对优势地位的规定[1],但最终法案却删除了相关规定,由此说明实践中对于相对优势地位和市场支配地位概念还存在一定的争议。相对优势地位与市场支配地位最大的不同之处在于"相对"二字,相对优势地位的企业并不像市场支配者一样在市场中占据绝对的优势,而是基于某方面的优势能在一定程度上影响竞争者或交易相对人,其影响程度相对较低。且其对市场竞争的影响也相对较小,并不一定具有阻碍、限制其他竞争者进入市场的能力。即相对优势地位与市场支配地位是"量"的不同导致"质"的区分,二者不仅在力量对比、考察因素、适用方法、界定标准等方面存在显著差异,而且就现实影

〔1〕《反不正当竞争法(修订草案征求意见稿)》第6条规定:"经营者不得利用相对优势地位,实施下列不公平交易行为:(一)没有正当理由,限定交易相对方的交易对象;(二)没有正当理由,限定交易相对方购买其指定的商品;(三)没有正当理由,限定交易相对方与其他经营者的交易条件;(四)滥收费用或者不合理地要求交易相对方提供其他经济利益;(五)附加其他不合理的交易条件。"

响而言,相对优势地位更容易产生微观化的市场效应。对其规制通常并不需要进行相关市场的界定,而可以直接通过交易相对方的损失来进行补救。

二、市场支配地位的界定

对于市场支配地位的界定通常需要结合该涉案企业的竞争范围,将其限制在一定的合理范围内进行,即相关市场的界定仍是界定市场支配地位的重要一步。前文已对相关市场的界定进行了详细说明,此处不再重复论述。关于具体的界定标准,西方国家曾讨论过不同的标准,如市场绩效标准、市场行为标准和市场结构标准等。市场绩效标准是指根据企业的市场获利程度来判断其是否具有市场支配地位。一般情况下,若一个企业的利润大幅超过该相关市场的其他竞争者,则认为该企业具有市场支配地位。但在实践中难以界定企业的利润来源,尤其是在双边市场中,企业的成本和利润难以计算,加大了该标准的适用难度,且其可能多涉及商业秘密,较难获得。市场行为标准是指依据企业的市场行为对相关市场竞争的影响来判断企业是否具有市场支配地位,如果一个企业作出的市场行为能影响该市场的竞争(需达到一定的程度),通常就认为其具有市场支配地位。市场结构标准是判断企业市场支配地位最直接的标准,通常依据涉案企业在相关市场的市场份额进行判定,如果一个企业能在较长时间内保持较大的市场占有率,那么通常认为该企业具有市场支配地位。OECD 认为:所谓市场份额,是"根据企业总产量、销售量或者能力的比例,对企业在一个行业或者市场中的相对规模的测定方式"。[1] 市场份额通常也需要相关数据的支撑,如何有效促进相关信息的披露,成为市场结构标准适用的前提。此外,在一些特殊行业,如数据平台、技术行业等,即便市场份额很小的企业,如果其掌握了该行业的关键技术,也可以构成市场支配地位。正如贝伦斯教授指出的:"一个市场份额达到了 50% 的企业,仅当根据其他因素可以明确地作结论说,市场上仍然存在着强度足够大的残余竞争,方可不被视为占有市场支配地位的企业;在另一方面,一个市场份额占 25% 的企业,仅当其他因素明确地说

[1] OECD, Glossary of Industrial Organization Economics and Competition Law, p. 57.

明,该企业的竞争者及其交易对手仅占有一个相对弱的市场地位的时候,方可被视为占市场支配地位。”〔1〕因此,在世界各反垄断立法国家和地区中,将市场份额作为判断市场支配地位的主要标准,但并不是唯一标准,仍要考虑其他竞争因素的影响,如潜在竞争者进入市场的障碍、市场的竞争状况、企业自身的实力、交易对手转向其他企业的可能性以及市场行为等。

世界各反垄断立法国家和地区都对市场支配地位的界定作了规定,如德国《反限制竞争法》第19条第2款规定了认定市场支配地位的条件,如果一个企业作为某类商品或者工商业服务的供应者或需求者,在相关产品市场和相关地域市场上符合了以下条件,即具有:(1)没有其他竞争者或者没有面临实质上的竞争。(2)相较于其他竞争者具有突出的市场地位;在此,特别要考虑该企业的市场份额、财力、进入采购或者销售市场的渠道,与其他企业的联合,其他企业进入市场所面临的法律上或事实上的障碍,本法适用范围内和适用范围外的企业与该企业之间存在的现实的或潜在的竞争,该企业将其供应或者需求转向其他商品或者服务的能力,以及市场相对方转向其他企业获得商品或服务的可能性。两个或者多个企业作为某类商品或者工商业服务的供应者或需求者,相互之间不存在实质上的竞争,并且它们作为整体满足(1)中规定的条件,则该两个或多个企业具有市场支配地位。本法所规定的相关地域市场的范围,可以广于本法的适用范围。第3款规定了推定市场支配地位的条件,一个企业至少占有1/3的市场份额,推定它具有市场支配地位。由多个企业组成的整体具备以下条件时,推定其具有市场支配地位:(1)三个或三个以下企业组成的整体,共同占有50%的市场份额;或者(2)五个或五个以下企业组成的整体,共同占有2/3的市场份额。但企业能够证明,它们之间存在实质性竞争,或者企业组成的整体相对于其他竞争者并不具有突出的市场地位的,不在此限。我国《反垄断法》借鉴了德国《反限制竞争法》的相关规定,第23条规定,认定经营者具有市场支配地位,应当依据下列因素:(1)该经营者在相关市场的市场份

〔1〕［德］P. 贝伦斯:《对于占市场支配地位企业的滥用监督》,载王晓晔主编:《反垄断与市场经济》,法律出版社1998年版,第205页。

额,以及相关市场的竞争状况;(2)该经营者控制销售市场或者原材料采购市场的能力;(3)该经营者的财力和技术条件;(4)其他经营者对该经营者在交易上的依赖程度;(5)其他经营者进入相关市场的难易程度;(6)与认定该经营者市场支配地位有关的其他因素。第24条规定了推定经营者具有市场支配地位时应考虑的因素:(1)一个经营者在相关市场的市场份额达到1/2的;(2)两个经营者在相关市场的市场份额合计达到2/3的;(3)三个经营者在相关市场的市场份额合计达到3/4的。有前款第2项、第3项规定的情形,其中有的经营者市场份额不足1/10的,不应当推定该经营者具有市场支配地位。被推定具有市场支配地位的经营者,有证据证明不具有市场支配地位的,不应当认定其具有市场支配地位。《禁止滥用市场支配地位行为暂行规定》(以下简称《滥用市场支配地位指南》)又对市场支配地位的界定作了进一步细化,以使《反垄断法》概括性的规定得以实施。《滥用市场支配地位指南》明确了在确定经营者在相关市场的市场份额时,可以考虑一定时期内经营者的特定商品销售金额、销售数量或者其他指标在相关市场所占的比重。分析相关市场竞争状况,可以考虑相关市场的发展状况、现有竞争者的数量和市场份额、商品差异程度、创新和技术变化、销售和采购模式、潜在竞争者情况等因素。在确定经营者控制销售市场或者原材料采购市场的能力时,可以考虑该经营者控制产业链上下游市场的能力,控制销售渠道或者采购渠道的能力,影响或者决定价格、数量、合同期限或者其他交易条件的能力,以及优先获得企业生产经营所必需的原料、半成品、零部件、相关设备以及需要投入的其他资源的能力等因素。在确定经营者的财力和技术条件时,可以考虑该经营者的资产规模、盈利能力、融资能力、研发能力、技术装备、技术创新和应用能力、拥有的知识产权等,以及该财力和技术条件能够以何种方式和程度促进该经营者业务扩张或者巩固、维持市场地位等因素。在确定其他经营者对该经营者在交易上的依赖程度时,可以考虑其他经营者与该经营者之间的交易关系、交易量、交易持续时间、在合理时间内转向其他交易相对人的难易程度等因素。在确定其他经营者进入相关市场的难易程度时,可以考虑市场准入、获取必要资源的难度、采购和销售渠道的控制情况、资金投入规模、技术壁垒、品牌依赖、用户转换成本、消费习惯等因素。在认定互联网等新经济业态经营者具有市场支配地位时,可以考虑相关行业竞争特点、经营模式、用户数量、网络效应、锁定效应、技术特性、市场创新、掌握和处理相关数据的能力及经营者在关联市场的市场力量等因素。在认定知识产权领域经营者具有市场支配地位时,可以考虑知识产权的替代性、下游市场对利用知识产权所提供商品的依赖程度、交易相对人对经营者的制衡能力等因素。在认定两个以上的经营者具有市场支配地位时,除考虑以上因素外,还应当考虑市场结构、相关市场透明度、相关商品同质化程度、经营者行为一致性等因素。

此外,《平台经济领域的反垄断指南》针对新经济领域市场支配地位的界定,结合新经济的特点,给出了可以考虑的因素:(1)经营者的市场份额以及相关市场竞争状况。确定平台经济领域经营者市场份额,可以考虑交易金额、交易数量、销售额、活跃用户数、点击量、使用时长或者其他指标在相关市场所占比重,同时考虑该市场份额持续的时间,分析相关市场竞争状况,可以考虑相关平台市场的发展状况、现有竞争者数量和市场份额、平台竞争特点、平台差异程度、规模经济、潜在竞争者情况、创新和技术变化等。(2)经营者控制市场的能力。可以考虑该经营者控制上下游市场或者其他关联市场的能力,阻碍、影响其他经营者进入相关市场的能力,相关平台经营模式、网络效应,以及影响或者决定价格、流量或者其他交易条件的能力等。(3)经营者的财力和技术条件。可以考虑该经营者的投资者情况、资产规模、资本来源、盈利能力、融资能力、技术创新和应用能力、拥有的知识产权、掌握和处理相关数据的能力,以及该财力和技术条件能够以何种程度促进该经营者业务扩张或者巩固、维持市场地位等。(4)其他经营者对该经营者在交易上的依赖程度。可以考虑其他经营者与该经营者的交易关系、交易量、交易持续时间,锁定效应、用户黏性,以及其他经营者转向其他平台的可能性及转换成本等。(5)其他经营者进入相关市场的难易程度。可以考虑市场准入、平台规模效应、资金投入规模、技术壁垒、用户多栖性、用户转换成本、数据获取的难易程度、用户习惯等。(6)其他因素。可以考虑基于平台经济特点认定经营者具有市场支配地位的其他因素。

第二节 滥用市场支配地位行为

一、滥用市场支配地位概述

我国的法律并不禁止经营者市场支配地位的获得,市场支配地位是企业在市场竞争中通过自我积累扩张或者不断兼并收购逐步取得的竞争优势而产生垄断,是顺应市场竞争发展的必然结果。但经营者违法获得市场支配地位,或者滥用市场支配地位的行为,必然会受到法律的规制。即市场支配地位本身并不违法,只有在这种地位被滥用时才是违法的。

一般认为,滥用市场支配地位是指具有市场支配地位的经营者凭借该地位,在相关市场上不正当地限制竞争,损害其他经营者、消费者利益和社会公共利益的行为。即滥用市场支配地位的概念与具有市场支配地位的经营者行为相关,有关经营者正是凭借其市场支配地位,通过影响市场结构,采取排除、限制市场竞争的行为来获取高额的垄断利润,因此损害了相关市场的竞争秩序,使同业竞争者和交易相对人的利益受到损害。这也正是要求具有市场支配地位的经营者负有特殊义务的原因之所在。[1] 关于滥用市场支配地位行为的规制方式,现有世界各国(地区)的反垄断立法主要包括概括式和列举式两种模式。概括式以美国为主,如《谢尔曼法》第 2 条只对滥用市场支配地位作了一些原则性的规定,并没有列举所禁止的具体行为。更多的则是列举式,包括欧盟、德国、英国、匈牙利以及我国都采取了此种立法模式,如德国《反限制竞争法》第 19 条第 4 款规定了滥用的具体形式,即如果一个占市场支配地位的企业作为某类商品或者工商业服务的供应者或者需求者,(1)无实质性正当理由严重损害其他企业参与市场竞争的可能性;(2)提出与有效竞争环境下理应获取的报酬或其他交易条件相背离的报酬或交易条件,在此,特别应当考虑在有效

[1] 王先林主编:《竞争法学》,中国人民大学出版社 2018 年版,第 246 页。

竞争的同类市场上企业可能采取的行为方式;(3)提出的报酬或其他交易条件与它自己在其他同类市场上向同类购买人要求的报酬或其他交易条件比较相差甚远,且无实质性正当理由;(4)拒绝其他企业以合理对价进入其拥有的网络或其他基础设施,导致另一个企业由于事实上或者法律上的原因无法在前置或者后置市场上作为占市场支配地位的企业的竞争者从事经营活动,但是,占市场支配地位的企业能够证明因为运营条件或者其他原因导致网络或其他基础设施的共同使用不可能或者不可期待的除外。第 20 条还规定了禁止歧视,禁止不公平阻碍。我国《反垄断法》第 20 条也具体规定了滥用市场支配地位的表现形式:(1)以不公平的高价销售商品或者以不公平的低价购买商品;(2)没有正当理由,以低于成本的价格销售商品;(3)没有正当理由,拒绝与交易相对人进行交易;(4)没有正当理由,限定交易相对人只能与其进行交易或者只能与其指定的经营者进行交易;(5)没有正当理由搭售商品,或者在交易时附加其他不合理的交易条件;(6)没有正当理由,对条件相同的交易相对人在交易价格等交易条件上实行差别待遇;(7)国务院反垄断执法机构认定的其他滥用市场支配地位的行为。具有市场支配地位的经营者不得利用数据和算法、技术以及平台规则等从事前款规定的滥用市场支配地位的行为。

由此观之,滥用市场支配地位的前提是该经营者具有市场支配地位,而无论该支配地位是绝对地位,还是相对地位,否则即便该企业实施了滥用行为,也不宜将其认定为滥用市场支配地位。且滥用市场支配地位行为对市场竞争的损害应达到一定程度,《欧共体条约》第 81 条将其表述为“显著程度”。《欧共体条约》第 82 条和第 81 条一样,都以影响或损害成员国之间的贸易来对企业的限制竞争行为和滥用市场优势行为进行界定,所以欧盟竞争法关于滥用的概念,以损害了成员国之间的自由贸易为重要构成要件之一。[1] 当然,如果经营者有正当理由可以证明其滥用行为具有合理性,也可以排除反垄断法的规制。这里的正当理由应符合相关法律法规的规定,符合社会公共利益的要求,有利

---

〔1〕 文学国主编:《滥用与规制:反垄断法对企业滥用市场支配地位行为之规制》,法律出版社 2003 年版,第 148 页。

于提高经济运行效率、促进经济发展。且该行为应当符合经营者正常经营及为实现正常效益所必须,能促进经营者业务发展、未来投资和创新发展,能够使交易相对人或者消费者获益等。而根据不同的划分标准,可以对滥用市场支配地位的行为进行不同的划分,如根据行为目的、对象、竞争损害程度的不同,可以将滥用市场支配地位行为划分为剥削性滥用行为和妨碍性滥用行为;根据实施主体的数量,可以将滥用市场支配地位行为划分为单独滥用行为和共同滥用行为;根据是否以价格为核心进行排除、限制市场竞争,可以将滥用市场支配地位行为划分为价格上滥用行为和非价格上滥用行为等。

二、滥用市场支配地位行为的典型方式

(一)不公平价格

不公平价格是指具有市场支配地位的经营者滥用市场支配地位,以明显高于同类商品的价格销售商品,或者以明显低于同类商品的价格购买商品的行为,即主要包括不公平的高价售卖行为和不公平的低价购买行为。通常情况下,商品的价格是由市场进行调节的,对市场正常的价格变动反垄断法并不予以规制,但具有市场支配地位的企业,为了获取高额的垄断利润,可能会利用其优势地位通过非正常手段进行不公平定价,从而破坏有序的市场竞争秩序,损害消费者的合法权益,因而应受反垄断法的规制。不公平的高价行为不仅容易加剧宏观经济秩序的不稳定,通过激发通货膨胀加剧经济波动,影响国民经济良性运行;还会损害侵害消费者利益,价格本身就是消费者福利的一部分,价格越高,消费者福利就越少。而不公平的低价则可能损害上游经营者的利益。购买者利用其市场支配地位在购买商品时不合理地压低商品价格,可能形成剥夺生产者剩余的后果。[1] 囿于价格在市场竞争中的重要性,世界各国(地区)的反垄断法都对不公平价格行为进行了规制,如美国《谢尔曼法》就确定:任何以提高、降低、固定、限制或者稳定价格为目的或者有此效果的联合本身就是违法的;日本《禁止私人垄断和确保公平交易法》第 2 条第 9 款第 2 项就规定了以不

---

〔1〕 刘继峰主编:《竞争法学》,北京大学出版社 2018 年版,第 162 页。

公平的价格进行交易的行为属于不公正的交易方法，又在日本《不公正的交易方法》中明确了不公平价格行为的种类等。

我国的《反垄断法》将不公平价格行为规定为“以不公平的高价销售商品或者以不公平的低价购买商品”。认定“不公平的高价”或者“不公平的低价”可以参考以下因素：(1)销售价格或者购买价格是否明显高于或者明显低于其他经营者在相同或者相似市场条件下销售或者购买同种商品或者可比较商品的价格；(2)销售价格或者购买价格是否明显高于或者明显低于同一经营者在其他相同或者相似市场条件区域销售或者购买商品的价格；(3)在成本基本稳定的情况下，是否超过正常幅度提高销售价格或者降低购买价格；(4)销售商品的提价幅度是否明显高于成本增长幅度，或者购买商品的降价幅度是否明显高于交易相对人成本降低幅度；(5)需要考虑的其他相关因素。在认定市场条件相同或者相似时，应当考虑销售渠道、销售模式、供求状况、监管环境、交易环节、成本结构、交易情况等因素。对于新兴的数据平台而言，除考虑以上因素外，还需要结合数据平台的特征，考虑平台类型、经营模式、交易环节、成本结构、交易具体情况等因素。即在认定不公平价格的过程中，价格变动的幅度只是一般考虑的因素，更重要的是考虑是否“不公平”，价格变动既明显，又没有合理的理由解释价格的变化，当然要受反垄断法的规制。主要从横向上和纵向上的价格变动来判断价格变化的合理性。所谓横向比较即在同一时间阶段，与同市场的经营者或与该经营者在其他区域的同一商品价格进行比较。所谓纵向比较就是在不同的时间阶段，分析该经营者价格变动的幅度是否合理正常，符合市场的调节机制。二者均需要分析价格变化程度是否“明显”，较小幅度的价格变化并不会限制、影响市场竞争。

(二)低于成本销售

低于成本销售也称掠夺性定价，是指具有市场支配地位的企业没有正当理由，在一定市场和一定的期限内以牺牲短期利益(以低于成本的价格销售商品或者提供服务)的手段排除、限制市场竞争。通常而言，可以将掠夺性定价划分为区域性掠夺性定价行为和产品性掠夺性定价行为。区域性掠夺性定价是指经营者为了获取某区域的竞争优势,在该区域以低于成本的价格销售商品或者提供服务,而在另一区域以正常价格销售商品或者提供服务。产品性掠夺性定价是指经营者为了获取在某产业上的竞争优势,而在该产业商品上以低于成本的价格销售,在其他产品上以正常价格销售。从短期来看,经营者低价销售的行为让经营者受益,法律似乎不应该规制,但是从长远来看,由于经营者的动机是以牺牲短期利益而获取长远的垄断利益,最终的受害者仍是消费者。即不符合市场规律的低价销售行为不仅损害有序的市场竞争秩序,还损害消费者的合法权益。掠夺性定价行为一直是反垄断法规制的重心,如美国《罗宾逊-帕特曼法》第 2 条就规定,"商人在其商业活动中,在国内对同一品质、质量、等级的商品,通过给予买者比其他竞争者更高的折价回扣、补贴、广告劳务费故意进行歧视,或为了破坏竞争、消灭竞争者,以低于其竞争者的价格出售,或以不合理低价出售,是非法的。任何人违反上述规定,将处以不超过 5000 美元的罚金,或不超过 1 年的监禁,或两者并用"。日本的《禁止私人垄断和确保公平交易法》第 2 条也规定了掠夺性定价行为(不当贱卖)等。

认定掠夺性定价行为的关键在于成本分析,我国的《反垄断法》和相关法律并没有对成本的概念进行明确界定,但《滥用市场支配地位指南》规定了在认定以低于成本的价格销售商品时,应当重点考虑价格是否低于平均可变成本。平均可变成本是指随着生产的商品数量变化而变动的单位成本。涉及互联网等新经济业态中的免费模式,应当综合考虑经营者提供的免费商品以及相关收费商品等情况。而对具有市场支配地位的平台经济领域经营者掠夺性定价行为的认定,一般重点考虑平台经济领域经营者是否以低于成本的价格排挤具有竞争关系的其他经营者,以及是否可能在将其他经营者排挤出市场后,提高价格获取不当利益、损害市场公平竞争和消费者合法权益等。在计算成本时,一般需要综合考虑平台涉及多边市场中各相关市场之间的成本关联情况。

(三)拒绝交易

拒绝交易是指具有市场支配地位的经营者没有正当理由而拒绝与交易相对人进行交易的行为。尽管经营者的自由选择权是经营者发展的关键,法律不应该对其进行强制规定,但如果放任具有市场支配地位的经营者自由选择其交易相对人,则必然会扩大经营者的垄断范围,其可以通过杠杆效应把在本市场的优势传导到其他市场去,这有悖于市场竞争的宗旨。即在一般情况下,企业并非当然有与交易对象交易的义务,但是如果独占企业控制产业的关键设备,它的竞争对手事实上缺乏重新制造或取得该设备的能力或手段,若独占企业在没有正当理由的情况下拒绝提供该设备,就可能导致将该企业的独占力量由一个生产阶段延伸至另一个生产阶段,或由一个市场延伸至另一个市场。〔1〕且具有市场支配地位的经营者由于其市场势力过于强大,尤其是掌握关键设施的经营者如果拒绝交易,那么交易相对人和消费者很难从其他经营者手中获得商品,从而损害交易相对人或消费者的利益。可以说,禁止具有市场支配地位的经营者拒绝交易是法律附加给经营者的一项强制义务,虽损害了经营者一定的自由权,但有利于社会公共利益的保护,有利于促进市场经济的发展。依据不同的划分标准,拒绝交易行为也有不同的表现形式,如根据表现形式不同,拒绝交易可表现为拒绝供应,也可表现为拒绝销售;依据实施主体的数量,可以划分为单独拒绝交易与和联合抵制等。囿于拒绝交易行为的危害性,世界各国(地区)的反垄断法都对具有市场支配地位的经营者拒绝交易的行为进行了规制,如美国的《克莱顿法》第3条、德国的《反对限制竞争法》第21条等都对其进行了规制。

关于拒绝交易行为的认定,日本《独占禁止法研究会报告书》规定了拒绝交易的两个条件:有可能给竞争者的事业活动造成困难以及为达成禁止垄断法上的不当目的之手段而使用。〔2〕而在我国,《滥用市场支配地位指南》规定了五类具体行为:(1)实质性削减与交易相对人的现有交易数量;(2)拖延、中断与交易相对人的现有交易;(3)拒绝与交易相对人进行新的交易;(4)设置限制性条件,使交易相对人难以与其进行交易;(5)拒绝交易相对人在生产经营活

---

〔1〕 *MCI communications Corp. v. AT &T Co.* ,708 F. 2d 1080,1132-33(7t h Cir. ,1983).

〔2〕 [日]根岸哲、舟田正之:《日本禁止垄断法概论》,王为农、陈杰译,中国法制出版社2007年版,第213页。

动中,以合理条件使用其必要设施。其中,在认定必要设施时,应当综合考虑以合理的投入另行投资建设或者另行开发建造该设施的可行性、交易相对人有效开展生产经营活动对该设施的依赖程度、该经营者提供该设施的可能性以及对自身生产经营活动造成的影响等因素。即主要包括拒绝现有交易、拒绝新的交易、变相拒绝交易和拒绝提供必要设施等情形。而对具有市场支配地位的平台经济领域的经营者是否构成拒绝交易行为时,除考虑上述因素外,还可以考虑以下因素:(1)在平台规则、算法、技术、流量分配等方面设置不合理的限制和障碍,使交易相对人难以开展交易;(2)控制平台经济领域必要设施的经营者拒绝与交易相对人以合理条件进行交易。认定相关平台是否构成必要设施,一般需要综合考虑该平台占有数据情况、其他平台的可替代性、是否存在潜在可用平台、发展竞争性平台的可行性、交易相对人对该平台的依赖程度、开放平台对该平台经营者可能造成的影响等因素。

(四)限定交易

限定交易又称为独家交易,是指具有市场支配地位的经营者没有正当理由限定交易相对人只能与其进行交易或者与其指定的经营者进行交易。独家交易表现形式多样,最常见的是经营独家商品和独家供货。前者为处于支配地位的供应商要求其经销商只经销其一家的商品,不允许经销其他同类竞争者的商品,后者为拥有市场支配地位的销售商要求他的供应商在特定地区范围内只向他一家提供某种产品,以将其他销售商排挤出市场。实质上,独家交易行为不仅侵犯了交易相对人的自由选择权,限制了相对方的交易选择和产品选择,还损害了相关市场的竞争秩序,一旦交易行为固定,竞争者就失去了竞争机会。囿于限定交易行为的危害性,世界各国(地区)的反垄断法都对具有市场支配地位的经营者限定交易的行为进行了规制,如美国《克莱顿法》第3条规定,任何人进行出租或销售或签订货物销售合同,并以其承租人或买主不得使用或购买其竞争对手的商品为条件,只要其结果可能会实质性地削弱竞争或势必在任何行业中形成垄断,都是违法的。欧盟《独占销售和独占购买协议的集体豁免条例》也禁止了不合理的独家交易行为。

我国《滥用市场支配地位指南》对限定交易的具体行为作了进一步划分，具体包括：(1)限定交易相对人只能与其进行交易；(2)限定交易相对人只能与其指定的经营者进行交易；(3)限定交易相对人不得与特定经营者进行交易。限定交易的行为既可以是直接限定，也可以是以设定交易条件等方式变相限定。而对于具有市场支配地位的平台经济领域经营者，限定交易的行为主要包括：(1)要求平台内经营者在竞争性平台间进行“二选一”，或者限定交易相对人与其进行独家交易的其他行为；(2)限定交易相对人只能与其指定的经营者进行交易，或者通过其指定渠道等限定方式进行交易；(3)限定交易相对人不得与特定经营者进行交易等方式。对于数据平台市场支配者限定交易的行为既可能通过书面协议的方式实现，也可能通过电话、口头方式或其他与交易相对人商定的方式实现，还可能通过平台规则、数据、算法、技术等方面的实际设置限制或者障碍的方式实现。在分析数据平台是否构成限定交易行为，可以重点考虑以下两种情形：一是平台经营者通过屏蔽店铺、搜索降权、流量限制、技术障碍、扣取保证金等惩罚性措施实施的限制，因对市场竞争和消费者利益产生直接损害，一般可以认定构成限定交易行为。二是平台经营者通过补贴、折扣、优惠、流量资源支持等激励性方式实施的限制，可能对平台内经营者、消费者利益和社会整体福利具有一定积极效果，但如果有证据证明对市场竞争产生明显的排除、限制影响，也可能被认定构成限定交易行为。

(五)搭售或者附加其他不合理的交易条件

搭售或者附加其他不合理的交易条件也称附条件交易行为，是指具有市场支配地位的经营者滥用其市场力量，违背交易相对人的意愿，在提供产品或者服务时强迫交易相对人购买其不需要、不愿意购买的商品或服务，或者接受其他不合理的交易条件的行为。[1] 而具体的搭售行为是指具有市场支配地位的经营者在没有正当理由的情况下强行要求交易相对方接受与交易无关的其他商品或服务的行为，主要利用的是杠杆作用理论传递垄断势力。尽管对于销售

---

〔1〕 孟雁北主编：《反垄断法》，北京大学出版社2017年版，第168页。

者而言，两种或者两种以上产品捆绑销售可以节约单独销售的管理成本，减轻库存压力，并实现多品牌整体价值和收益、提高经营效率等。[1] 但搭售违背了平等对待每一位交易相对方的市场交易惯例，损害了交易相对方的自由选择权，会在一定程度上减少竞争对手的交易机会，提高市场进入壁垒，阻碍新进入者参与竞争。依据不同的划分标准，搭售行为也可以划分为不同类型，如依据搭售的隐蔽性，可以将其划分为显性搭售和隐性搭售；依据搭售是否签订合同，可以将其划分为契约式搭售和事实搭售；依据搭售的方式不同，可以将其划分为随意性搭售和依附性搭售等。除搭售行为外，还可能附加如限定转销价格、限定销售地区等其他不合理的交易条件。针对附条件交易行为，各反垄断立法国家和地区都对其进行了规制，如美国《谢尔曼法》第 1 条，《克莱顿法》第 3 条，德国《反对限制竞争法》第 14 条、第 16 条，法国《关于价格和竞争自由的法律》第 30 条等。

我国《滥用市场支配地位指南》对搭售或者附加其他不合理交易条件的情形作了进一步划分，具体包括：(1)违背交易惯例、消费习惯或者无视商品的功能，将不同商品捆绑销售或者组合销售；(2)对合同期限、支付方式、商品的运输及交付方式或者服务的提供方式等附加不合理的限制；(3)对商品的销售地域、销售对象、售后服务等附加不合理的限制；(4)交易时在价格之外附加不合理费用；(5)附加与交易标的无关的交易条件。而对于具有市场支配地位的平台经济领域经营者，在分析是否构成搭售或者附加不合理交易条件时，可以考虑以下因素：(1)利用格式条款、弹窗、操作必经步骤等交易相对人无法选择、更改、拒绝的方式，将不同商品进行捆绑销售；(2)以搜索降权、流量限制、技术障碍等惩罚性措施，强制交易相对人接受其他商品；(3)对交易条件和方式、服务提供方式、付款方式和手段、售后保障等附加不合理限制；(4)在交易价格之外额外收取不合理费用；(5)强制收集非必要用户信息或者附加与交易标的无关的交易条件、交易流程、服务项目。

---

〔1〕 刘继峰主编：《竞争法学》，北京大学出版社 2018 年版，第 179 页。

(六)差别待遇

差别待遇,又称歧视性滥用,是指拥有市场支配地位的经营者无正当理由对条件相同的交易相对人提供不同的价格或其他交易条件的行为。条件相同是指交易相对人之间在交易安全、交易成本、规模和能力、信用状况、所处交易环节、交易持续时间等方面不存在实质性影响交易的差别。差别待遇的形式多样,价格歧视是差别待遇最常见的表现形式。依据不同的划分标准,差别待遇行为也可以划分为不同类型,如可以划分为数量差异和质量差异、横向上的差别待遇和纵向上的差别待遇等。对于具有市场支配地位的经营者而言,差别待遇是有效巩固其市场地位的经营策略,但差别待遇容易使交易相对方受到不公平对待,尤其不利于中小企业获得公平竞争的机会,并可能提高市场进入障碍,阻碍市场进入者的进入,因而各国(地区)都对具有市场支配地位的经营者的差别待遇行为进行严格规制。如美国《克莱顿法》第2条、《罗宾逊-帕特曼法》第2条、加拿大《竞争法》第50条、德国《反对限制竞争法》第20条、日本《禁止私人垄断及确保公正交易法》第2条等都对差别待遇行为进行了规制。

我国《滥用市场支配地位指南》对差别待遇行为作了进一步划分,具体包括:(1)实行不同的交易价格、数量、品种、品质等级;(2)实行不同的数量折扣等优惠条件;(3)实行不同的付款条件、交付方式;(4)实行不同的保修内容和期限、维修内容和时间、零配件供应、技术指导等售后服务条件。而对于具有市场支配地位的平台经济领域经营者,在分析是否构成差别待遇时,可以考虑以下因素:(1)基于大数据和算法,根据交易相对人的支付能力、消费偏好、使用习惯等,实行差异性交易价格或者其他交易条件;(2)实行差异性标准、规则、算法;(3)实行差异性付款条件和交易方式。此外,平台在交易中获取的交易相对人的隐私信息、交易历史、个体偏好、消费习惯等方面存在的差异不影响认定交易相对人条件相同。

还有一些其他的滥用市场支配地位的方式,在此就不一一列举,但需注意知识产权的滥用行为。知识产权是指人们因其智力成果而依法享有的专有权,为了保护知识产权的发展,鼓励创新,知识产权的最大特点就是排他性,先天上便具有垄断性。“知识产权在本质上是完全的或有一定限制的垄断的创造物。”[1]其本身便是一种合法的垄断权,是近现代社会为推动科技进步、经济繁荣和社会发展而做出的一项重要的制度设计,它一般是作为反垄断法的适用除外而存在。但当某个市场的专利权人滥用知识产权享有的市场支配地位,如搭售、排他性交易、不公平定价等都会损害相关当事人的利益而受到反垄断法的规制。即对于直接触犯反垄断法的行为,知识产权权利的排他特性并不能使其免于反垄断法的追究。而市场监督管理总局在认定其他滥用市场支配地位行为时,应认定该行为同时符合下列条件:(1)经营者具有市场支配地位;(2)经营者实施了排除、限制竞争行为;(3)经营者实施相关行为不具有正当理由;(4)经营者相关行为对市场竞争具有排除、限制影响。

第三节　滥用市场支配地位的抗辩

一、滥用市场支配地位抗辩概述

滥用市场支配地位行为的违法认定是一个复杂的过程,通常适用合理原则,因而被指控实施了滥用市场支配地位行为的经营者可以对有关指控进行抗辩,即有正当理由可以排除反垄断法的规制。在欧盟,根据《适用欧共体条约第 82 条查处市场支配地位企业排他性滥用行为的执法重点指南》,占支配地位的企业可以为其行为进行正当性抗辩,证明其行为产生的实质性效率大于对消费者产生的任何反竞争效应。此外,该指南还明确了特定情形下考虑企业具体行为的客观必要性。我国《反垄断法》虽未明确规定滥用市场支配地位行为的抗辩理由,但根据相关条款,第 1 款“不公平”,第 2~6 款“没有正当理由”的表述可知如果该滥用行为是公平的,具有正当理由的则可以排除反垄断法的规制。《滥用市场支配地位指南》详细规定了反垄断执法机构在认定“不公平”

[1] Tina Hart and Linda Fazzani, *Intellectual Property Law*, Macmillan Press Ltd. , 1997, p. 197.

和“正当理由”时，还应当考虑下列因素：(1)有关行为是否为法律、法规所规定；(2)有关行为对社会公共利益的影响；(3)有关行为对经济运行效率、经济发展的影响；(4)有关行为是否为经营者正常经营及实现正常效益所必需；(5)有关行为对经营者业务发展、未来投资、创新方面的影响；(6)有关行为是否能够使交易相对人或者消费者获益。即滥用市场支配地位的抗辩必须要符合相关法律的规定，有利于社会公共利益的保护，促进市场经济的发展。如欧盟确定的效率抗辩。效率抗辩是要证明支配企业的行为虽然产生了排斥效果，但其所产生的效率超过行为可能产生的负面效果以及由此产生的对消费者的损害。〔1〕

二、具体滥用行为的抗辩

(一)不公平价格行为的抗辩

根据新古典经济学的价格理论，价格对供求的作用是线性的确定关系，因而价格的灵活变动可以使供求达到均衡，从而实现稀缺资源的优化配置。但传统价格理论的供给曲线，来自成本分析，经济学家从边际成本递增律和边际收益递减律，推出了向右上倾斜的供给曲线。〔2〕可见，供给定律在进行成本分析时只分析了供给者的生产成本，忽略了销售成本的考虑，考虑因素的欠缺导致价格作用的分析容易出现误区。因而从实际来看，经营者通常会利用传统价格理论的缺陷来进行价格变动分析，以期为其不公平价格行为寻找合理的解释。尽管我们认为价格是市场竞争的核心，市场中价格因素的变动通常比较频繁，如果价格变动符合市场发展之要求，那么不论价格幅度变化有多大，只要经营者能证明其价格变化符合公平之要义，就应当认为该价格变动符合反垄断法的要求，从而避免反垄断法的规制。但从实际来看，如果价格变动幅度过大，也会损害消费者的合法利益。因而，在认定公平价格时，除以经济分析为中心外，还得考虑价格变动对消费者利益的影响。

---

〔1〕 许光耀主编：《欧共体竞争法通论》，武汉大学出版社 2006 年版，第 386-387 页。

〔2〕 [美]保罗·克鲁格曼、罗宾·韦尔斯：《微观经济学》，黄卫平等译，中国人民大学出版社 2009 年版，第 278-282 页。

（二）低于成本销售行为的抗辩

在认定低于成本销售的违法性时，应当注意区分该行为是不是正当的价格竞争，还是以排挤竞争对手为目的的低价销售行为，如果没有不正当目的，则不应受到反垄断法规制。从世界各国（地区）的反垄断立法来看，低于成本销售的抗辩主要包括目的抗辩和行为抗辩两种。

所谓目的抗辩，是指经营者能够证明其低价销售行为的目的并不是排除、限制市场竞争，而是经营者"生存发展"所必需的正常经营策略。通常情况下，如果经营者处于生存或者发展的调整期、适应产业转移期，或产品本身的特性要求，或国家的政策调整、外部环境变化的需要等都可以作为其低价销售的合理理由。我国《滥用市场支配地位指南》规定了"正当理由"的几种主要情形：（1）降价处理鲜活商品、季节性商品、即将到期的商品和积压商品的；（2）因清偿债务、转产、歇业降价销售商品的；（3）在合理期限内为推广新商品进行促销的；（4）能够证明行为具有正当性的其他理由。而对于数据平台低价销售的行为，其抗辩理由主要包括：在合理期限内为发展平台内其他业务；在合理期限内为促进新商品进入市场；在合理期限内为吸引新用户；在合理期限内开展促销活动等。而所谓的行为抗辩，主要是指经营者能够证明其低价销售行为是顺应市场竞争而提出的正常经营手段，其产生的效率大于对市场竞争的损害和对竞争对手合法利益的侵害，即效率抗辩。

（三）拒绝交易行为的抗辩

拒绝交易行为的抗辩主要是指具有市场支配地位的经营者能够证明其拒绝交易的行为并没有损害交易相对人的自由选择权，如市场上还存在其他竞争对手可以为交易相对人提供相同的交易；没有损害消费者的合法利益，如拒绝交易的行为没有妨碍已有客户使用该设施，新客户的进入也没有受到限制；是由于交易相对方自身的原因导致的经营者为保护自身的合法利益而做出的正常经营手段，如交易相对方已经濒临破产、存在严重的不良信用记录等。我国《滥用市场支配地位指南》也规定了几种正当理由的拒绝交易行为：（1）因不可抗力等客观原因无法进行交易；（2）交易相对人有不良信用记录或者出现经营状况恶化等情况，影响交易安全；(3)与交易相对人进行交易将使经营者利益发生不当减损；(4)能够证明行为具有正当性的其他理由。而对于数据平台拒绝交易行为的合理性抗辩，除考虑上述因素外，还可以考虑交易相对人明确表示或者实际不遵守公平、合理、无歧视的平台规则等因素。

(四)限定交易行为的抗辩

尽管限定交易的行为一直是反垄断法规制的重点内容，但并不是所有的限定交易行为，反垄断法都需要进行规制。具有市场支配地位的经营者只要能够证明其限定交易的行为具有正当理由，如交易相对人的资质不达标、产品性质要求、法律法规要求等。一些产品在保障质量的稳定性和性能的安全性方面具有很高的要求，所以对原材料采购、产品制造、存储、运输等方面需要进行严格管理，如食盐、烟草、白酒等产品，这可以作为限定交易的正当理由。此外，还有自然垄断行业的特许经营也是符合法律规定的限定交易。我国《滥用市场支配地位指南》规定了几种正当理由的限定交易行为抗辩：(1)为满足产品安全要求所必须；(2)为保护知识产权所必须；(3)为保护针对交易进行的特定投资所必须；(4)能够证明行为具有正当性的其他理由。而对于数据平台限定交易行为的合理性抗辩，除考虑上述因素外，还可以考虑以下因素，如为保护交易相对人和消费者利益所必须、为保护知识产权、商业机密或者数据安全所必须、为维护合理的经营模式所必须等。

(五)搭售或者附加其他不合理交易条件行为的抗辩

尽管搭售和附条件交易的行为是经营者市场竞争的有效策略，但具有市场支配地位的经营者附条件交易行为不仅直接影响了交易相对人的自由选择权，还可以通过杠杆效应传导其市场势力，影响上下游市场的竞争，最终损害消费者的合法利益，因而要受反垄断法的规制。但并不是所有的附条件行为都要受反垄断法的规制，如果具有市场支配地位的经营者能够证明其附条件交易行为具有正当性，也能免除法律的规制，如基于效率的考量，附条件交易行为能够大大提高市场竞争效率，且未损害交易相对人的自由选择权。此外，还可以通过证明为保护交易相对人和消费者利益所必需来免除反垄断法对附条件交易行为的规制。我国《滥用市场支配地位指南》规定了四种正当理由的附条件交易行为:(1)符合正当的行业惯例和交易习惯;(2)为满足产品安全要求所必须;(3)为实现特定技术所必须;(4)能够证明行为具有正当性的其他理由。

(六)差别待遇行为的抗辩

以价格歧视为主的差别待遇行为是反垄断法规制的核心内容,但并不是所有的差别待遇都应受反垄断法律的规制,美国的《罗宾逊-帕特曼法》就规定,经营者可以为了"善意应对竞争者同等的低价"而向特定需求者提供明显优于其他需求者的交易条件,即经营者可以通过"善意"的正当理由来排除反垄断法对差别待遇行为的规制。我国《滥用市场支配地位指南》规定了三种正当理由的差别待遇行为:(1)根据交易相对人实际需求且符合正当的交易习惯和行业惯例,实行不同交易条件;(2)针对新用户的首次交易在合理期限内开展优惠活动;(3)能够证明行为具有正当性的其他理由。而对于数据平台差别待遇行为的合理性抗辩,除考虑上述因素外,还可以考虑基于平台公平、合理、无歧视的规则实施的随机性交易等因素。

第八章 经营者集中

第一节 经营者集中概述

一、经营者集中的概念

关于经营者集中,各个反垄断国家和地区的称谓并不同,如美国将其称为企业“合并”,日本将其称为“企业结合”,而欧盟与我国的竞争法称为“经营者集中”。虽称谓不同,但其概念所指的现象基本一致。如美国《克莱顿法》第7条第1款规定,“从事商业之公司不得以直接或间接方式,取得另一从事商业公司之股票或其他股份资金的全部或一部分,致使取得之结果可能实质地减少取得公司与被取得公司之竞争,或在任何区域或社区内限制商业,或形成独占之倾向”;欧盟《关于控制企业之间集中的第139/2004号条例》将经营者集中表述为“由于以下原因,公司的控制发生持久变化时,视为出现了集中:(a)两个或两个以上原先各自独立的企业全部或部分合并,或者(b)一个或者多个已经控制至少一个企业的自然人,或者一个或者多个企业,通过购买股票或资产、签订合同或者其他任何手段,对另外一个或者多个企业的全部或部分,获得直接或间接的接触”;我国《反垄断法》将经营者集中表述为“经营者集中是指下列情形:(1)经营者合并;(2)经营者通过取得股权或者资产的方式取得对其他经营者的控制权;(3)经营者通过合同等方式取得对其他经营者的控制权或者能够对其他经营者施加决定性影响”等。由此可见,各反垄断法国家和地区关于经营者集中概念的规定大同小异,其核心都是一方经营者取得另一方经营者的

“控制权”，即“控制权”是经营者集中的关键。控制权是指一方经营者能对另一方经营者的生产经营活动或重大的经营决策具有或者可能具有决定性影响的权利或状态。根据我国《关于经营者集中申报的指导意见》规定，经营者集中所指的控制权，包括单独控制权和共同控制权。判断经营者是否通过交易取得对其他经营者的控制权或者能够对其他经营者施加决定性影响，取决于大量法律和事实因素。集中协议和其他经营者的章程是重要判断依据，但不是唯一的依据。虽然从集中协议和章程中无法判断取得控制权，但由于其他股权分散等原因，实际上赋予了该经营者事实上的控制权，这也属于经营者集中所指的控制权取得。判断经营者是否通过交易取得其他经营者的控制权，通常考虑包括但不限于下列因素：交易的目的和未来的计划；交易前后其他经营者的股权结构及其变化；其他经营者股东大会的表决事项及其表决机制，以及其历史出席率和表决情况；其他经营者董事会或监事会的组成及其表决机制；其他经营者高级管理人员的任免等；其他经营者股东、董事之间的关系，是否存在委托行使投票权、一致行动人等；该经营者与其他经营者是否存在重大商业关系、合作协议等。控制权取得，可由经营者直接取得，也可通过其已控制的经营者间接取得。

综上所述，经营者集中作为经济力量集中的抽象概括，基于不同的研究视角有不同的解读，即便是同一研究视角，其表述也存在较大差异。如有学者认为，经营者集中是指经营者通过合并，取得其他经营者的股权、资产以及通过合同等方式取得对其他经营者的控制权，或者能够对其他经营者施加决定性影响的情形。[1] 有学者认为经营者集中是指两个或两个以上的经营者进行合并，或者一个或多个经营者通过收购、合同等方式对其他经营者进行实质性的控制，从而导致经营者之间产生持久变迁的相互关系的行为。[2] 还有学者认为反垄断法意义上的经营者集中包括三种情况：一是狭义的合并，即民商法意义上的合并；二是通过收购股份来获取对其他企业的控制；三是两个或两个以上

〔1〕 刘继峰：《竞争法学》，北京大学出版社2018年版，第197页。
〔2〕 王先林：《竞争法学》，中国人民大学出版社2018年版，第264页。

的企业在各自保留法律上独立性的前提下,通过协议、联营等方式形成的控制与被控制的关系。[1] 此外,还有学者认为我国《反垄断法》中规定的经营者是从事商品生产、经营或者提供服务的自然人、法人和其他组织,所以经营者集中应当包括自然人之间的集中,以保证法律的权威性与严谨性。[2] 虽含义有所差异,但其指代的核心内容不变,大致包括两方面,一方面是经营者之间的组织合并;另一方面是经营者控制权的取得,包括取得一定份额的股份或一定数量的资产、签订合同或者建立合营企业等方式。因而,可以认为经营者集中是指一方经营者与另一方经营者合并或取得另一方经营者实质控制权(包括能够对其他经营者施加决定性影响)的行为。

二、经营者集中的方式

根据各反垄断国家和地区的法律规定,经营者集中的方式主要包括企业合并、股权或资产控制、协议控制、新设合营企业等。

(一)企业合并

企业合并是指两个或两个以上的经营者通过合并协议,合并为一个经营者的行为,其含义和公司法规定的企业合并是相一致的,主要包括吸收合并和新设合并。吸收合并,即一个经营者收购另一家经营者,被收购经营者的法人人格消灭,不复存在,如美国波音飞机制造公司兼并美国麦道飞机制造公司。新设合并,即两家公司合并成立一家新公司,而原先的两家公司不再存在,如2004年本土零售企业第一百货和华联商厦为应对外来零售企业的冲击,第一百货吸收合并华联商厦组成百联集团。需要注意的是,反垄断法规制的企业合并与公司法规定的企业合并不同。公司法规制的企业合并重点强调企业法律人格的变化和资产的转移,规制的是企业支配结构的变化和利害关系人在权利义务关系上的变化。而反垄断法主要规制的是企业合并带来的"协同效应",包括经营者集中对市场竞争产生的影响、市场结构的变化、消费者利益的保护

[1] 孔祥俊:《反垄断法原理》,中国法制出版社2001年版,第592页。
[2] 孙晋、李胜利:《竞争法原论》,法律出版社2020年版,第110页。

等都是反垄断法规制的重点。

(二)股权或资产控制

股权或资产控制是指经营者通过股权或资产方式取得对其他经营者的控制权。一般而言,股权和资产是公司权力的基础,一个经营者能取得另一个经营者一半以上的资产或者股份就可以视为取得了对另一家企业的实际控制权,可以通过公司法的程序使其失去独立性。但在股份较为分散的情况下,如果取得少数股份在事实上能够对被取得企业施加决定性影响,或者是取得的少数股权占据股东大会的多数表决权,则视为取得目标企业的控制权。[1] 经营者的资产通常包括场地、厂房、设备等有形资产和商标、专利等无形资产。判断一项收购中的资产是否构成经营者集中意义上的资产,通常应注意以下因素:一是资产的属性,收购的资产本身应具备生产资料的基本要素,可以直接投入生产经营,或者在该资产基础上稍加改造就可以投入生产经营;二是资产与经营能力之间的关系,如果该资产包含了所有经营该业务所需的要素,经营者在收购该资产后经过改造调整就可以比较容易地具有部分生产经营能力,就认为该资产属于经营者集中意义上的资产。[2]

(三)协议控制

协议控制是指经营者通过协议等方式取得对其他经营者的控制权或者能够对其他经营者施加决定性影响,如协议规定交叉持股、委托经营、干部兼任等方式。一般而言,影响经营者市场竞争的因素是多样的,取得经营者实质控制权的方式也是多样的,如经营者可以通过对另一家企业的人事控制而对其施加决定性影响,从而达到影响市场竞争的效果,因而美国《克莱顿法》第 8 条直接禁止了大企业间的人事兼任。

(四)新设合营企业

新设合营企业是指两个或两个以上的经营者一起设立一个新的企业从事

---

〔1〕 Sedemund, Montag, "Dauses (Hrsg), Handbuch des EU-Wirtshaftsrecht" Band Ⅱ, Rdnr, p. 261. 转引自王晓晔:《欧共体竞争法》,中国法制出版社 2001 年版,第 307 页。

〔2〕 国务院反垄断委员会编:《〈中华人民共和国反垄断法〉知识读本》,人民出版社 2012 年版,第 146-147 页。

市场竞争,而原经营者的法律人格并未消灭的一种经营方式。我国《关于经营者集中申报的指导意见》规定了对于新设合营企业,如果至少有两个经营者共同控制该合营企业,则构成经营者集中;如果仅有一个经营者单独控制该合营企业,其他的经营者没有控制权,则不构成经营者集中。但在《反垄断法》中并未对其进行直接规定。而欧盟对于新设合营企业的规制则较为具体。欧盟对于合营企业的规制最早见于 1989 年的《欧共体部长理事会第 4064/89 号条例》。其后,1997 年通过的 1310 号条例又对其进行了完善,2004 年又发布了《关于企业集中控制的理事会第 139/2004 号条例》,具体规定了新设合营企业规制的判断标准。

三、经营者集中的类型

经营者集中根据分类标准的不同可以划分为不同类型,如根据经营者集中的方法和手段,可分为取得股份或者资产、委员兼任、受让出让的营业、设立新公司等;根据经营者集中后的形态,可分为控股公司、托拉斯、康采恩等。根据经营者在市场环节中所处的地位,可以将经营者集中划分为横向集中、纵向集中和混合集中三种类型。

(一)横向集中

横向集中是指在相关市场的同一生产环节,具有竞争关系的经营者之间进行的集中。由于是具有竞争关系的经营者之间进行的集中,所以对市场竞争状况的影响较为直接,其不仅可以减少相关市场内的竞争对手,还实质影响了市场份额和市场支配力,改变了市场竞争结构,提高了市场集中度,因而一直是各反垄断国家和地区规制的重点,如美国出台了《横向合并指南》,欧盟出台了《横向并购评估指南》等。我国的《经营者集中审查规定》中对横向集中作出了规定。需要注意的是,横向集中带来的规模效应也会对市场竞争产生积极影响,如合并后能够提高企业的专业化程度,促进生产效率的提高,降低产品的生产成本,提高企业的市场竞争力等。且横向集中也是中小企业应对具有优势地位企业的重要手段,通过整合中小企业已有的市场资源来同大企业进行竞争,保护其合法权益免受优势企业的非法损害。尽管不同经营者之间的横向合并会导致不同的竞争问题,但是由横向合并引起的市场结构的变化都有可能从两个潜在的方面对竞争产生严重的影响,即产生单边效应与协调效应。[1] 单边效应是指集中会使经营者获得更大的市场势力,从而加强其排除、限制市场竞争的能力。协调效应,是指合并使合并企业能够在合并后与相关市场中的其他企业进行协调和共谋,共同把价格提升到竞争水平之上。[2] 即集中后会减少相关市场内经营者的数量,其市场势力会更加均衡,增加了经营者进行共谋的可能,从而加强了经营者排除、限制市场竞争的能力。但无论存在何种争议,只要横向集中能够导致市场结构的变化,并且这种变化会排除、限制市场竞争,则该横向集中就应当被禁止。

(二)纵向集中

纵向集中通常是指在相关市场中存在上下游关系的经营者进行的集中。根据集中主体在整个产业链上的位置,可以分为前向集中(下游一体化)和后向集中(上游一体化)。即纵向集中的市场主体通常并不在同一市场层级,而且参与集中的主体之间具有买卖、交易等关系。纵向集中的目的通常是减少交易成本或控制上下游市场,并不直接消灭竞争者,不会影响不同产品间的竞争,因而相较于横向集中,反垄断法的规制较为宽松。关于纵向集中的危害,学界还有所争议,如有学者认为纵向集中不存在经济上的诱因,不能获取超额的利润。[3] 但从实践来看,越来越多的事实表明,纵向集中也会对市场内的竞争产生危害。纵向集中会使上下游市场的力量对比发生变化,具有优势地位的经营者通过集中可以封锁货源或销售渠道,提高市场进入壁垒,导致其他潜在企业难以进入该市场,从而形成垄断地位,损害市场竞争。此外,在美国 2020 年发

---

〔1〕 [英]西蒙·毕晓普、迈克·沃克:《欧盟竞争法的经济学:概念、应用和测量》,董红霞译,人民出版社 2016 年版,第 374 页。

〔2〕 Stuart D. Gurrea & Bruce M. Owen, Coordinated Interaction and Clayton § 7 Enforcement, 12 George Mason Law Review 89(2003). 转引自宁度:《美国〈纵向合并指南〉的介评与启示:以竞争损害的认定为中心》,载《竞争政策研究》2020 年第 5 期。

〔3〕 [美]保罗·A. 萨缪尔森、威廉·D. 诺德豪斯:《经济学》,高鸿业等译,中国发展出版社 1992 年版,第 911 页。

布的《纵向合并指南》还明确指出，在纵向合并中，合并可能使经营者能够获取合并前无法得知的上游或下游竞争对手的竞争性敏感信息。通过合并掌握竞争对手的竞争策略后，合并后的经营者可以据此采取对应措施，迫使竞争对手放弃或改变竞争计划，既无法影响竞争对手的竞争策略，也使经营者可以据此提前做出应对，减少竞争压力。

（三）混合集中

混合集中是指属于不同产业、不同环节之间的经营者进行的集中。虽然混合集中的各方并不存在直接的竞争关系，对市场竞争产生的影响较小，但是，部分混合集中的经营者同样会实施利用传导效应捆绑搭售商品等行为，也会损害市场竞争。即混合集中也可以增强经营者的市场势力，通过杠杆效应排除、限制市场竞争。欧盟在《非横向并购指南》中就对混合集中可能产生的搭售、捆绑销售以及其他排他行为作出了相关的分析论证。在美国、德国、英国等国家，混合集中的案件是超越纵向合并案件的排名第二的经营者集中案件。[1] 混合集中的最大优势在于通过跨行业集中形成范围经济[2]，降低生产成本，促进创新，提高生产力，拓宽销售渠道，分散风险。另外，当生产功能互补产品的经营者进行集中会产生“古诺（互补）效应”，即互补产品中某一产品降价，另一产品销售量会增加。这就为互补产品生产销售商集中后创造降价动机，从而提高消费者福利。

第二节　经营者集中申报制度

经营者集中作为反垄断法三大支柱之一，与垄断协议、滥用市场支配地位

---

〔1〕［德］曼弗里德·诺伊曼：《竞争政策：历史、理论及实践》，谷爱俊译，北京大学出版社 2003 年版，第 138 页。

〔2〕范围经济是指企业在一定的规模下，生产不同种类产品的成本要小于多家企业各自生产某一特定产品的成本总和。

相比,其对市场竞争的影响既有积极的,也有消极的。具体而言,其积极影响是企业可以通过经营者集中整合市场资源,实现规模经济,降低生产成本,提高生产效率,增强企业创新能力,进而提高消费者福利;其消极影响是经营者集中会提高相关企业的市场份额,改变市场竞争结构,提高市场进入壁垒,导致市场向着寡头市场的结构发展,为市场主体间的合谋提供了"土壤",从而影响商品的供应量、价格,减损消费者福利。因而,主要的反垄断法国家和地区都对经营者集中进行了严格的规制。在各国(地区)的立法中,经营者集中申报制度有三种模式:一是强制事前申报,符合申报条件的集中必须在实施前向反垄断执法机构进行申报,经审查符合集中要求的,获准实施。1947年日本的《关于禁止私人垄断和确保公正交易的法律》最早确立了经营者集中强制事前申报制度,现今该制度最为常见,如美国、欧盟等。二是强制事后申报制度,符合申报标准的集中在实施后必须在规定期限内向反垄断执法机构申报,经审查符合集中要求的,继续实施,如印度尼西亚。三是自愿申报,该制度比较特殊,实施集中不以向反垄断执法机构申报获批为条件,如英国、澳大利亚。尽管世界各国(地区)的经营者集中申报制度各不相同,但各国(地区)的反垄断执法机构通常也会通过事后的监督制度来对经营者集中产生的反竞争效果进行规制。

我国的《反垄断法》规定了经营者集中的事前申报制度,经营者集中达到国务院规定的申报标准的,经营者应当事先向国务院反垄断执法机构申报,未申报的不得实施集中。经营者集中未达到国务院规定的申报标准,但有证据证明该经营者集中具有或者可能具有排除、限制竞争效果的,国务院反垄断执法机构可以要求经营者申报。经营者未按规定进行申报的,国务院反垄断执法机构应当依法进行调查。同时,也规定了例外情况,经营者集中有以下情形之一的,可以不向国务院反垄断执法机构申报:(1)参与集中的一个经营者拥有其他每个经营者50%以上有表决权的股份或者资产;(2)参与集中的每个经营者50%以上有表决权的股份或者资产被同一个未参与集中的经营者拥有。

一、经营者集中申报标准

囿于经营者集中对市场竞争影响的双重性,通过明确经营者集中申报标准可以筛选出符合申报要求的经营者集中进行审查,降低反垄断审查机关的审查难度,减轻集中各方的证明义务。综观世界各国(地区)的反垄断立法,经营者集中的申报标准主要有资产规模与交易金额双重标准、销售额标准、资产总额标准、市场占有率标准等,即主要依据当事人的规模和交易规模来确定申报标准。具体而言,美国《克莱顿法》确定了资产规模与交易额的双重申报标准,〔1〕欧盟《关于企业集中控制的理事会第139/2004号条例》确定了年度销售额的申报标准,〔2〕日本《禁止垄断法》确定了资产总额的申报标准。〔3〕

我国经营者集中的申报标准以营业额为主。根据《国务院关于经营者集中申报标准的规定》,经营者集中达到下列标准之一的,经营者应当事先向国务院反垄断执法机构申报,未申报的不得实施集中:(1)参与集中的所有经营者上一会计年度在全球范围内的营业额合计超过100亿元人民币,并且其中至少两个经营者上一会计年度在中国境内的营业额均超过4亿元人民币;(2)参与集中的所有经营者上一会计年度在中国境内的营业额合计超过20亿元人民币,并且其中至少两个经营者上一会计年度在中国境内的营业额均超过4亿元人民币。"在中国境内",是指经营者产品或服务的买方所在地在中国境内。包括经营者从中国之外的国家或地区向中国的出口,但不包括其从中国向中国

---

〔1〕 美国《克莱顿法》第7(a)条中规定,企业合并达到以下规模,参与合并的企业就应当在实施合并之前向美国司法部和联邦贸易委员会进行申报:(1)交易总额超过2亿美元的。(2)交易总额低于2亿美元但超过5000万美元的,交易双方中的一方总资产规模或年纯销售额达到1亿美元以上,另一方总资产规模或年纯销售额达到1000万美元以上的。当然法律所规定的标准并不是完全固定的,应根据每年的GNP的数值变化作出相应的调准。

〔2〕 该条例第1条第2款规定,参与集中的企业全球总销售额超过50亿欧元,并且至少有两个参与合并的企业在共同体内的总销售额超过2.5亿美元,就应当进行申报,除非每一个参与集中的企业的年共同体总销售额,均有2/3以上来自同一个成员国。第3款中又规定,即便没有达到第2款的规定,但符合以下条件的也应当进行申报:(1)全体参与集中的企业年全球销售总额超过25亿欧元;(2)至少在三个成员国中的每一国内,全体所涉企业的年总销售额超过1亿欧元;(3)在第(2)点所说的三个成员国中,至少有两个参与集中的企业,其年总销售额均超过2500万欧元;而且(4)至少有两个参与集中的企业,其年共同体总销售额均超过1亿欧元,除非每一个参与集中的企业的年共同体总销售额,均有2/3以上来自同一个成员国。

〔3〕 日本《禁止垄断法》中规定,当参与企业合并的一方当事人及其母公司、子公司的全部资产总额超过100亿日元,而参与合并的另一方当事人及其母子公司的全部资产超过10亿日元,则参与合并的当事人就应当向公正交易委员会申报。

之外的国家或地区出口的产品或服务。“在全球范围内”，包括在中国境内的营业额。

关于营业额的计算，应当考虑银行、保险、证券、期货等特殊行业、领域的实际情况，具体办法由国务院反垄断执法机构会同国务院有关部门制定。而根据《经营者集中审查暂行规定》与《经营者集中申报办法》〔1〕的规定，营业额包括相关经营者上一会计年度内销售产品和提供服务所获得的收入，扣除相关税金及其附加。具体而言，参与集中的单个经营者的营业额应当为下述经营者的营业额总和：(1)该单个经营者；(2)第1项所指经营者直接或间接控制的其他经营者；(3)直接或间接控制第1项所指经营者的其他经营者；(4)第3项所指经营者直接或间接控制的其他经营者；(5)第1~4项所指经营者中两个或两个以上经营者共同控制的其他经营者。参与集中的单个经营者的营业额不包括上述第1~5项所列经营者之间发生的营业额，也不包括其在上一会计年度或之前已出售或不再具有控制权的经营者的营业额。

此外，还有一些特殊情况需要明确：一是参与集中的单个经营者之间或者参与集中的经营者和未参与集中的经营者之间有共同控制的其他经营者，参与集中的单个经营者的营业额应当包括被共同控制的经营者与第三方经营者之间的营业额，且此营业额只计算一次。二是如果参与集中的单个经营者之间有共同控制的其他经营者，则参与集中的所有经营者的合计营业额不应包括被共同控制的经营者与任何一个共同控制他的参与集中的经营者，或与后者有控制关系的经营者之间发生的营业额。三是如果参与集中的经营者被两个或两个以上经营者共同控制，其营业额应包括所有控制方的营业额。四是在一项经营者集中包括收购一个或多个经营者的一部分时，如果卖方在交易后对被出售部分不再拥有控制权时，则对于卖方而言，只计算集中涉及部分的营业额。主要包括两种情形：(1)在出售资产的情况下，卖方对被出售的资产不再拥有控制权，则只计算该资产所产生的营业额；(2)在出售目标公司全部或部分股权的

〔1〕 根据商务部令2021年第2号《商务部关于废止和修改部分规章的决定》，《经营者集中申报办法》被废止。

情况下,卖方在交易完成后对目标公司不再拥有控制权,则只计算该目标公司的营业额。五是相同经营者之间在两年内多次实施的未达申报标准的经营者集中,应当视为一次集中交易,集中发生时间从最后一次交易算起,该经营者集中的营业额应当将多次交易合并计算。两年内是指从第一次交易完成之日起至最后一次交易签订协议之日止的期间。经营者通过与其有控制关系的其他经营者实施的上述行为,依照此处理。六是在平台经济领域,经营者的营业额包括其销售商品和提供服务所获得的收入。根据行业惯例、收费方式、商业模式、平台经营者的作用等不同,营业额的计算可能有所区别。对于仅提供信息匹配、收取佣金等服务费的平台经营者,可以按照平台所收取的服务费及平台其他收入计算营业额;平台经营者具体参与平台一侧市场竞争或者发挥主导作用的,还可以计算平台所涉交易金额。

同时,对于银行、保险等金融行业的营业额在《金融业经营者集中申报营业额计算办法》中作出了特殊规定,其中第 2 条表明该计算办法所适用的主体为:银行业金融机构包括商业银行、城市信用合作社、农村信用合作社等吸收公众存款的金融机构以及政策性银行。对金融资产管理公司、信托公司、财务公司、金融租赁公司、汽车金融公司、货币经纪公司以及经银行业监督管理机构批准设立的其他金融机构的营业额计算办法,适用本办法对银行业金融机构的规定。计算的公式为:营业额=(营业额要素累加-营业税金及附加)×10%;保险公司集中申报营业额的计算公式为:营业额=(保费收入-营业税金及附加)×10%。其中,保费收入=原保险合同保费收入+分入保费-分出保费。

二、经营者集中申报程序

(一)申报义务人

根据《经营者集中审查暂行规定》和《关于经营者集中申报的指导意见》,通过合并方式实施的经营者集中,由参与合并的各方经营者申报;其他方式的经营者集中,由取得控制权的经营者申报,其他经营者予以配合。在同一案件中,有申报义务的经营者是两个或两个以上时,可以约定由其中一个经营者负责申报,也可以共同申报。约定一个经营者申报而没有申报的,其他有申报义务的经营者不因上述约定而减免其未依法申报的法律责任。申报义务人未进行集中申报的,其他参与集中的经营者可以提出申报。申报人可以自行申报,也可以依法委托他人代理申报。申报人应当在集中协议签署后,集中实施前向国家市场监督管理总局申报。以公开要约方式收购上市公司的,已公告的要约收购报告书可视同为已签署的集中协议。

（二）申报资料

我国《反垄断法》规定,经营者向国务院反垄断执法机构申报集中,应当提交下列文件、资料:(1)申报书;(2)集中对相关市场竞争状况影响的说明;(3)集中协议;(4)参与集中的经营者经会计师事务所审计的上一会计年度财务会计报告;(5)国务院反垄断执法机构规定的其他文件、资料。申报人应在能够提交符合《反垄断法》规定的申报文件、资料后提出申报。申报人将申报文件、资料提交反垄断局,反垄断局向申报人出具国家市场监督管理总局经营者集中材料接收单。接收单仅表示已收到申报材料,并不表示反垄断局已立案审查。具体而言:(1)申报书应当载明参与集中的经营者的名称、住所、经营范围、预定实施集中的日期,并附申报人身份证件或者注册登记文件,境外申报人还须提交当地公证机关的公证文件和相关认证文件。委托代理人申报的,应当提交授权委托书。(2)集中对相关市场竞争状况影响的说明。包括集中交易概况;相关市场界定;参与集中的经营者在相关市场的市场份额及其对市场的控制力;主要竞争者及其市场份额;市场集中度;市场进入;行业发展现状;集中对市场竞争结构、行业发展、技术进步、国民经济发展、消费者以及其他经营者的影响;集中对相关市场竞争影响的效果评估及依据。(3)集中协议。包括各种形式的集中协议文件,如协议书、合同以及相应的补充文件等。(4)参与集中的经营者经会计师事务所审计的上一会计年度财务会计报告。(5)市场监督管理总局要求提交的其他文件、资料。此外,申报人可以自愿提供有助于反垄断局对该集中进行审查和作出决定的其他文件、资料,如地方政府和主管部门等有关方面的意见,支持集中协议的各类报告,包括集中交易的可行性研究报告、尽职调查报告、行业发展研究报告、集中策划报告以及交易后前景发展预测报告等。

同时,申报人应当对申报文件、资料的真实性负责。如果申报文件、资料中包含有商业秘密等保密信息,申报人应当对申报文件、资料中的商业秘密、未披露信息或者保密商务信息进行标注,并且提交申报文件、资料的公开版本和保密版本。申报人提交纸质申报文件、资料的同时,应当提交内容相同的光盘电子文档。纸质申报文件、资料应合理编辑装订,以附件形式提供的文件材料,应提供附件目录,并以易于查找的方式标明每一个附件的名称及位置。电子文档应合理组织以方便查阅。申报人应当提交中文撰写的文件、资料。文件、资料的原件是外文书写的,应当提交中文翻译件和外文原件。文件、资料为副本、复印件或传真件的,应当根据市场监督管理总局的要求出示原件供验证。相关外文文件、资料较长的,申报人可以提交中文摘要和外文原件。市场监督管理总局可以根据工作需要要求申报人补充提交全部文件的中文翻译件。对于申报文件、资料中的外国公司等外文专有名词,须提交中文译名。

(三)商谈制度

商谈制度是指准备实施经营者集中的当事人在提出正式申报之前,就其集中计划涉及的申报信息、法律适用等咨询反垄断执法机构,并根据其意见进行申报或调整原计划,以使集中顺利进行的程序性制度。商谈制度不仅可以提高经营者集中申报获批的可能性,还能提高反垄断审查效率与透明度,增进反垄断审查结果的可预测性,提高反垄断法的权威,因而世界各反垄断国家和地区普遍采用了经营者集中申报前的商谈制度。我国也不例外,根据我国《关于经营者集中申报的指导意见》的规定,在反垄断局决定立案审查前,经营者可就已申报或拟申报的经营者集中,向反垄断局申请商谈。反垄断局将根据商谈申请方提供的信息,就其关心的问题提供指导意见。尽管商谈制度具有很多优势,但亦有局限,如商谈制度缺乏公开性,除了相关当事人之外,人们对该制度的运行状况、操作过程以及相关信息,知之甚少等。因而商谈不是经营者集中申报的必经程序,经营者自行决定是否申请商谈。

商谈申请应当以书面方式,通过传真、邮寄等方式提交反垄断局。商谈申请须包括如下内容:(1)交易概况、交易各方的基本信息等文件和资料;(2)拟商谈问题;(3)参与商谈人员的姓名、国籍、单位及职务;(4)建议的商谈时间;(5)联系人及其联系方式等。

商谈涉及的交易应是真实和相对确定的,且拟商谈的问题应与拟申报或已申报集中直接有关。商谈的问题可以包括:(1)交易是否需要申报。包括相关交易是否属于经营者集中,是否达到申报标准等。(2)需要提交的申报文件资料。包括申报文件资料的信息种类、形式、内容和详略程度等。(3)具体法律和事实问题,包括如何界定相关商品市场和相关地域市场等。(4)就申报和审查程序提供指导。包括申报的时间、申报义务人、申报和审查的时限、简易案件申报程序、非简易案件申报程序、审查程序等。(5)其他相关问题。例如交易是否存在未依法申报问题等。反垄断局收到商谈申请后,根据案件具体情况及拟商谈问题确定是否以及如何安排商谈。对于商谈申请内容不完整的,反垄断局可以要求经营者提交补充资料。经营者应当在反垄断局规定的时间内补交。反垄断局对在办理经营者集中商谈和申报工作中知悉的商业秘密和其他需要保密的信息承担保密义务。

(四)经营者承诺制度

为减少集中具有或者可能具有的排除、限制竞争的效果,参与集中的经营者可以向市场监管总局提出附加限制性条件承诺方案。市场监管总局应当对承诺方案的有效性、可行性和及时性进行评估,并及时将评估结果通知申报人。市场监管总局认为承诺方案不足以减少集中对竞争的不利影响的,可以与参与集中的经营者就限制性条件进行磋商,要求其在合理期限内提出其他承诺方案。根据经营者集中交易具体情况,限制性条件可以包括如下种类:一是剥离有形资产,剥离知识产权、技术、数据等无形资产或者剥离相关权益等结构性条件;二是开放网络、数据或者平台等基础设施、许可关键技术、终止排他性协议、修改平台规则或者算法、承诺兼容或者不降低互操作性水平等行为性条件;三是结构性条件和行为性条件相结合的综合性条件。剥离业务一般应当具有在相关市场开展有效竞争所需要的所有要素，包括有形资产、无形资产、股权、关键人员以及客户协议或者供应协议等权益。剥离对象可以是参与集中经营者的子公司、分支机构或者业务部门。承诺方案存在不能实施的风险的，参与集中的经营者可以提出备选方案。备选方案应当在首选方案无法实施后生效，并且比首选方案的条件更为严格。承诺方案为剥离，但存在下列情形之一的，参与集中的经营者可以在承诺方案中提出特定买方和剥离时间建议：一是剥离存在较大困难；二是剥离前维持剥离业务的竞争性和可销售性存在较大风险；三是买方身份对剥离业务能否恢复市场竞争具有重要影响；四是市场监管总局认为有必要的其他情形。

(五)简易案件的申报

从世界主要反垄断执法机构的实践来看，由于执法行政资源有限，这些国家纷纷使用简易程序来处理那些对市场竞争明显不会造成不利影响的案件，以大幅提高执法效率，集中精力处理一些重大、复杂的案件。为此，我国先后出台《关于经营者集中简易案件适用标准的暂行规定》(已废止)、《关于经营者集中简易案件申报的指导意见》。此外，《经营者集中审查暂行规定》也有关于简易案件申报的标准。

根据《经营者集中审查暂行规定》的规定，符合下列情形之一的，经营者可以作为简易案件申报，市场监管总局按照简易案件程序进行审查：一是在同一相关市场，参与集中的经营者所占的市场份额之和小于15%；在上下游市场，参与集中的经营者所占的市场份额均小于25%；不在同一相关市场也不存在上下游关系的参与集中的经营者，在与交易有关的每个市场所占的市场份额均小于25%。二是参与集中的经营者在中国境外设立合营企业，合营企业不在中国境内从事经济活动的。三是参与集中的经营者收购境外企业股权或者资产，该境外企业不在中国境内从事经济活动的。四是由两个以上经营者共同控制的合营企业，通过集中被其中一个或者一个以上经营者控制的。此外，符合上述规定，但存在下列情形之一的经营者集中，不视为简易案件：一是由两个以上经营者共同控制的合营企业，通过集中被其中的一个经营者控制，该经营者与合营企业属于同一相关市场的竞争者，且市场份额之和大于15%的；二是经营者集中涉及的相关市场难以界定的；三是经营者集中对市场进入、技术进步可能产生不利影响的；四是经营者集中对消费者和其他有关经营者可能产生不利影响的；五是经营者集中对国民经济发展可能产生不利影响的；六是市场监管总局认为可能对市场竞争产生不利影响的其他情形。

对于符合简易案件标准的经营者集中，申报人可以申请作为简易案件申报；申报人未申请的，应作为非简易案件申报。经审核申报材料，符合简易案件标准的经营者集中，反垄断局按简易案件立案；不符合简易案件标准的经营者集中，申报人应按非简易案件重新申报。申报人提交的文件、资料不齐备、不完整或不准确的，应在反垄断局规定的时限内补充、修改、澄清或说明。另外，申报人申报时应填报经营者集中简易案件公示表，简易案件立案后，反垄断局对申报人公示表在国家市场监督管理总局反垄断局网站予以公示，公示期为10日。公示期内，任何单位和个人均可对公示的案件是否应被认定为简易案件向反垄断局提交书面意见。如果第三方认为公示的案件不是简易案件，应在公示期内向反垄断局提出异议，并提供相关证据和联系方法。反垄断局在立案前拟退回简易案件申请，或立案后拟撤销简易案件认定时，应听取申报人的意见，并对其提出的事实、理由和证据进行核实。申报人隐瞒重要情况或者提供虚假材料、误导性信息的，反垄断局可以责令申报人按非简易案件重新申报，并依据《反垄断法》的规定追究相关经营者和个人的法律责任。

第三节　经营者集中审查制度

经营者集中的审查是预防集中对市场竞争产生或者可能产生排除、限制竞争效果的关键一步，因此，科学合理的审查标准和完善的审查程序是分析和评估集中对市场竞争影响的关键。基于各国基本国情的差异和反垄断执法需求的不同，形成了不同的经营者集中审查标准，如美国的实质减少竞争标准、欧盟如今的严重阻碍有效竞争标准等。虽标准不同，但所考虑的因素具有共同性。

一、经营者集中竞争分析的考虑因素

在经营者集中的审查中，对于具体因素的审查是经营者能否获准实施集中的关键，各国根据本国的现实经济状况以及反垄断实践摸索出适用于自身的审查因素。国务院反垄断执法机构在审查经营者集中时，应当根据个案的具体情况，综合考虑各种因素。《反垄断法》和《经营者集中审查暂行规定》对经营者集中影响竞争的分析因素作了明确规定，为我国反垄断执法机构评估经营者集中的竞争影响提供了法律依据。评估经营者集中的竞争影响，可以考察相关经营者单独或者共同排除、限制竞争的能力、动机及可能性；涉及上下游市场或者关联市场的，可以考察相关经营者利用在一个或者多个市场的控制力，排除、限制其他市场竞争的能力、动机及可能性。具体而言，审查经营者集中，应当考虑下列因素：

（1）参与集中的经营者在相关市场的市场份额及其对市场的控制力。市场份额又称市场占有率，是经营者的各项指标占市场总量的比例，一般体现经营者的市场实力，拥有高市场份额的经营者通常具有市场控制力。市场份额是分析相关市场结构、经营者及其竞争者在相关市场中地位的重要因素。欧盟在《关于控制企业之间集中的第129/2004号条例》中规定，参与集中的企业市场份额不超过25%，该项集中一般会被允许；如果集中后的企业市场份额在25%~40%，除非有其他情况，一般不会产生市场支配地位。而评估参与集中的经营者对市场的控制力，可以考虑参与集中的经营者在相关市场的市场份额、产品或者服务的替代程度、控制销售市场或者原材料采购市场的能力、财力和技术条件，以及相关市场的市场结构、其他经营者的生产能力、下游客户购买能力和转换供应商的能力、潜在竞争者进入的抵消效果等因素。评估平台经济领域经营者在相关市场的市场份额时，除以营业额为指标外，还可以考虑采用交易金额、交易数量、活跃用户数、点击量、使用时长或者其他指标在相关市场所占比重,并可以视情况对较长时间段内的市场份额进行综合评估,判断其动态变化趋势;评估对市场的控制力时,可以考虑经营者是否对关键性、稀缺性资源拥有独占权利以及该独占权利持续时间,平台用户黏性、多栖性,经营者掌握和处理数据的能力,对数据接口的控制能力,向其他市场渗透或者扩展的能力,经营者的盈利能力及利润率水平,技术创新的频率和速度,商品的生命周期,是否存在或者可能出现颠覆性创新等。

(2)相关市场的市场集中度。相关市场的集中度体现了在相关市场内经营者集中的程度,是相关市场的市场结构重要体现。在常态下,相关市场的集中度越高,在相关市场内实施的经营者集中更容易产生排除、限制竞争的效果。评估相关市场的市场集中度,可以考虑相关市场的经营者数量及市场份额等因素。此外,评估平台经济相关市场的集中度,可以考虑相关平台市场的发展状况、现有竞争者数量和市场份额等。市场集中度一般通过计算行业集中度指数(CRn 指数)或赫芬达尔-赫希曼指数(Herfindahl-Horschman Index,以下简称 HHI 指数)来判断。HHI 指数等于集中所涉相关市场中每个经营者市场份额的平方之和。CRn 指数等于集中所涉相关市场中前 N 家经营者市场份额之和。相较于 CRn 指数,HHI 指数更能准确反映市场的竞争结构,因而被广泛采用,如美国 2010 年《横向合并指南》、欧盟 2004 年的《横向并购指南》等都规定了 HHI 指数标准。

(3)经营者集中对市场进入、技术进步的影响。市场进入是分析市场是否存在进入壁垒,潜在的竞争者能否进入市场参与竞争的关键。经营者集中可能提高相关市场的进入壁垒,集中后经营者可行使其通过集中而取得或增强的市场控制力,通过控制生产要素、销售渠道、技术优势、关键设施等方式,使其他经营者进入相关市场更加困难。评估经营者集中竞争影响时,可考察潜在竞争者进入的抵消效果,如果集中所涉及的相关市场进入非常容易,未参与集中的经营者能够对集中交易方的排除、限制竞争行为作出反应,并发挥遏制作用,那么这项集中对市场竞争的影响也相对较小。判断市场进入的难易程度,需全面考虑进入的可能性、及时性和充分性。判断平台经济领域市场进入的难易程度,可以考虑市场准入情况,经营者获得技术、知识产权、数据、渠道、用户等必要资源和必需设施的难度,进入相关市场需要的资金投入规模,用户在费用、数据迁移、谈判、学习、搜索等各方面的转换成本。

创新是市场发展的关键,欧盟在《横向并购指南》与《非横向并购指南》中都认为在对合并带来的影响进行分析时,要考虑其对创新带来的影响。我国也不例外,《反垄断法》规定了在审查经营者集中时,要关注集中对技术进步的影响。经营者集中对创新因素的影响具有两面性,其积极影响是能整合市场资源形成规模效应,满足创新所需的各项条件;其消极影响是可能形成“抄袭式”开发和企业兼并,甚至阻碍创新。评估经营者集中对技术进步的影响,可以考虑经营者集中对技术创新动力、技术研发投入和利用、技术资源整合等方面的影响。评估平台经济领域经营者集中对技术进步的影响,可以考虑现有市场竞争者在技术和商业模式等创新方面的竞争,对经营者创新动机和能力的影响,对初创企业、新兴平台的收购是否会影响创新。

(4)经营者集中对消费者和其他有关经营者的影响。经营者集中可提高相关市场经营者的竞争压力,从而提高经济效率、实现规模经济效应和范围经济效应、降低产品成本和提高产品多样化,对消费者利益产生积极影响。集中也可能提高参与集中经营者的市场控制力,增强其采取排除、限制竞争行为的能力,使其更有可能通过提高价格、降低质量、限制产销量、减少科技研发投资等方式损害消费者利益;也可以凭借集中而取得或增强市场控制力,参与集中经营者可能通过实施某些经营策略或手段,限制未参与集中经营者扩大经营规模或削弱其竞争能力,从而减少相关市场的竞争,也可能对其上下游市场或关联市场竞争产生排除、限制竞争效果。评估经营者集中对消费者的影响,可以考虑经营者集中对产品或者服务的数量、价格、质量、多样化等方面的影响;评估平台经济领域经营者集中对消费者的影响,可以考虑集中后经营者是否有能力和动机以提高商品价格、降低商品质量、减少商品多样性、损害消费者选择能力和范围、区别对待不同消费者群体、不恰当使用消费者数据等方式损害消费者利益。评估经营者集中对其他有关经营者的影响,可以考虑经营者集中对同一相关市场、上下游市场或者关联市场经营者的市场进入、交易机会等竞争条件的影响。

(5)经营者集中对国民经济发展的影响。经营者集中有助于扩大经营规模,增强市场竞争力,从而提高经济效率,促进国民经济发展。在特定情况下,经营者集中也可能破坏相关市场的有效竞争和相关行业的健康发展,对国民经济造成不利影响。评估经营者集中对国民经济发展的影响,可以考虑经营者集中对经济效率、经营规模及其对相关行业发展等方面的影响。

此外,评估经营者集中的竞争影响,还可以综合考虑集中对公共利益的影响、参与集中的经营者是否为濒临破产的企业等因素。

二、经营者集中审查程序

经营者集中主要有如下审查程序:

(1)初步审查。根据《反垄断法》规定,国务院反垄断执法机构应当自收到经营者提交的符合《反垄断法》规定的文件、资料之日起 30 日内,对申报的经营者集中进行初步审查,作出是否实施进一步审查的决定,并书面通知经营者。国务院反垄断执法机构作出决定前,经营者不得实施集中。国务院反垄断执法机构作出不实施进一步审查的决定或者逾期未作出决定的,经营者可以实施集中。

(2)进一步审查。国务院反垄断执法机构决定实施进一步审查的,应当自决定之日起 90 日内审查完毕,作出是否禁止经营者集中的决定,并书面通知经营者。作出禁止经营者集中的决定,应当说明理由。审查期间,经营者不得实施集中。

(3)延长审查。有下列情形之一的,国务院反垄断执法机构经书面通知经营者,可以延长前款规定的审查期限,但最长不得超过 60 日:一是经营者同意延长审查期限;二是经营者提交的文件、资料不准确,需要进一步核实;三是经营者申报后有关情况发生重大变化。国务院反垄断执法机构逾期未作出决定的,经营者可以实施集中。

(4)中止审查。有下列情形之一的,国务院反垄断执法机构可以决定中止计算经营者集中的审查期限,并书面通知经营者:一是经营者未按照规定提交文件、资料,导致审查工作无法进行;二是出现对经营者集中审查具有重大影响的新情况、新事实,不经核实将导致审查工作无法进行;三是需要对经营者集中附加的限制性条件进一步评估,且经营者提出中止请求。自中止计算审查期限的情形消除之日起,审查期限继续计算,国务院反垄断执法机构应当书面通知经营者。

(5)审查决定。经营者集中在申报后会经过初步审查,对于必要的经营者集中会作进一步审查。在所有审查程序结束之后,反垄断执法机构就应当作出审查决定。得出的结论可能有以下三种:一是禁止集中决定。经营者集中具有或者可能具有排除、限制竞争效果的,国务院反垄断执法机构应当作出禁止经营者集中的决定。二是准许集中决定。对于符合法律条件,对市场竞争产生影响较小或经营者能够证明该集中对竞争产生的有利影响明显大于不利影响,或者符合社会公共利益的,国务院反垄断执法机构可以作出对经营者集中不予禁止的决定。三是附条件集中。对不予禁止的经营者集中,国务院反垄断执法机构可以决定附加减少集中对竞争产生不利影响的限制性条件。对于具有或者可能具有排除、限制竞争效果的经营者集中,参与集中的经营者提出的附加限制性条件承诺方案能够有效减少集中对竞争产生的不利影响的,市场监管总局可以作出附加限制性条件批准决定。参与集中的经营者未能在规定期限内提出附加限制性条件承诺方案,或者所提出的承诺方案不能有效减少集中对竞争产生的不利影响的,市场监管总局应当作出禁止经营者集中的决定。审查决定生效期间,市场监管总局可以主动或者应义务人申请对限制性条件进行重新审查,变更或者解除限制性条件。市场监管总局决定变更或者解除限制性条件的,应当及时向社会公布。

三、对违法实施经营者集中的调查

经营者集中达到申报标准,经营者未申报实施集中、申报后未经批准实施集中,或者违反审查决定的,应当受到违法实施经营者集中的调查。我国《经营者集中审查暂行规定》中明确规定,对有初步事实和证据表明存在违法实施经营者集中嫌疑的,市场监管总局应当予以立案,并书面通知被调查的经营者。被调查者负有提供相关材料的义务,被调查的经营者应当在立案通知送达之日起 30 日内,向市场监管总局提交是否属于经营者集中、是否达到申报标准、是否申报、是否违法实施等有关的文件、资料。对于违法实施经营者集中的调查采取了“两步走”的审查模式。第一步,市场监管总局应当自收到被调查的经营者依照规定提交的文件、资料之日起 30 日内,对被调查的交易是否属于违法实施经营者集中完成初步调查。对属于违法实施经营者集中的,市场监管总局应当作出实施进一步调查的决定,并书面通知被调查的经营者。经营者应当停止违法行为。不属于违法实施经营者集中的,市场监管总局应当作出不实施进一步调查的决定,并书面通知被调查的经营者。第二步,市场监管总局决定实施进一步调查的,被调查的经营者应当自收到市场监管总局书面通知之日起 30 日内,依照该规定关于经营者集中申报文件、资料的规定向市场监管总局提交相关文件、资料。市场监管总局应当自收到被调查的经营者提交的符合上述规定的文件、资料之日起 120 日内,完成进一步调查。在进一步调查阶段,市场监管总局应当按照《反垄断法》及《经营者集中审查暂行规定》,对被调查的交易是否具有或者可能具有排除、限制竞争效果进行评估。

在调查过程中,被调查的经营者、利害关系人有权陈述意见。市场监管总局应当对被调查的经营者、利害关系人提出的事实、理由和证据进行核实。市场监管总局在作出行政处罚决定前,应当将作出行政处罚决定的事实、理由和依据告知被调查的经营者。被调查的经营者应当在市场监管总局规定的期限内提交书面意见。书面意见应当包括相关事实和证据。市场监管总局对违法实施经营者集中应当依法作出处理决定,并可以向社会公布。

第九章　行政垄断

第一节　行政垄断概述

一、行政垄断的概念

在国家为克服市场缺陷而进行经济干预的同时，也出现了政府滥用行政权力排除、限制市场竞争的现象。政府对市场的干预，实质是行政权对市场运行的介入。这种介入既可能通过行政处罚、行政许可、行政命令、行政强制等传统刚性执法的形式，也可以通过行政协议、行政奖励、行政指导等柔性执法方式。通常这种介入都会打破市场的竞争秩序，良性干预有助于有序市场竞争的构建，而恶性干预则会破坏市场竞争，行政垄断就是政府恶性干预的具体体现。何为行政垄断，基于研究视角的不同，有不同的解读，其侧重点有很大差异。如经济学上的研究主要是分析行政垄断带来的效率、福利损失等问题。而在法学界，根据我国《反垄断法》的规定，行政垄断是指行政机关和法律、法规授权的具有管理公共事务职能的组织滥用行政权力，排除、限制竞争的行为。囿于行政垄断对市场竞争的危害，各反垄断国家和地区都对其进行了规制，如美国通过对《谢尔曼法》的扩大解释限制州的行为，在判例的基础上逐渐建立起对州行为的控制；欧盟通过《欧盟运行条约》第 107 条、第 108 条、第 109 条和《一般性集体豁免条例》《农业集体豁免条例》《渔业集体豁免条例》等控制国家援助；俄罗斯通过《俄罗斯联邦保护竞争法》规制公权力垄断行为等。

垄断从其产生的原因是否具有行政权力干预的角度来进行划分,可以分为经济性垄断和行政性垄断。经济性垄断是企业在市场竞争中形成的,体现的是自由竞争—集中—垄断的过程。行政性垄断是政府公权力干预所形成的垄断,可以表现为政府作为直接主体的行政垄断,也可以表现为政府作为间接主体,企业和其他组织作为直接主体的垄断。与经济性垄断相比,就形式而言,它们在客观上存在不同程度的差异,经济性垄断的行为主体是经营者,影响市场竞争的力量是私权力,行政垄断的行为主体是行政机关和法律、法规授权的具有管理公共事务职能的组织,影响市场竞争的力量是公权力。但就实质而言,二者并无根本性的差异,都会严重影响市场的公平竞争。但行政垄断还具有以下特点:

(1)具体实施行政垄断行为的主体必须是特定的,即行政机关和法律、法规授权的具有管理公共事务职能的组织。从广义上讲,行政机关是一级政府机关的总称,即国家政权组织中执行国家法律,从事国家政务、机关内部事务和社会公共事务管理的政府机关及其工作部门。而从狭义上讲,行政机关仅指政府机关内部的综合办事机构。此处的行政机关应从广义上进行理解,包括国务院各部委和地方各级人民政府及其所属部门。除行政机关外,我国还有一些具有公共管理职权的特设组织,如国务院特设机构国资委等。这些组织一经法定授权后,就享有行政职权,能以自己的名义行使权能并独立承担责任,因而也是行政垄断的主体。

(2)从实施手段看,行政垄断是利用行政权力排除、限制市场竞争。需要注意的是,在执法实践中,应明确行政主体行使民事权利和行政权力的区别。基于角色理论,行政主体也可以作为市场主体参与市场竞争,因而其也享有民事权利和承担民事义务。如行政机关基于自身需要而签订的民事合同,如果出现纠纷而需要通过诉讼进行救济的,应受民事法律规范。而在一般情况下,行政主体行使行政权力是为了维护社会秩序和公共利益,而利用行政权力滥用的行为也要以此为前提,因而行政主体行使民事权利和行政权力的主要区别在于一个是为了自己的私益,如为建设办公楼而进行的招标;另一个是为了社会公益,如实施医药集中采购的招标。

(3)从法律性质来看,行政垄断是没有法律、法规的依据,滥用行政权力。这里需要区分的是正常行使行政权力和滥用行政权力。滥用指的是行政机关在干预经济活动的过程当中违反法定的权限和程序来限制竞争。具体而言,包括三层含义:一是行政机关行使的行政职权不符合法律授予这种权力的目的。如垄断有合法和非法之分,对于合法的垄断,行政机关有权力排除、限制市场竞争,但如果行政机关超越法律、法规行使行政职权就是不合法的。二是违反法律、法规的滥用行政权力,或者是在法定的权限范围内,随意行使拥有的行政职权造成危害后果的行政行为。三是排除、限制了市场竞争,行政垄断主要是干预市场的自由竞争与公平竞争,在竞争领域之外的政府对经济的干预行为不属于行政垄断的范畴,如公安机关滥用行政权力超期羁押不属于《反垄断法》规制的范畴。

二、行政垄断的危害

行政垄断除了妨碍公平自由竞争,破坏市场经济秩序;影响企业积极创新,降低生产资源优化配置外,还具有其他危害,具体而言:

(1)行政垄断造成了巨大的经济损失,加剧了社会分配的不公。正如古典经济学派早已指出过的,无论过去、现在还是将来,政府限制竞争行为都是对竞争危害最大的行为。一般而言,行政垄断行业缺乏市场竞争压力与成本约束,从而很容易将企业内部成本支出转移给第三方,行政垄断企业经营管理者的高工资、职工中令人羡慕的福利待遇就是生产成本膨胀的明证,其成本必将由消费者来承担,从而引发收入分配不均。且行政垄断对地区经济的发展具有极大的损害作用。行政性垄断造成地方封锁、地方保护主义,地方政府凭借行政权力阻止本地资源外流,设立种种关卡和手段,阻止外地竞争性产品进入,以保护本地的资源和市场,结果本应统一开放的市场体系被行政区域分割,企业产品之间的行销只局限于行政给定的狭小区域,影响了全国统一大市场的形成,阻碍了经济的高质量发展,从而减缓了中国的现代化进程。

(2)行政垄断影响产业的市场运行和动态发展,使市场架构趋于不合理。从市场结构来看,经济体系的构成复杂多样,受多种因素制约,会呈现错综复杂的结构。[1] 而政府可以通过分配机制引导、调整市场结构变动。我国目前的经济结构主要以公有制经济为主、多种所有制经济共同发展。在市场化理念的指引下,我国以经济法的公平竞争理念为指导,充分发挥市场主体的能动作用,正在逐步拓宽民营企业市场竞争的范畴,允许民营企业参与国有企业改革等。但"行政垄断规制下的产业生命周期会比自由竞争市场的要长,而在市场经济当中由于受到行政垄断的影响,企业能够获得更多的垄断利润,也会导致市场商品的价格偏高。行政垄断会同时损害一个产业的社会总福利、消费者总剩余和总消费量,同时它会损害产业的创新总量和单位产量,抑制整个产业的技术进步。但随着社会的不断发展,技术也在不断进步,行政垄断规制的市场结构会趋于集中,市场内生的垄断程度会导致市场的集中度越来越高。相对于自由竞争的产业,新增垄断能够使企业获得更高的利润,能够形成更高的市场价格,从而保证国有经济主体的地位"。[2] 且在经济转型过程中,国家出于经济发展的需要会实施各种产业政策,而不合理的产业政策极易造成行政垄断,阻碍市场竞争。

(3)过度的行政垄断会导致政府失灵,从而引发政治腐败。如行政垄断可以使一些企业通过各种渠道获得政府的低利率贷款,或者税收方面的优惠,或者国家补贴,或者是廉价的地皮等。这种不公平的竞争待遇会破坏有序的市场竞争环境,在行政权庇护下成长起来的企业,其市场地位会不断得到加强,影响力也在逐步上升,甚至影响政府的决策,以致政府失灵。更为恶劣的是,一旦政府想要打破这种困境,进行改革,会立刻遭到这些垄断企业的强烈反对,千方百计地进行阻挠,从而形成新一轮的"博弈"局面,政府有可能再次被"俘获",形成行政垄断的恶性循环。在这种环境下,行政垄断为某些行政官员以

---

〔1〕 殷杰、王亚男:《社会科学中复杂系统范式的适用性问题》,载《中国社会科学》2016 年第 3 期。

〔2〕 陈林:《中国行政垄断制度的经济绩效》,中国社会科学出版社 2014 年版,第 273-275 页。

权谋私和权钱交易提供了机会，从而引发政治腐败，损害政府形象。因而以权谋私，为小集团服务，或将权力作为资本进行“寻租”的行为难以避免。不合理的行政垄断本质上就是一种权钱交易，为企业的不当竞争提供了机会，而随着受益企业不断发展壮大，又会影响政府职能的发挥，从而发生新一轮的权钱交易。

三、行政垄断的相关理论

（一）古典经济学与行政垄断

早在古典经济学产生之前，市场上就出现了垄断现象，如《外国经济史》中就曾对垄断现象有过记载。[1] 而这时的垄断主要以行业协会和私人垄断的形式呈现，较少涉及行政垄断。因此，不少学者在古典经济学产生以前，就对这种经济性垄断行为提出了反对意见。受古典经济学重商主义的影响，近代法律对市场经济的调节奉行自由放任主义，主张不干预或少干预，认为依靠市场机制的调节就能促进经济的健康发展。需要说明的是，自由放任主义并没有完全抛弃国家干预理念，而是强调国家干预必须是有限的，也必须是最小的。按照自然自由的制度，君主只有三个应尽的义务：一是保护社会的义务；二是尽可能保护社会上各个个体的义务；三是提供公共服务的义务。[2] 且仅由市场进行经济调节也存在弊端，市场主体的经济人理性和外部监督的缺失容易导致市场调节失灵，造成市场竞争秩序的破坏，损害权益人的合法权益，仅靠市场这只“看不见的手”已经难以完成经济治理的任务。随着个人权利本位向社会本位的转变，市场经济调节开始背离极端的自由放任主义，政府开始有限度地对经济活动进行干预。[3] 而只要存在国家干预，就可能存在行政性垄断。对于政府而言，政府干预也会出现失灵，主要表现在无效干预、过度干预和权力寻租三方面。[4] 政府并不是一个全能主体，尽管政府具有公益属性，能代表国家和人民

---

〔1〕 樊元、宋则行：《外国经济史》（第2册），人民出版社1981年版，第8、58页。

〔2〕 [英]亚当·斯密：《国民财富的性质和原因的研究》（下卷），郭大力、王亚南译，商务印书馆1979年版，第252-253页。

〔3〕 薛克鹏：《经济法基本范畴研究》，北京大学出版社2013年版，第113页。

〔4〕 常传领、金纯：《试论政府干预及其法律规制》，载《现代法学》2004年第6期。

的利益，但其也由一个个具有私益的个体组成，也具有经济人特性。如果不对其权力行使进行限制，可能会导致治理权力的滥用和误用，如出于地方保护心理形成的行政垄断制约着市场经济的发展。在《国民财富的性质和原因的研究》一书中，亚当·斯密就曾提出，政府应当为全体民众谋取利益，而不应当为了某一阶级的利益而侵害民众的利益。[1]

（二）公共利益规制与公共选择理论

政府公共利益规制理论认为，政府规制是对市场失灵的回应，市场失灵是政府规制的一个逻辑起点。这一理论假定规制的目的是通过提高资源配置效率，增进社会福利，而政府作为公共利益的代表，是应公众的要求来纠正市场活动带来的无效率和不公平。该理论主要包含三个假设：一是市场失灵是市场调节机制不可避免的现象，市场自行运转较为脆弱，无效率和不公平时有发生；二是政府被假定为"理性人"，应社会或公众对效率和公平的要求对市场失灵做出的无成本、有效的和慈善的反应；三是政府是慈善的、无所不能的和无所不知的，能实现社会福利的最大化，所以政府必然无私地追求公共利益，把公共利益最大化看作自身最高的价值追求。且"不管一个人对合适的政府作用的观念形态的预想是什么，过去20年发展中国家政府不断要求负担起对他们的经济管理和指导的责任……简言之，政府怎样构造，怎样管理发展已经十分重要，将来会变得更重要"。[2] 而公共选择理论是对古典经济学的继承和发展，该理论产生于20世纪40年代末，"二战"后，凯恩斯经济学盛行，此时政府过多地干预了市场的经济运行，但并没有因此解决政府在此环境下产生的巨额赤字与持续的通货膨胀问题，为公共选择理论的产生奠定了客观基础。该理论从实证分析出发，以"经济人"为基本假设和前提，运用微观经济学的方法来解释个人的偏好与政府公共选择的关系问题。其对行政规制的解读可以从三个方面进行

[1] 亚当·斯密：《国民财富的性质和原因的研究》（上卷），郭大力、王亚南译，商务印书馆1972年版，第56页。

[2] [美]迈克尔·P.托达罗：《经济发展与第三世界》，印金强、赵荣美译，中国经济出版社1992年版，第514页。

理解：一是以经济学中的“经济人”为假设，认为由具体的个体人组成的政治决策者们本质上也是逐利的。因此在制定政策时若要符合公共利益的最大化要求，就必须首先对决策者建立一套有效且强力的监督与约束机制，否则政策在制定的过程中很难抵抗行政垄断产生的风险。二是认为决策者的个人偏好决定了公共决策的走向。要想使公共决策能够体现人民的意愿，仅仅凭借决策者的个人素质是远远不够的。三是认为利益集团对公共选择结果是有一定影响的。政府在政策的制定与实施时，在一定程度上受到利益集团的影响。一些地方盛行的地方保护主义就是以行政区划为单位的地区利益集团行动的结果。可以说，公共利益规制理论为政府干预提供了理论来源，而公共选择理论则是限制政府权力行使的主要理论基础。

（三）芝加哥学派与行政垄断

20世纪70年代以来，在美国反垄断政策的分析论证当中，芝加哥学派与哈佛学派的论战尤为精彩。芝加哥学派在这场论战当中提出了竞争理论的基本思想和竞争政策的主张，这些竞争理论最后取得了主流地位，对美国反垄断政策起到了很大的影响作用。芝加哥学派认为，市场竞争应当是一个在没有国家强制力介入的情况下自由发挥作用的过程，因此国家应当尽量地减少对于自由市场竞争的干预。只要市场的竞争能够带来良性的经济绩效，那么，无论市场竞争当中出现了市场自由的垄断或寡占，政府也没有必要进行参与。此外，芝加哥学派的学者对于电力、通信、交通运输等产业的实证研究发现，政府对于这几个行业的竞争规制行为并没有达到预期的效果，反而产生了不良的影响，因此芝加哥学派认为政府应当放松管制。同时，该学派认为只有当市场行为本身限制了自由竞争，并且没有产生良性的经济效益时，政府才有必要对其进行干预。[1]

---

〔1〕［美］乔治·J.施蒂格勒：《产业组织和政府管制》，潘振民译，上海三联书店1989年版，第157-173页。

第二节　行政垄断规制的国际比较

一、域外行政垄断立法规制

(一)美国立法概况

美国各州政府对管理本州的经济事务具有很大的自主权,各州之间经常设置歧视性税收政策,并因为贸易问题产生摩擦。而随着各州权力的扩张,其涉嫌的行政垄断行为日益增多。且美国是典型的自由市场经济国家,其国有经济成分在主要发达国家中比例最低。因此,美国很难像多数西方国家如英国、法国等通过对国有经济的直接控制和管理发挥经济政策的作用,而是通过对企业的直接管制来履行国家经济政策的功能,实现国家宏观和微观的经济目标。美国政府的这种做法在某种程度上导致了行政垄断形成。为解决行政垄断,美国通过扩大《谢尔曼法》的解释来限制政府权力的扩张。尽管《谢尔曼法》中没有涉及行政垄断的问题,但在美国的判例中存在许多与行政垄断相关的判决,在诉讼中将被告范围从《谢尔曼法》中规定的"人"拓展为有些市政机关及其内部工作人员,这就说明《谢尔曼法》同样可以规制行政机关以及政府官员的行政垄断行为。[1] 且《谢尔曼法》第 1 条将任何契约限制州与州之间以及与外国之间的贸易往来行为定义为非法,就赋予了司法部对于行政垄断的规制权。而《克莱顿法》第 2 条又规定了行政垄断中的价格歧视行为,"从事商业的人在商业过程中,直接或者间接地对同一等级和质量商品的买者实施价格歧视,如果价格歧视的结果是实质上竞争或旨在形成对商业的垄断,或妨害、破坏、阻止同那些准许或故意接受该歧视利益的人之间的竞争,或者是同他们的顾客之间的竞争,是非法的"。同时,还有一些其他的法律法规也对行政垄断进行了规制,如美国 1984 年的《地方行政反垄断法》将市政机关纳入了反垄断法包含的主

〔1〕 尚明:《主要国家反垄断法律汇编》,法律出版社 2004 年版,第 366 页。

体范围之内;1996 年通过的《1996 年联邦农业完善和改革法》推翻了农产品价格支持政策等。

(二)欧盟立法概况

根据 1958 年生效的《欧洲经济共同体条约》的规定,成员国的跨国限制竞争与私人竞争严重阻碍了共同体大市场的建立,因而应当受到欧盟竞争法的规制。《欧盟职能条约》对成员国的跨国限制竞争作出了具体的规制,根据第 106 条的规定,禁止成员国对国有企业采取特殊措施损害竞争,第 107 条禁止成员国采取不合理的国家补贴政策损害竞争。此外,还对一些特殊行业作了例外规定。在欧盟,农产品由欧盟统一管辖,并由各国协商它们的最高价和最低价来实行出口补贴,根据《欧共体条约》第 42 条的规定,欧共体的农业政策优先于竞争政策,并且农业是唯一可以得到欧共体反垄断法豁免的行业。即为了欧盟内部统一大市场的建立,各个成员国不得实施任何可能损害市场竞争的措施,不得实施任何排除或限制竞争的行政垄断行为。

除了防止各国对外贸易政策的滥用限制市场竞争外,欧盟的竞争法还对有关国民经济行业中的行政垄断行为进行了规制。《欧盟职能条约》第 101 条、第 102 条规定明确禁止私人限制竞争,并在第 106 条规定成员国应当对国有企业和私人企业一视同仁,也就是说国有企业不得排除欧盟竞争法的适用。《欧洲经济共同体条约》第 86 条具体规定了国有企业不得实施排除限制竞争行为;第 90 条明确具有特权或专有权的企业以及公共企业应当适用本条约,成员国不得排除该条约的适用。

(三)俄罗斯立法概况

由于俄罗斯历史上长期实行计划经济体制的原因,反行政垄断问题一直被俄罗斯所重视。俄罗斯于 1991 年制定的《关于发展竞争和限制商品市场垄断行为的法律》,是俄罗斯首部专门规定反垄断的法律。该部法律的主要矛头指向行政垄断,对于行政垄断作出了较为全面且严厉的规定。其后,又在 1995 年颁布了《关于竞争和在商品市场中限制竞争活动的法律》,也明确且具体地对行政垄断进行了规制。此外,俄罗斯在 1995 年颁布的《自然垄断法》中对行政垄断现象出现的行业以及行政垄断行为主体有了更加完善的规定。俄罗斯的《保护金融服务市场竞争法》将金融市场列为行政垄断可能会出现的行业等。2006年,俄罗斯通过的《俄罗斯联邦保护竞争法》在第三章、第四章、第五章中都对行政垄断作出了规定。第三章第15条详细规定了反垄断法的适用主体,反垄断法认定的适用主体非常广泛,包括地方政府机关、联邦各部门行政机关、联邦行政机关以及经授权或者委托的其他机构或者组织。即除了联邦立法机关、司法机关和最高行政机关之外,其他所有享有行政权力的主体和权力主体,如果它们的协议、协调、立法等行为存在限制竞争,都应被《俄罗斯保护竞争法》所规制。第15条、第16条详细规定了地方政府机关、联邦各部门行政机关、联邦行政机关以及经授权或者委托其他机构或者组织不得从事的行政垄断行为。主要包括以下五类:一是公权力机构不得妨碍、排除和限制市场竞争;二是公权力机构的职能不得与企业的职能相混同;三是禁止公权力机构间联合限制市场竞争;四是规制公权力参与交易的行为;五是原则上禁止特惠行为,只有符合特定目的,不会造成排除、限制竞争效果的特惠行为才是合法的。

(四)日本立法规定

日本在近代资本主义形成的过程当中,以国家的力量集中垄断资本扶持一批企业产生。在创立资本主义的过程当中,日本政府鼓励发展垄断,以集中垄断资本力量。但由于日本的竞争法沿袭了美国反托拉斯法,而美国的反托拉斯法最初没有行政垄断的专门规定,因而日本在制定反垄断法之初,也没有对行政垄断作出明确规定,有关行政垄断的规制需要从法条和具体案例中分析得出。而随着行政垄断行为的日益增多,日本最高法院最终通过"都营芝浦屠场事件"确定了"经营者"的认定不受行为主体法律性质的影响,从而将行政垄断纳入了反垄断法规制的范畴。而日本行政限制竞争行为具体表现为两种形式:行政指导的卡特尔和行政参与的串通招标投标行为。日本对行政限制竞争行为的规制散见于《禁止私人垄断法》的相关内容及有关意见指南、相关判例中。行政指导型卡特尔是指行政部门与经营者结合限制竞争的行为。日本针对行政指导卡特尔,对事业者适用《禁止私人垄断法》,对于行政指导的制定者适用

《行政程序法》和《关于独占禁止法和行政指导关系的指南》。另一种表现形式为行政参与型串通招投标行为，此种串通型案件在日本有诸多判例，通常属于日本反垄断法中不正当交易限制的规制，主要是运用行政处罚，主要法律依据包括《刑法》《防止官制串通法》《行政程序法》等。此外，日本《禁止私人垄断法》对串通投标的规制主要以行政处分为中心，刑事处罚只不过是例外措施。

二、中国行政垄断的历史考察

（一）中国古代的行政垄断

从历史渊源看，行政垄断同自然经济中占统治地位的官营经济相适应，其典型形态存在于封建时代。而在中国古代，国家专卖制度称为“禁榷”。最早提出“榷”这个概念的是著名的经济学家齐相管仲。[1] 禁榷制度是国家凭借行政特权将一些重要商品的生产经营权收归政府，从而获取高额垄断利润的一种制度，涉及的行业多以关乎民生的产品为主，如历朝的政府都会对盐、铁、酒、茶等实行独占经营的政策。除了国家层面的“禁榷”制度之外，官僚权贵利用政治特权进行商业活动谋取私利的行为，在每一个朝代都有发生。在《中国经济政策思想史》一书当中就提到：上至帝王公卿、高官显要，下至郡守县令、军事属吏，都有追逐利益的代表人物。[2] 权贵经商使普通商人的发展更加陷入了困境。普通商人越来越穷，官商却越来越富，也是封建势力垄断市场发展的结果。

此外，除禁榷制度外，还有土贡制度。土贡制度是指各地方政府向中央封建朝廷无偿进奉产品的制度。它要求在封建统治范围之内的每一个地方，应将本地所出产的物品，无论是农产品、矿产品、林牧产品、渔产品、手工业制品，凡是统治阶级需要的，都必须上贡。中国古代的行政垄断是以封建专制制度为基础和前提的，因此在中国古代，行政垄断具有强制性和合法性。政府以法律的

---

〔1〕 齐桓公时期，商品经济发展到一定程度（尽管当时以自然经济为主，但手工业和农业分工的出现标志着商品经济的产生，当时商品经济已经出现），亚相管仲为了增加国家财政收入，提出了“官山海”的盐铁专卖政策，从此便开始了在中国历史上长期延续并不断扩大范围的禁榷制度。参见傅筑夫：《中国封建社会经济史》（第2卷），北京人民出版社1982年版，第666-667页。

〔2〕 马伯煌：《中国经济政策思想史》，云南人民出版社1993年版，第515页。

形式来实现暴力控制经济的目的。而封建统治者实施行政垄断,其根本目的在于维护自己的利益。封建集权者认为当平民商人聚财敛财到一定程度时,就会对中央集权产生威胁,更甚会产生夺权的危险。因此,无论是出于经济的角度,还是政治控权的角度,集权者都对平民商人阶级有抵制的心理。行政垄断危害甚多,古人对此也有批判者。著名的史学家司马迁就曾经提出:"善者因之,其次利导之,其次教诲之,其次整齐之,最下者与之争。"

(二)中国近代的行政垄断

1840 年鸦片战争后,尤其是 1870 年以后,中国的经济开始了其近代化进程,从传统的小农经济向近代经济转变。尽管中国近代社会发生了巨大变革,但当时仍以封建专制制度为主,依然由中央和地方政府集权掌握强大的政治权力,因此政府依然具有广泛的经济职能。1860 年到 1894 年,经历了洋务运动,中国的社会经济发生了很大的变化,资本主义经济的社会观念在我国有了一定的萌生。尽管如此,洋务运动仍然具有封建性,也具有一定的垄断性。清政府兴办近代军用工业和民用企业,出现了中国早期的官僚资本主义工业,而民用企业的经营方式采用"官办""官督商办""官商合办"三种方式。除此之外,在"求富"的口号下,洋务派官僚们借助政治力量,以官办或者官督商办的形式控制了工矿交通事业,并且设立了具有行政垄断性质的法规政策。

1911 年辛亥革命后,随着清政府的垮台,其官僚资本主义的企业就转到北洋军阀集团手中。而在南京国民政府时期,开始确立国家资本在一些行业当中的主导地位,仍是由国家直接经营有关国计民生的重要工商业和公用事业,所扶植的私人经济,只限于轻工业和一般商业流通,并将其置于政府的控制之下。特别是在抗日战争时期,国民政府对国民经济实行全面的控制,政府先后对粮食、花纱布实行了管制,对食盐、食糖、火柴和烟草实行了专卖,对主要商品实行限价,对进出口贸易进行独占性经营。

(三)中国计划经济体制下的行政垄断

中华人民共和国成立后实行了高度集中、以计划为主体的经济体制。计划经济体制又称为指令型经济,它是指在政府的主导下,由政府按照事先制定的计划对国民经济和社会发展制定总体目标,根据总体目标提出合理的要求并制定合理的政策和措施,有计划地安排经济活动并引导经济运行的方向。几乎所有的计划性经济体制都依赖于指令性计划。计划经济体制的创立初衷是避免市场经济发展的盲目性和不确定性,是规避这些市场经济运动属性给社会经济的发展带来危害。从 1950 年的全国财政会议开始,财政经济工作由分散经营向集中统一发展,从 1953 年起开始实施第一个五年计划,政府进行有计划的经济建设,开始逐步缩小市场经济的范围。到 1956 年,多种经济成分并存的经济结构基本上转变为单一的公有制经济,在这个基础上形成了高度集中的计划经济体制,直接计划的部分大大增加,计划分配的物资比重扩大,劳动工资管理高度集中。[1] 其后的几个五年计划,中央政府仍然强调集中统一,统筹安排全国的人力、物力和财力,形成了诸如盐业公司、华东煤炭工业公司、汽车工业公司、长江航运公司等典型的行政垄断行业和企业。在计划经济体制下,商品的定价由国家物价部门决定;企业的经营计划由国家计划规定;居民的消费行为也被纳入政府规定的范围;对外贸易由国营经济组织统一经营。这个时期的垄断范围非常广泛,具有全面性。从一定程度上来说,这种在各行各业实施的国家控制与垄断行为,全面地否定了市场经济,排除了市场自由竞争,企业没有一点自主经营的选择权,民众也没有一点自主消费的选择权,行政垄断在这个时期已经通过其强制性的保护手段全面替代了市场的作用。

(四)转轨时期的行政垄断

转型时期,我国经历了经济体制改革。从本质上讲,经济体制改革就是要对高度集权的行政垄断性质的计划经济体制进行改革。计划经济体制的基础就是高度集权的经济垄断,因此要改革计划经济体制就需要对行政垄断进行破除。而我国在转型时期的行政垄断表现出了复杂性与多样性。我国的市场经济体制改革与转型情况非常特殊,具体的改革形式是在经济改革当中市场机制逐渐发挥作用,而政府逐步退出市场的一个过程。即一方面是对以前严格规制

---

[1] 孔祥利:《焦点问题中的政府经济行为》,中国社会科学出版社 2003 年版,第 28-38 页。

的放松，另一方面又是一个新的规制制度与规制政策的建立和实施过程，是一个放松规制与强化规制的混合过程。因而在这一时期既有合法合理的行政垄断，也有不合法不合理的行政垄断。除此之外，这一时期内经济垄断与行政垄断相互渗透。比如国有企业在借助政府的行政垄断手段获得区别于一般企业的优惠优待时，还会经常采取市场经济条件下一般企业采取的经济垄断手段来获得垄断利润。为此，1980 年颁布的《关于开展和保护社会主义竞争的暂行规定》，明确提出了反行政垄断的要求。中共中央、国务院又在 1984 年 12 月发布了《关于严禁党政机关和党政干部经商、办企业的决定》，此外国务院 1990 年 11 月又发布了《关于打破地区间市场封锁进一步搞活商品流通的通知》，1993 年 9 月通过的《反不正当竞争法》设立专条规制行政垄断，2007 年 8 月通过的《反垄断法》设专章规制行政垄断，2016 年国务院发布的《关于在市场体系建设中建立公平竞争审查制度的意见》指出要建立实施公平竞争审查制度，规范政府的相关行为，表明了我国政府禁止一切形式的行政垄断。

总体上看，从我国改革开放开始，随着市场化进程的逐步推进和深入，我国政府对行政垄断的规制也逐步展开，大体上可以分为三个阶段：第一阶段是 1978—1992 年，这一阶段国家开始对某些不合理的行政垄断进行改革，放权让利，引入民间资本和社会力量。第二阶段是 1992—2001 年，随着我国改革开放的不断深入和加入 WTO 的需求，对行政垄断规制的迫切性和主动性变得更为明显，在放松经济性规制的同时，加强竞争法制体系的建设，加强对政府越权干预的规制。第三阶段是 2002 年至今，随着中国加入 WTO，为营造良好的营商环境，继续深化行政垄断规制，在完善相关制度建设的基础上，提高行政规制效率。尤其是公平竞争审查制度的出台大大推动了反行政垄断工作的进度。公平竞争审查制度从内到外制约了政府的公权力，保证了公民的私权利。公平竞争审查制度可以通过自我审查与外部监督相结合的方式，来限制政府出台干预市场经济正常运行的政策措施，以保障政策措施在达到企业出台目的的前提下，尽可能小地影响甚至不影响市场的公平竞争。

第三节　行政垄断行为

一、行政垄断的具体表现形式

行政垄断按照不同的标准可以分为不同的类型:按照其行为的不同可以分为抽象行政垄断和具体行政垄断;依行政垄断是否直接实施可以分为直接行政垄断和间接行政垄断;根据滥用行政权力的方式不同,可以将行政垄断分为作为型行政垄断和不作为型行政垄断等。我国《反垄断法》第五章“滥用行政权力排除、限制竞争”中具体归纳了七种滥用行政权力排除、限制竞争行为,分别为限定交易行为,行政性限制市场准入、地区封锁行为,招投标中的不当限制行为,强制经营者从事垄断行为,投资或设立分支机构限制行为,制定含有排除、限制竞争内容的规定行为。下面选择三个典型的表现形式进行说明。

(一)限定交易行为

我国《反垄断法》规定的限制交易行为是指行政机关和法律、法规授权的具有管理公共事务职能的组织不得滥用行政权力,限定或者变相限定单位或者个人经营、购买、使用其指定的经营者提供的商品。具体包括:一是以明确要求、暗示、拒绝或者拖延行政审批、重复检查、不予接入平台或者网络等方式,限定或者变相限定经营、购买、使用特定经营者提供的商品;二是通过限制投标人所在地、所有制形式、组织形式等方式,限定或者变相限定经营、购买、使用特定投标人提供的商品;三是没有法律、法规依据,通过设置项目库、名录库等方式,限定或者变相限定经营、购买、使用特定经营者提供的商品;四是限定或者变相限定单位或者个人经营、购买、使用其指定的经营者提供的商品的其他行为。需要注意的是,限定经营、购买或使用是指通过直接限定某经营者的商品或服务,“变相限定”是间接的限定,实施变相限定时往往都会事先确定一个符合某经营者特点的标准或单方提出一个冠冕堂皇的理由,看似针对所有竞争者,实则只有特定经营者才符合确定条件，进而排除其他单位和个人的经营、购买或使用商品的选择权。如上级行政机关要求下级行政机关工作人员必须每月购买本地生产的土特产品等。

（二）地区封锁行为

地区封锁是指行政机关滥用行政权力，妨碍商品在地区之间自由流通的行为，包括限制外地资源进入本地市场和限制本地资源流向外地的行为。根据我国《反垄断法》的规定，地区封锁主要包括价格歧视、标准歧视、许可壁垒、关卡壁垒、妨碍商品的自由流通五种形式。具体而言：一是对外地商品设定歧视性收费项目、实行歧视性收费标准，或者规定歧视性价格、实行歧视性补贴政策；二是对外地商品规定与本地同类商品不同的技术要求、检验标准，或者对外地商品采取重复检验、重复认证等措施，阻碍、限制外地商品进入本地市场；三是没有法律、法规依据，采取专门针对外地商品的行政许可、备案，或者对外地商品实施行政许可、备案时，设定不同的许可或者备案条件、程序、期限等，阻碍、限制外地商品进入本地市场；四是没有法律、法规依据，设置关卡，通过软件或者互联网设置屏蔽等手段，阻碍、限制外地商品进入本地市场或者本地商品运往外地市场；五是妨碍商品在地区之间自由流通的其他行为。其实，在2001年4月国务院就出台了《关于禁止在市场经济活动中实行地区封锁的规定》，该规定是迄今为止我国颁布的最全面的关于禁止地区封锁的法律文件。该规定不仅将禁止地区封锁的适用范围从产品领域扩大到工程建设类服务领域，还对地区封锁的查处机关及主要表现形式作了详细规定。尽管地区封锁这一行为在短期内对当地的经营主体产生了有效的帮助。但从长远来看，会导致该区经营者失去外部竞争压力，使其处于“安乐”状态而丧失了对于生产技术的提升、对于服务质量的改善动力，从而丧失了商品和服务的市场竞争力。与此同时，企业的扩大经营大多需要跨地区、跨区域的合作，地区封锁的行为会造成当中严重的阻碍。

（三）强制经营者从事垄断行为

我国《反垄断法》规定行政机关和法律、法规授权的具有管理公共事务职能的组织不得滥用行政权力,强制或者变相强制经营者从事反垄断法规定的垄断行为,包括实施排除、限制竞争的垄断协议,强制合并等。如 2014 年,北京市住建委发布《关于公布预拌混凝土质量控制价格通知》,向社会公布主要标号混凝土质量控制价标准就涉及出台质量控制价政策,引导企业达成并实施价格垄断协议,构成滥用行政权力排除、限制市场竞争。经营者作为市场主体,相互间的公平、自由竞争是实现资源有效配置的前提,强制经营者从事垄断行为不仅侵害了消费者的自由选择权,还会破坏有序的市场竞争秩序。需要注意的是,强制经营者从事垄断行为可能是具体的行政行为,也可能是具体行政行为和抽象行政行为的合一,还可能是抽象行政性垄断行为。

二、行政垄断与相关概念的比较

(一)自然垄断

自然垄断是指在某些行业,企业的大规模生产经营比市场竞争更有效率,因而排除、限制竞争的行业。自然垄断所涉及的产品通常具有日常性,如供水、电力、煤气、热力供应、电信、铁路、航空等行业的垄断都属于自然垄断。一般来说,这类行业需要大量的资本去保障基础设施建设,而要盈利不仅要达到一定的规模,还需要较长的时间。如果在这些领域允许企业自由竞争,则可能导致社会资源的浪费或者市场秩序的混乱,因而允许这些行业由少数几个企业掌控虽在一定程度上影响了市场竞争,但却有利于市场经济整体利益的保护。尽管自然垄断包括在垄断范畴内,但是为了平衡社会经济发展的稳定性,国家允许一些行业形成自然垄断,从这种意义上来说自然垄断是合理的。尽管在多数情况下自然垄断企业经营需要获得政府的特别许可,在这一过程中政府的特别许可为某些政企不分的经营企业赋予了"公权力",导致自然垄断与行政垄断的主体出现了竞合,但这两种主体之间还是存在明显的差异性。自然垄断的主体是市场中的企业,行政垄断的主体是行政主体。且二者产生的原因也具有明显的差异,自然垄断是出于社会整体效益的考虑,往往会带来社会经济效益的增加和总体福利的增多;而行政垄断是行政机关或其授权组织滥用行政权力对市场进行干预的行为，往往容易滋生行政腐败，造成市场竞争的扭曲。

（二）国家垄断

与自然垄断因资源条件的分布集中而无法竞争或不适宜竞争所形成的垄断不同，国家垄断就是指国家通过运用政治权力，对某些重要部门或产品的市场实行一定程度的独占或管制。国家垄断作为一种垄断行为，带有行政性质，因此国家（此处仅指中央政府）垄断属于行政垄断，是其外在表现形式之一。国家垄断一是为了经济健康发展，在关乎国民生计的行业允许垄断形式的出现，如我国《反垄断法》明确规定国有经济占控制地位的关系国民经济命脉和国家安全的行业，国家对其经营者的合法经营活动予以保护，并对经营者的经营行为及其商品和服务的价格依法实施监管和调控，维护消费者利益，促进技术进步。经营者应当依法经营，诚实守信，严格自律，接受社会公众的监督，不得利用其控制地位或者专营专卖地位损害消费者利益。此外，依法实行专营专卖的行业也是国家垄断的一种形式。如烟草业向来是我国严格控制的专卖行业，国家通过制定法律，对烟草专卖品的生产和销售进行管理，从而提高烟草制品的质量，维护消费者利益，保证国家的财政收入。二是出于本国利益保护的考虑，在国际贸易中国家也可以成为行政垄断主体。WTO 竞争政策将最惠国待遇和国民待遇原则作为指导思想的目的在于建立一个鼓励公平、公开和无竞争扭曲的多边贸易体制。但在国际贸易中，一些国家为了保护本国企业，不合理地设置了一些区别待遇条款，构成行政垄断。需要说明的是，自然垄断往往是国家垄断的一种，因为它提供的是公共服务，属于国家的固有职能。

第十章　反垄断法的实施

第一节　反垄断法实施概述

一、反垄断法实施的概念

随着我国《反垄断法》自2008年8月1日起正式实施，这部历时十多年才艰难出台并被寄予厚望的法律成为全社会关注的焦点。而法律的生命在于实施，反垄断法要实现预防和制止垄断行为、保护市场公平竞争、鼓励创新、提高经济运行效率、维护消费者利益和社会公共利益、促进社会主义市场经济健康发展等方面的应然目标和功能，关键在于其制度规则能够得到有效落实，即反垄断法要得到有效实施。“反垄断法政策的健全不但依赖于法律规则，还依赖于执法机制。只有好的规则是不够的，还必须有执法的机制保证法律以合理的成本获得合理程度的遵守。”[1]反垄断法的实施是作为反垄断法所确立的制度规则在社会经济生活中得以实现的活动，是反垄断法律规范通过一系列制度和机制从“书本上的法”转化为“行动中的法”的过程。而法的实施主要有两种类型：一类是法的适用，即国家专门机关或者国家授权机关依照相关法律的规定，主动适用相关法律的活动；另一类是法的遵守，即全体公民、社会团体、国家机关和相应的组织都有义务遵守国家法律规定的活动。而反垄断法的实施主要以第一类法的适用为主，即相应的执法主体主动适用《反垄断法》的活动，但

〔1〕［美］理查德·A. 波斯纳：《反托拉斯法》，孙秋宁译，中国政法大学出版2003年版，第313页。

也包括了第二类反垄断法的遵守活动。

二、反垄断法的实施方式

通常而言,基于法实施的一般分类,反垄断法的实施方式可归纳为反垄断法的遵守、反垄断法的执行和反垄断法的司法适用,它们在反垄断法的实施中各有其作用和特点。其中,守法是通过社会主体的自主性与积极性,以及法律机制(包括激励机制、处罚机制、规制机制等)的促进作用,让社会主体自觉地按照法律的相关规定约束自己的行为,从而使法律得以实施的活动,它通常不需要国家机关的介入和强制力量的保障。从实施成本来看,守法是最符合经济效益的途径,也是最理想的实施形式。因此不能仅将反垄断法的实施理解为反垄断行政执法和反垄断司法,而应该将经营者和行政主体自觉遵守反垄断法的情况也包括在内。行政执法和司法均通过国家机关的介入和强制力来实施反垄断法,只是行政执法具有主动性和单方性,而司法适用则具有被动性、消极性和交涉性。由于法作为一种基本社会规范的特征之一便是得到国家强制力的保障或者依靠国家强制力保证实施,因此运用国家权力进行的行政执法和司法活动在法的实施中具有非常重要的地位和作用,是更容易被感知的或者说是"有形的"法的实施方式。

相较于其他法律法规,对于反垄断法而言,以行政执法和司法为主要形式的反垄断法实施具有更为特殊的意义,一方面是基于反垄断法的实施对于立法而言具有的相对独立性,任何一部法律要想发挥作用,都离不开法律的实施,而反垄断法也是如此。但立法活动总是存在一定的滞后性,并不能总是及时地满足现实执法的需求,因而反垄断法的实施需要国家强制力的保障,防止反垄断法的滥用、误用,损害当事人的合法权益,危害反垄断法律的权威。另一方面是由于反垄断法的不确定性所导致的。反垄断法是国家规制市场活动的主要法律,而市场经济活动总是发展变化的,反垄断法的立法基础源于阶段性的市场经济状况,经济状况的不同必然会导致反垄断法律文本所蕴含的概念发生变化,反垄断法作用的有效发挥依赖于实施机关在相关法律的适用过程中明确说明法律的适用权限。因此,反垄断法的实施不可能完全寄希望于经营者和行政主体的自觉遵守上,在强调这些主体自觉遵守反垄断法的同时,也需要重视反垄断行政执法和反垄断司法的保障和补充作用。

第二节　我国反垄断法的实施

一、反垄断负责机构

(一)国务院反垄断委员会

垄断的隐蔽性要求其主管机构具有很强的专业性、权威性和独立性,科学合理的机构设置是反垄断法得到有效实施的前提。囿于各国(地区)基本情况的不同和反垄断需求的不同,各国(地区)的反垄断执法机构也存在较大的差异。一般存在两种模式,一种是一元化,比如欧盟竞争委员会作为唯一的反垄断执法机关。另一种则是几个行政机构共享执法权的多元模式,比如美国的反托拉斯局和联邦贸易委员会。根据我国《反垄断法》的规定,反垄断机构的设置主要分为两个层面:一是国务院反垄断委员会,负责组织、协调、指导反垄断工作;二是反垄断执法机构负责反垄断统一执法工作,国务院反垄断执法机构可以根据工作需要,授权省、自治区、直辖市人民政府相应的机构,依照反垄断法的规定负责有关反垄断执法工作。国务院反垄断委员会于 2008 年 8 月成立,其职能主要包括:一是研究拟订有关竞争政策;二是组织调查、评估市场总体竞争状况,发布评估报告;三是制定、发布反垄断指南;四是协调反垄断行政执法工作;五是国务院规定的其他职责。国务院机构改革前,国务院反垄断委员会的具体工作主要由商务部承担,改革后由国家市场监督管理总局承担。

(二)反垄断执法机构

在我国的反垄断法实施过程中,专业化的反垄断执法机构处于主导地位。一方面,专门的反垄断执法机构具有执法优势,如拥有专门的执法人员和法定的执法权限,在调查取证的过程中具有国家强制力的保障等;另一方面,我国是一个行政权力十分强大的国家,《反垄断法》中的基本制度也主要是围绕专门机构的行政执法来设计的。如《反垄断法》中的兜底条款通常都是以"国务院反垄断执法机构认定的"其他行为进行例外规定。在国务院机构改革前,我国反垄断执法机构的设置具有"两层面+三机构"的特点。"两层面"是指反垄断执法机构分为中央实施和地方实施两个层面,在中央层面,由商务部、国家工商管理总局、国家发改委分权而治,在地方层面,由地方政府相关部门负责。"三机构"则是指商务部负责对经营者集中进行审查,国家工商管理总局负责垄断协议、滥用市场支配地位、滥用行政权力排除竞争方面的反垄断执法工作,国家发改委负责有关价格垄断的执法工作。

为集中执法,节约执法资源,提高执法效率,2018年,根据党的十九届三中全会通过的《中共中央关于深化党和国家机构改革的决定》,组建了市场监督管理总局,将商务部、国家工商管理总局、国家发改委以及反垄断委员会办公室等职责整合,由市场监督管理总局负责具体反垄断职能的发挥。同时,为了加强和优化政府反垄断职能,充实反垄断执法力量,有效维护市场公平竞争,促进全国统一开放、竞争有序市场体系建设,根据工作需要,按照《反垄断法》有关规定,授权各省、自治区、直辖市人民政府市场监督管理部门,负责本行政区域内有关反垄断的执法工作。

具体而言,国家市场监督管理总局的具体职责主要包括:负责市场综合监督管理、负责市场主体统一登记注册、负责组织和指导市场监管综合执法工作、负责反垄断统一执法、负责监督管理市场秩序、负责宏观质量管理、负责产品质量安全监督管理、负责特种设备安全监督管理、负责食品安全监督管理综合协调等,即除负责反垄断统一执法外,还具有其他职能。根据《国家市场监督管理总局职能配置、内设机构和人员编制规定》,其负责反垄断统一执法的具体工作主要包括统筹推进竞争政策实施,指导实施公平竞争审查制度。依法对经营者集中行为进行反垄断审查,负责垄断协议、滥用市场支配地位和滥用行政权力排除、限制竞争等反垄断执法工作。指导企业在国外的反垄断应诉工作。

承担国务院反垄断委员会日常工作。为提高反垄断执法效率,分别设立竞争政策协调司、反垄断执法一司、反垄断执法二司等。竞争政策协调司,负责统筹推进竞争政策实施,负责反垄断综合协调工作。指导地方开展反垄断工作。牵头拟订反垄断制度措施和指南。组织实施公平竞争审查制度,督促指导各部门和地方开展公平竞争审查工作。负责滥用行政权力排除、限制竞争反垄断执法工作。承担反垄断案件内部法制审核工作。承担竞争政策和反垄断国际合作与交流工作。承担国务院反垄断委员会日常工作。反垄断执法一司,负责垄断协议、滥用市场支配地位以及滥用知识产权排除、限制竞争等反垄断执法工作。组织实施数字经济领域垄断协议、滥用市场支配地位执法。指导地方查处垄断协议、滥用市场支配地位案件,组织协调跨省(自治区、直辖市)垄断协议、滥用市场支配地位案件查处。反垄断执法二司,负责依法对经营者集中行为进行反垄断审查。负责查处违法实施的经营者集中案件,查处未达申报标准但可能排除、限制竞争的经营者集中案件。开展数字经济领域经营者集中反垄断审查。监督执行经营者集中附加限制性条件。指导企业在国外的反垄断应诉和合规工作。而省级市场监管部门主要负责跨省、自治区、直辖市的垄断协议、滥用市场支配地位和滥用行政权力排除限制竞争案件,以及省级人民政府实施的滥用行政权力排除限制竞争行为。案情较为复杂或者在全国有重大影响的垄断协议、滥用市场支配地位和滥用行政权力排除限制竞争案件。市场监督管理总局认为有必要直接管辖的垄断协议、滥用市场支配地位和滥用行政权力排除限制竞争案件。同时,市场监督管理总局在案件审查和调查过程中,可以委托省级市场监管部门开展相应的调查。省级市场监管部门在反垄断执法过程中,可以委托其他省级市场监管部门或者下级市场监管部门开展调查。受委托的市场监管部门在委托范围内,以委托机关的名义实施调查,不得再委托其他行政机关、组织或者个人实施调查。

二、对涉嫌垄断行为的调查

对涉嫌垄断行为调查是指反垄断执法机构为了查清涉嫌垄断行为的事实,

而依法收集证据的行为过程。实际上,对涉嫌垄断行为的调查是反垄断法公共实施的过程,即指国家专门机关和国家授权单位依照法定职权和程序将反垄断法规范适用到具体人或组织的活动。同样,对涉嫌垄断行为按照不同的标准可以分为不同种类,如以立案时间为节点,可以分为正式调查和非正式调查;依调查权限不同,可以分为自行调查、委托调查和协助调查等。我国《反垄断法》规定了反垄断执法机构依法对涉嫌垄断行为调查的方式主要有两种,一种是依举报进行调查,另一种是依职权进行调查。对涉嫌垄断行为,任何单位和个人有权向反垄断执法机构举报。反垄断执法机构应当为举报人保密。举报采用书面形式并提供相关事实和证据的,反垄断执法机构应当进行必要的调查。书面举报一般包括下列内容:一是举报人的基本情况;二是被举报人的基本情况;三是涉嫌垄断协议的相关事实和证据;四是是否就同一事实已向其他行政机关举报或者向人民法院提起诉讼。反垄断执法机构根据工作需要,可以要求举报人补充举报材料。

反垄断执法机构调查涉嫌垄断行为,执法人员不得少于两人,并应当出示执法证件。执法人员进行询问和调查,应当制作笔录,并由被询问人或者被调查人签字。反垄断执法机构及其工作人员对执法过程中知悉的商业秘密、个人隐私和个人信息依法负有保密义务。被调查的经营者、利害关系人或者其他有关单位或者个人应当配合反垄断执法机构依法履行职责,不得拒绝、阻碍反垄断执法机构的调查。被调查的经营者、利害关系人有权陈述意见。反垄断执法机构应当对被调查的经营者、利害关系人提出的事实、理由和证据进行核实。反垄断执法机构对涉嫌垄断行为调查核实后,认为构成垄断行为的,应当依法作出处理决定,并可以向社会公布。其行政处罚决定书的内容主要包括:经营者的姓名或者名称、地址等基本情况;案件来源及调查经过;违法事实和相关证据;经营者陈述、申辩的采纳情况及理由;行政处罚的内容和依据;行政处罚的履行方式、期限;不服行政处罚决定,申请行政复议或者提起行政诉讼的途径和期限;作出行政处罚决定的反垄断执法机构名称和作出决定的日期等。

经营者在被调查期间,可以提出中止调查申请,承诺在反垄断执法机构认可的期限内采取具体措施消除行为影响。中止调查申请应当以书面形式提出，并由经营者负责人签字并盖章。申请书应当载明下列事项：一是涉嫌垄断协议的事实；二是承诺采取消除行为后果的具体措施；三是履行承诺的时限；四是需要承诺的其他内容。反垄断执法机构对涉嫌垄断行为调查核实后，认为构成垄断行为的，应当依法作出处理决定，不再接受经营者提出的中止调查申请。反垄断执法机构根据被调查经营者的中止调查申请，在考虑行为的性质、持续时间、后果、社会影响、经营者承诺的措施及其预期效果等具体情况后，决定是否中止调查。反垄断执法机构决定中止调查的，应当制作中止调查决定书，载明被调查经营者涉嫌达成垄断的事实、承诺的具体内容、消除影响的具体措施、履行承诺的时限以及未履行或者未完全履行承诺的法律后果等内容。决定中止调查的，反垄断执法机构应当对经营者履行承诺的情况进行监督。经营者应当在规定的时限内向反垄断执法机构书面报告承诺履行情况。省级市场监管部门作出中止调查决定、终止调查决定或者行政处罚告知前，应当向市场监管总局报告。省级市场监管部门向被调查经营者送达中止调查决定书、终止调查决定书或者行政处罚决定书后，应当在 7 个工作日内向市场监管总局备案。经营者履行承诺的，反垄断执法机构可以决定终止调查。有下列情形之一的，反垄断执法机构应当恢复调查：(1)经营者未履行承诺的；(2)作出中止调查决定所依据的事实发生重大变化的；(3)中止调查的决定是基于经营者提供的不完整或者不真实的信息作出的。经营者、行政机关和法律、法规授权的具有管理公共事务职能的组织，涉嫌违反本法规定的，反垄断执法机构可以对其法定代表人或者负责人进行约谈，要求其提出改进措施。

根据市场监管总局发布的《中国反垄断执法年度报告(2021)》[1]显示，2021 年，全年查处各类垄断案件 175 件，同比增长 61.5%，罚没金额 235.92 亿元。其中，垄断协议案件 11 件，罚没金额 16.73 亿元；滥用市场支配地位案件 11 件，罚没金额 218.47 亿元；公开处罚违法实施经营者集中案件 107 件，罚款

〔1〕《中国反垄断执法年度报告(2021)》，载国家市场监督管理总局官网 2022 年 6 月 8 日，https://www.samr.gov.cn/xw/zj/202206/t20220608_347582.html。

7235 万元;滥用行政权力排除、限制竞争案件 46 件。审结经营者集中案件 727 件,同比增长 53%,其中禁止 1 件、附加限制性条件批准 4 件,有力保护市场公平竞争,促进高质量发展,增进民生福祉,实现经济效果、政治效果、法律效果和社会效果有机统一。聚焦电商、外卖等重点领域,有序平稳推进重大执法活动,依法查处阿里巴巴集团和美团“二选一”垄断案,分别罚款 182.28 亿元、34.42 亿元,并发出《行政指导书》,要求涉案企业全面整改,立规矩、儆效尤,促使平台企业自觉规范经营行为。对平台经济领域并购行为加强监管,严格审查涉及平台企业经营者集中申报案件 40 件,依法禁止游戏直播领域腾讯系虎牙与斗鱼合并案。该案是我国平台经济领域第一起禁止的经营者集中案件,对防止平台垄断和资本无序扩张具有重要示范作用。深入核查平台企业未依法申报经营者集中案件线索千余条,立案调查近 200 件,对 98 件未依法申报案件作出处罚并向社会公开。积极回应人民群众关注和期待,重点加强医药、建材、公用事业等民生领域反垄断执法,依法查处扬子江药业、公牛集团垄断协议案、先声药业滥用市场支配地位案等实体经济领域重大垄断案件,准确释放公平公正开展反垄断执法、促民生稳增长的政策信号,有力维护人民群众切身利益。修订出台《实施细则》,审查增量政策措施 24.4 万件,清理各类存量政策措施 44.2 万件,纠正废止违反公平竞争审查标准的政策措施 1.1 万件,从源头规范行政行为。围绕政府采购、交通、建筑、医药卫生、教育、保险等重点领域,查处限定交易、妨碍商品自由流通等滥用行政权力排除、限制竞争案 46 件,坚决维护国内统一大市场,促进畅通国内大循环。

第三节　反垄断法律责任

一、反垄断法律责任概述

高层建筑物离不开钢铁结构的支撑,反垄断法律的实施也离不开法律责任制度的保障。如若反垄断法律责任制度的设计不充分、不完整、不可行，则可能导致反垄断法实施如空中楼阁，其立法目的也可能得不到实现而成为“卖狗悬羊”，甚至有可能导致反垄断法的权威性受损。反垄断法律责任是指经营者违反了反垄断法律规定的义务而应承担的法律后果，各国普遍以威慑理念为指导来设计反垄断的法律责任。但反垄断责任既要避免威慑不足，又要防止威慑过度。反垄断法律责任可以分为狭义的反垄断法律责任和广义的反垄断法律责任，狭义上的反垄断法律责任只包括反垄断法条文中规定的具体责任，广义上的反垄断法律责任制度不仅包括狭义的内容，还包括刑法、行政法等其他法律法规对垄断行为责任的规定。我国的反垄断法律责任制度主要包括两类：一是反垄断执法者的违法责任；二是经营者垄断行为责任和妨碍反垄断执法责任。在实践中，又可以根据责任主体承担义务的不同，划分为若干具体的责任，如罚款、没收违法所得、责令停止违法行为、罚金、监禁等。需要说明的是，反垄断法律既要制裁企业，也要制裁个人。从本质上来看，反垄断法是国家规范、干预市场竞争的法律，主要体现公法性质，但同时其具有私法解决手段，因而兼具私法性质。所以反垄断法律责任作为反垄断法的重要组成部分，其责任体系也应以行政责任、刑事责任、民事责任为主要内容。

综观世界主要司法辖区的反垄断法，反垄断法律责任主要有以损害赔偿为中心的法律责任模式和以行政罚款为中心的法律责任模式，由此形成了不同的反垄断法律责任体系。相应地，反垄断法的实施也有不同的实施要求。如美国早期的反垄断执法为保护利益相关者的合法权益，鼓励利益相关者提起诉讼，反垄断法律责任以三倍损害赔偿为主，后来逐步强化了刑事责任的运用，现在在部分领域引入了民事罚款等。我国《反垄断法》第七章对反垄断法律责任作了详细规定，除规定垄断协议、滥用市场支配地位、违法集中、滥用行政权力排除、限制竞争行为的法律责任外，还规定了垄断行为的民事责任、刑事责任，以及不配合调查的法律责任、反垄断行政决定的救济途径和反垄断执法机构工作人员保密义务等。

二、反垄断行政责任

反垄断法的主要任务是维护自由公平的市场竞争秩序,其实施主要依靠国家的行政强制力保障,依靠法律责任的落实而实现。而垄断行为的追责,如限制竞争协议的规制,滥用市场支配地位的禁止,企业合并的控制等,主要依靠行政机关来完成,因此行政责任是反垄断责任的重要表现形式。行政垄断责任主要包括劝告、发布禁令、拆分企业、罚款、没收违法所得等,其中发布禁令和罚款是最主要的反垄断行政责任表现形式。

发布禁令是指反垄断执法机构对于严重的垄断行为,比如违法卡特尔、行政垄断行为、滥用市场支配地位等,可以向违法者下达禁令,责令违法者立即停止实施各种非法垄断行为。发布禁令是反垄断执法机构主要的执法方式,世界主要辖区的反垄断法都对其有相关规定,如日本《集中私人垄断及确保公平交易法》规定执法机关有权责令经营者立即停止并且排除违法行为。我国《反垄断法》也规定了经营者实施垄断行为一经认定后,由反垄断执法机构责令停止违法行为。

世界上几乎所有主要辖区的反垄断立法都规定了行政罚款这种制裁手段,只不过在具体适用范围和罚款数额的确定上不尽相同。如德国《反限制竞争法》第 81 条第 4 款规定对严重的行政垄断违法行为处以 100 万欧元以下的罚款,对于参与违法的每个企业或企业联合的罚款不超过前一年营业总额的 10%,所有其他案件,行政违法可被处以 10 万欧元以下的罚款。而俄罗斯的《行政违法法典》规定了个人和企业的双重行政责任,存在限制竞争协议或有限制竞争的协同行为,或滥用市场支配地位的,对直接责任人员处法定最低工资额 170~200 倍的罚款,或取消任职资格 3 年的处分;对于企业处非法商品或服务销售额所得不超过 2%的罚款。我国《反垄断法》也规定了经营者达成并实施垄断协议的,处上一年度销售额 1%以上 10%以下的罚款,上一年度没有销售额的,处 500 万元以下的罚款;尚未实施所达成的垄断协议的,可以处 300 万元以下的罚款。经营者的法定代表人、主要负责人和直接责任人员对达成垄断协议负有个人责任的，可以处 100 万元以下的罚款。行业协会违反本法规定，组织本行业的经营者达成垄断协议的，由反垄断执法机构责令改正，可以处 300 万元以下的罚款；情节严重的，社会团体登记管理机关可以依法撤销登记。经营者滥用市场支配地位的，处上一年度销售额 1%以上 10%以下的罚款。经营者违规实施集中，且具有或者可能具有排除、限制竞争效果的，由国务院反垄断执法机构责令停止实施集中、限期处分股份或者资产、限期转让营业以及采取其他必要措施恢复到集中前的状态，处上一年度销售额 10%以下的罚款；不具有排除、限制竞争效果的，处 500 万元以下的罚款。对于阻碍反垄断调查的行为，由反垄断执法机构责令改正，对单位处上一年度销售额 1%以下的罚款，上一年度没有销售额或者销售额难以计算的，处 500 万元以下的罚款；对个人处 50 万元以下的罚款。由此可见，在行政罚款的适用范围上，有的反垄断法规定既可适用于企业，也可适用于个人（包括行政机关工作人员）；而有的反垄断法规定行政罚款只可适用于市场主体，排除了行政机关工作人员的适用。在罚款数额的确定形式上，规定了两种形式：一是规定固定的罚款数额；二是以百分比进行罚款。

此外，还需要注意的是，没收违法所得与罚款是两种截然不同的行政责任，但实践中存在“以罚代没”的现象。追求垄断利润是行为人的根本动力，反垄断执法机构可以通过法定程序，收缴垄断者通过垄断行为获取的利益，以打击其犯罪和再犯罪能力，对潜在的垄断者形成威慑。如德国《反限制竞争法》既规定了罚款，又规定了独具特色的没收违法所得制度，企业因故意或过失违反法律规定获得经济收益的，卡特尔当局可以收缴这一经济收益。我国《反垄断法》也规定了对于垄断行为的行政处罚应是没收违法所得，并处罚款，二者并不能相互替代。同时，经营者主动向反垄断执法机构报告达成垄断协议的有关情况并提供重要证据的，反垄断执法机构可以酌情减轻或者免除对该经营者的处罚。

三、反垄断民事责任

反垄断民事责任制度旨在通过追究违法犯罪人的民事责任来解决私人主

体之间的侵权纠纷,以补偿垄断违法行为受害人的损失,保护自然人、法人的民事权利和制裁垄断违法者。[1] 这种责任的承担是以国家的强制力作为后盾的,如果行为人不履行或者不积极履行民事义务,就要接受一定的民事制裁。我国《反垄断法》规定,经营者实施垄断行为,给他人造成损失的,依法承担民事责任。民事赔偿责任主要包括停止损害、返还财产、恢复原状、折价赔偿、赔偿损失、支付违约金等。反垄断民事责任主要包括排除侵害和损害赔偿,排除侵害是法律赋予被害人的一种权利,其依据是市场经济自由竞争的本质,当垄断行为危害了这种自由竞争秩序,被害人就有权利对这种行为予以回击。排除侵害只适用于反垄断法有明文规定的情形,并不论侵害有无过失或故意,只要存在侵害行为或侵害事实,受害人就可依法请求排除侵害。各个国家和地区的反垄断法大多规定了排除侵害的民事制裁措施。如美国的《克莱顿法》规定受害人有请求救济的权利,任何个人和公司,只要因垄断行为受到侵害,就有权利提起诉讼,要求禁止对方实施垄断行为;澳大利亚《1974 年贸易行为法》也规定了当事人可以寻求禁令救济等。

反垄断损害赔偿责任是针对垄断行为主体进行的一种常见的、非常有效的责任方式,它通过直接弥补被害人所受到的经济损失,来修复垄断行为破坏的社会关系。依实施方式的不同,反垄断损害赔偿责任的实施可分为直接执行和"审前决议"两种不同的模式。直接执行以美国为代表,相关权益人的合法权益只要受到反竞争行为的影响,就可以直接提起反垄断民事诉讼。"审前决议"以日本为代表,私人实施的发动必须以反垄断执法机关的调查和决议为前提,否则无法启动。另外,反垄断损害赔偿责任是反垄断民事责任的主要表现形式,世界主要辖区的反垄断立法国家都对此有所规定,但在具体的赔偿数额上存在较大差异。如根据《谢尔曼法》第 7 条和《克莱顿法》第 4 条规定,任何因其他人或公司从事反托拉斯法所禁止或宣布为违法的事项而遭受营业或财产损害的人,都可以提起诉讼并要求授予其所遭受损害的三倍赔偿以及诉讼费

---

〔1〕 Donald I. Baker, *Antitrust and Politics at the Justice Department*, 9 J. L. & Pol. 291(1993).

和合理的律师费。根据德国的《反限制竞争法规定》,任何人达成垄断协议、实施滥用市场支配地位或不执行反垄断执法机关决定导致他人损失的,都要对此产生的损害承担停止损害、赔偿损失的民事责任,即单倍赔偿损失。我国《反垄断法》虽规定了私人实施主体可以直接提起反垄断民事诉讼,但受传统民事诉讼法直接受害理论的影响,我国的反垄断民事诉讼仍以“损害”标准为主,确定了“当事人为中心”的诉讼理念,而关于具体的赔偿数额也还广受争议。

四、反垄断刑事责任

作为一种最严厉的规制手段,刑事责任并不是所有的反垄断法国家都予以规定。“法益保护并不会仅仅通过刑法得到实现,还必须通过全部法律制度的手段才能发挥作用。在全部手段中,刑法甚至只是应当最后予以考虑的保护手段,也就是说,只有在其他解决社会问题的手段——如民事诉讼、警察或者工商管理规定、非刑事惩罚等——不起作用的情况下,它才允许被使用。”[1]反垄断刑事责任的规定最早源于美国1890年《谢尔曼法》的规定,违反《谢尔曼法》规定的,除处以罚款外,还可以处以监禁,或者二者并处。英国的竞争法中最初并没有反垄断刑事责任,但随着垄断行为的日益增多,为增强竞争法的威慑力,在《2002年企业法》中引入了刑事责任制度。依据该法规定,任何人,只要不诚实地从事核心卡特尔行为,可被判处最高5年的监禁刑和/或不受限制的罚金。与美国不同的是,英国的刑事责任目前不涉及对公司的处罚,其针对的对象只有自然人。即反垄断刑事责任的追究对象主要有两种实施方式,一种是双重刑罚制,既追究个人,又追究企业;另一种是只针对个人的刑事责任。此外,即便是不在反垄断法中直接规定刑事责任的立法国家,也会在其他法律中规定反垄断刑事责任。如德国的《反限制竞争法》虽没有规定刑事责任,但1997年颁布的《反腐败法》却规定了“反竞争的犯罪行为”。

我国《反垄断法》规定违反反垄断法规定,构成犯罪的,依法追究刑事责任,这可作为反垄断刑事责任的援引条款进行追责。“要真正有效地把垄断控

---

[1] [德]克劳斯·罗克辛:《德国刑法学总论》,王世洲译,法律出版社2005年版,第23页。

制在人们‘可容忍’的限度内,不能没有刑罚这把‘达摩克利斯之剑’,这是由民事措施、行政措施的弱制裁性与行为人实施垄断能够获得高额垄断利润所决定的。”〔1〕此外,《招标投标法》及《刑法》等均对情节严重的危害市场经济发展的行为规定了刑事责任。但我们也应当注意到对卡特尔犯罪追究刑事责任的成功率其实很低,复杂的市场动态竞争导致法院取证困难,刑事责任追究难以达到立法者的初衷,如英国 2002 年将卡特尔入刑后,至 2015 年只有 1 起卡特尔案件被成功起诉,其余案件多因证据不足而被撤诉。〔2〕 当然,并非所有的垄断行为都是刑法打击的对象,大多数国家一般都认为竞争者之间通过共谋达成垄断协议是一种最粗暴的违反竞争行为,这种协议固定价格、串通投标、限制产量、分割市场等行为,统称为核心卡特尔,较之其他垄断行为,主观恶性更强,侵害市场自由竞争秩序的程度更严重,是垄断行为入罪的首选,即要构成反垄断犯罪,要具有较大的危害性。虽然各国反垄断法对垄断的危害性认定不完全相同,但重点都在规制实质性限制和损害竞争秩序的垄断状态和行为。对于一些企业合并或者利用竞争优势的行为,只要其不具有危害性,没有对市场竞争造成损害结果,就不应当认定其构成犯罪。

---

〔1〕 王健、朱宏文:《反垄断法实施问题研究》,法律出版社 2013 年版,第 47-49 页。
〔2〕 胡莎:《论卡特尔行为的过渡犯罪化》,载《中国刑事法杂志》2015 年第 5 期。

第三编　反不正当竞争法

第十一章　反不正当竞争法概述

第一节　不正当竞争概述

一、不正当竞争的含义

何为不正当竞争，可谓众说纷纭，不同国家和地区之间对不正当竞争行为的界定都有着其自身独特的认知，而是否对不正当竞争作出明确定义，各国（地区）采取了不同的做法。如日本 2006 年颁布的《不正当竞争防止法》并未对不正当竞争进行明确界定，而是通过列举的方式，将 15 种不正当竞争方式一一定义。[1] 德国 2004 年的《反不正当竞争法》同样未对不正当竞争进行明确界定，而是通过列举的方式对 11 种不正当竞争行为进行说明。但在国际条约《保护工业产权巴黎公约》中对不正当竞争进行了明确界定，第 10 条第 2 款规定"凡是在工商业活动中违反诚实经营的竞争行为即构成不正当竞争"。瑞士的《不正当竞争法》也对不正当竞争进行了明确界定，"不正当竞争是指任何欺骗性商业行为，或以其他手段，违反诚实信用原则的任何商业行为"。而根据我国《反不正当竞争法》的规定，"不正当竞争行为，是指经营者在生产经营活动中，违反本法规定，扰乱市场竞争秩序，损害其他经营者、消费者的合法权益或者社会公共利益的行为"。这里的经营者是指从事商品生产、经营或者提供

---

〔1〕 吕来明、熊英：《反不正当竞争法比较研究——以我国〈反不正当竞争法〉修改为背景》，知识产权出版社 2014 年版，第 40 页。

服务(以下所称商品包括服务)的自然人、法人和非法人组织。同时,结合前款“经营者在生产经营活动中,应当遵循自愿、平等、公平、诚信的原则,遵守法律和商业道德,不得实施或者帮助他人实施不正当竞争行为”可知,不正当竞争是指经营者违背自愿、平等、公平、诚信的原则,违反法律和商业道德实施的或者帮助他人实施的扰乱市场竞争秩序,损害其他经营者、消费者的合法权益或者社会公共利益的行为。

二、不正当竞争的特征

不正当竞争具有以下四项特征:

(1)从事不正当竞争行为的主体是经营者及其他从事经营活动的市场主体。即这里的经营者应从广义上进行理解,从事市场竞争活动的经营者都可以构成不正当竞争行为的主体,但是也有例外,如行政机关滥用行政权力排除、限制竞争的行为,属于行政垄断行为,不属于不正当竞争行为。具体而言,不正当竞争的主体包括自然人、企业、行业协会、事业单位等。需要说明的是,不正当竞争行为的主体不以是否营利为判断标准,在实践中,某些不以营利为目的的社会团体也会实施不正当竞争行为。且不正当竞争行为的实施主体通常在市场中并不具备市场优势,因而不正当竞争行为的认定并不需要比较市场主体的经济力量。

(2)不正当竞争在客观上实施了违反法律与商业道德的行为。不正当竞争因为具有损害社会公共利益和扰乱社会经济秩序的性质,而受到各国法律的广泛规制,因而,不正当竞争都具有非法性。“商业社会必须依靠比道德谴责更为有效的保护手段才能抵制某些应当受到指责的毫无道德的商业行为。”[1]而从经济理性出发,只有当一种经济体制具有正义性,才能被全体成员或者绝大多数社会成员所接受,市场经济才有可能得到健康发展。“任何社会都是一种道德秩序,它必须证明它的分配原则是合理的;它必须证明自由和

[1] [美]E.博登海默:《法理学:法哲学与法律方法》,邓正来译,中国政法大学出版社2017年版,第396页。

强制的兼而并用对于推行和实施它的分配原则来说是必要的,是天经地义的。"[1]为了促成社会经济生活按经济正义原则运作,就需要有一种为绝大多数社会成员认同的经济活动准则为经济活动的方向定位,使经济运行具有正义性。商业道德是在多年的商业活动中形成的,每一个市场参与者都主动遵守的行为准则,其是诚实信用原则的主要体现。因而,不正当竞争行为与商业道德是相悖的。不正当竞争不是要排除、限制市场竞争,而是在竞争的过程中采用了不正当的竞争手段,它违背了诚实信用原则,因而会受到市场的唾弃。

(3)不正当竞争的实施方式具有多样性。随着市场经济的发展,不正当竞争行为的表现形式日益多样化,典型的如不正当有奖销售、商业贿赂、商业诋毁、虚假或引人误解的商业宣传等。且随着数字经济的发展,不正当行为越发隐蔽,如互联网新型不正当竞争行为的出现加大了执法的难度等。

(4)不正当竞争损害的是其他竞争者和消费者的合法权益,是一种扰乱社会经济秩序的行为。首先,不正当竞争行为直接损害了其他竞争者的利益,既包括特定竞争者的利益,也包括不特定竞争者的利益。如侵犯商业秘密、商业诋毁等不正当竞争行为侵害了特定竞争者的利益;而虚假宣传、不正当有奖销售等行为损害了相关市场内所有竞争者的利益。其次,不正当竞争行为会损害消费者的利益。生产的最终目的是消费,经营者不正当竞争行为的最终承担者是消费者,经营者实施不正当竞争行为主要是为了获取交易机会,其中一部分的交易机会就直接源于消费者,而这部分不正当竞争行为就会直接对消费者的利益产生损害,像混淆行为、虚假宣传行为等。而其他的不正当竞争行为也可以通过间接的方式损害消费者的利益,较多地体现在消费者要付出更高的成本支出。最后,不正当竞争行为会损害社会公共利益。主要体现在对市场竞争机制的损害,市场需要通过竞争机制来实现资源的优化配置,而不正当竞争行为通过对公平竞争机制的破坏进行过度竞争,不当增加了市场竞争的总量,会减损市场竞争机制的运行效率,从而损害社会公共利益。

---

[1] [美]丹尼尔·贝尔:《资本主义文化矛盾》,赵一凡等译,三联书店1989年版,第23、75页。

三、不正当竞争行为与垄断行为的区别

尽管垄断行为与不正当竞争行为都是市场主体对市场竞争秩序的破坏行为,在手段上有很多类似之处,如具有支配地位企业实施的价格歧视或搭售等行为,最终都损害了消费者利益、市场竞争者的利益和公共利益。但从严格意义上来看,垄断行为与不正当竞争行为是存在区别的,具体来说:

(1)二者对市场竞争的危害程度不同。反不正当竞争行为并不是要排除或者限制市场竞争,而是在竞争的过程中采用了不正当的竞争手段,且不正当竞争行为的损害既可能指向具体的某一特定当事人,也可能指向不特定群体。而垄断行为往往会产生排除、限制竞争的效果,“限制是指不当地限制商业或贸易的行为、方式以及惯例。凡通过滥用或谋求市场支配地位,以限制他人进入市场,或以其他方式不适当地限制竞争等,均属于‘限制’范围”。[1] 垄断行为的损害通常具有全局性、整体性,指向的往往是不特定群体的利益。且垄断行为往往会减少市场竞争,而反不正当竞争行为往往会增加不合理的市场竞争。

(2)二者在违法性质上具有较大差异。垄断行为并不必然违法,也存在合理的垄断,如自然垄断等,相关的法律规制中也有适用除外的情形。即基于垄断带来的规模效应,可以不对合法的垄断进行规制。而不正当竞争行为通常是通过损害他人的利益来达到自己的目的,这种行为本身就是违法的,法律一般都予以严厉的制裁。

(3)二者在实施手段上存在较大差异。不正当竞争行为旨在采用欺骗、胁迫、利诱以及其他违背诚实信用和公平竞争惯例的手段来排斥竞争,如不正当有奖销售、商业贿赂、商业诋毁、虚假或引人误解的商业宣传等,实施者往往不需要具有优势地位。而垄断行为的实施者必然在市场经济中具有垄断地位,当事人总处于一种不平等的竞争关系中,实施的方式主要以限制、排除竞争为主。

---

〔1〕 张守文等:《市场经济与新经济法》,北京大学出版社 1993 年版,第 340-341 页.

第二节 反不正当竞争法的一般原理

一、反不正当竞争法的概念

从广义上看,反不正当竞争法是指国家为了维护市场竞争机制的作用,对市场主体违背公平竞争原则的行为进行规制的法律规范的总称,包括《反不正当竞争法》和其他的反不正当竞争法律法规。如我国的《消费者权益保护法》《广告法》《商标法》等法律中都含有一些反不正当竞争的法律规范。狭义上的反不正当竞争法是指专门的法律,如我国的《反不正当竞争法》等。世界上第一部反不正当竞争法是德国在 1896 年制定的《反不正当竞争法》,囿于特殊的历史背景,该部法律规定得非常简单,仅包括少数几类不正当竞争的构成要件,绝大多数的不正当竞争行为并没有一一列举出来。其实,为适应市场经济的发展,德国又对 1896 年制定的《反不正当竞争法》进行了多次修改。我国于 1993 年制定了《反不正当竞争法》,但由于受我国计划经济体制影响较深,其并不是一部单纯的禁止不正当竞争行为的法律,还将当时已经出现的几种垄断行为,如公用企业垄断和行政垄断也纳入其中,具有反垄断法的部分内容。后来,随着我国《反垄断法》的颁布,2017 年全国人大常委会在对《反不正当竞争法》进行修改时删除了其中的反垄断条款。此外,相关部门也相继出台一系列规章制度,配合《反不正当竞争法》的适用,如《关于禁止有奖销售活动中不正当竞争行为的若干规定》《关于禁止侵犯商业秘密行为的若干规定》《关于禁止串通招投标行为的暂行规定》《规范促销行为暂行规定》等。各省、自治区、直辖市等享有地方立法权的机关,也相继出台地方性法规来打击不正当竞争行为。

二、反不正当竞争法的特征

反不正当竞争法具有以下三项特征:

(1)反不正当竞争法规制的对象主要是不正当竞争行为,这是与反垄断法最大的区别。尽管从宏观上看,二者都以市场竞争关系为调整对象,但是市场竞争关系又可作进一步划分,且垄断行为与不正当竞争行为的差异明显,因而反不正当竞争法主要规制不正当竞争行为。

(2)反不正当竞争法保护的法益具有社会性。尽管反不正当竞争法也保护具体个人的利益不受不正当竞争行为的损害,但其根本目的立足于社会公共利益的保护。只有在一个充分竞争的市场中,市场主体的合法权益才能得到有效保护,因而反不正当竞争法虽与私法存在一定联系,但反不正当竞争法不仅只保护具体竞争者和消费者的合法利益,同时保护不特定经营者和消费者的利益,从根本上看,反不正当竞争法保护的是市场竞争机制,更多体现其社会公共性。

(3)反不正当竞争法调整的社会关系具有广泛性。首先,反不正当竞争法直接规制的是经营者之间的市场竞争行为。有序的竞争可以推动人类社会的发展,而无序的竞争则会阻碍人类社会的进步,即竞争具有两面性。而不正当竞争的行为不仅会损害他人的利益,还会扰乱正常的竞争秩序,削弱甚至扭曲竞争机制的作用,从而阻碍生产力的发展,影响社会进步。其次,反不正当竞争法还规制经营者与消费者之间的特定竞争关系。不正当竞争行为所造成的损害具有显著的"涟漪效应"或"伞形效应",其危害后果不但直接作用同一层次(水平层次)的多个、多种相对人,而且像涟漪一样向不同层次(纵向层次)传递。因而经营者之间不正当的竞争行为也会影响到消费者。

三、反不正当竞争法中的一般条款

一般条款的问题一直受到学界的关注,因为一般条款对于弥补法律漏洞,提高法律的实用性具有重要意义。一般条款又称概括条款,它把法律上的要件制定为抽象的、一般的规定。而反不正当竞争法中的一般条款,是指立法机关对法律具体列举的不正当竞争行为之外的其他不正当竞争行为的抽象概括。反不正当竞争法中的一般条款最早出现在德国的《反不正当竞争法》中,是德国 1909 年对《反不正当竞争法》修订的主要成果。该法第 1 条中的一般条款

"行为人在商业交易中从事以竞争为目的的行为,且这种行为违反善良风俗,得被要求停止这种行为和赔偿损失"被誉为"整个竞争法领域之帝王规范"。2004年修改的《反不正当竞争法》将其表述为不正当的竞争行为是不被允许的,如其以不利于共同竞争者、消费者或者其他市场参与者的方式妨碍竞争,且这种妨碍并非无关紧要的。从此,德国确立起"列举+一般条款"的立法体例,这一体例不仅在德国一直沿用,而且对其他许多地区反不正当竞争的立法都产生了深刻影响。如《巴黎公约》规定"凡在工商业活动中违反诚实经营的行为,即构成不正当竞争的行为"。我国的《反不正当竞争法》中具有一般条款功能的条文是"经营者在生产经营活动中,应当遵循自愿、平等、公平、诚信的原则,遵守法律和商业道德。本法所称的不正当竞争行为,是指经营者在生产经营活动中,违反本法规定,扰乱市场竞争秩序,损害其他经营者或者消费者的合法权益的行为"。因为即使是《反不正当竞争法》列举规定以外的其他不正当竞争行为,只要能确定其违反了自愿、平等、公平、诚实信用的原则或未遵守公认的商业道德,也可以认为其是《反不正当竞争法》调整的不正当竞争行为。但我国《反不正当竞争法》"法律责任"专章中只规定了列举的不正当竞争行为的法律责任,即除列举的不正当竞争行为外,其他的不正当竞争行为将不会受到处罚,因而,可以说我国《反不正当竞争法》的上述条款是一种有限的一般条款。

值得注意的是,虽然我国《反不正当竞争法》中的上述条款只具有一般条款的部分功能,但在司法实践中却普遍将其当作一般条款适用。在法院处理的很多非典型的不正当竞争案件中,会直接援引第2条作为依据对不正当竞争行为进行处罚,如原告浙江宁波华能国际经济贸易有限公司诉被告福建天龙电机有限公司不正当竞争纠纷上诉案(冒用商品条形码)、北京市京工服装工业集团服装一厂诉北京百盛轻工发展有限公司等反向仿冒"枫叶"牌西裤案等,在这些案件中,对于当时《反不正当竞争法》没有列举的新型不正当竞争行为,法院直接援引了民法的基本原则与《反不正当竞争法》的上述条文进行判决。

而一般条款的最大优势在于能弥补列举式立法的遗漏，顺应经济发展的要求。法律无法将不同时期的所有不正当行为均予以列举，且法律很难预先对各类不正当竞争行为作类型化的规定，为及时应对因经济社会变化而出现的不正当竞争行为，加强反不正当竞争法的适用性，应规定一般条款。“把法律上的要件制定为抽象的、一般的规定，具体适用听任法官，因而具有灵活性，可以根据社会情况的变化而追求裁判的妥当性。”〔1〕需要注意的是，一般条款不能等同于法律原则，两者存在差别，法律原则一般不具有直接适用的功能，而一般条款会具有明确的处理和制裁的部分，〔2〕可以直接适用于具体案件的裁判。即一般条款是能够直接适用于除反不正当竞争法中所列举的具体不正当竞争行为之外的，未明确规定的，但确实违背了商业道德的不正当竞争行为，而且这种适用不会产生过于模糊的效果。通常而言，一般条款具有以下几点特征：一是一般条款具有抽象性。一般条款虽然有确定的处罚规则，但是并未指向具体的不正当竞争行为，更多地借助是否违反诚实信用、商业道德来判断，所以一般条款的适用需要结合具体的行为或情境进行解释，并不是对特定情形的固定反应。〔3〕 二是一般条款违法性的判断是由法官通过行使自由裁量权来实现的。设计一般条款主要是因为通过列举的方式难以涵盖市场中所有的不正当竞争行为，且市场也是在不断变动的，随时都有可能出现新的不正当竞争行为，为了满足执法的需要，保护相关当事人的合法权益而将一般条款与非典型的不正当竞争行为相匹配的权力赋予司法机关。三是一般条款具有兜底性。一般条款的存在是为了起到补充作用，弥补反不正当竞争法所列举的典型不正当竞争行为之外的不足。即只有在法律无明文规定的情况下，才可以依一般条款对当事人的行为进行处理。

---

〔1〕 [日]我妻荣：《新法律学词典》，董璠舆等译，中国政法大学出版社 1991 年版，第 24 页。

〔2〕 刘继峰：《竞争法学》，北京大学出版社 2018 年版，第 274 页。

〔3〕 [美]罗纳德·德沃金：《认真对待权利》，信春鹰、吴玉章译，中国大百科全书出版社 1998 年版，第 46 页。

第三节 中国反不正当竞争法的完善

一、中国反不正当竞争法修订的原因

为保护竞争机制的有效实施和发挥其应有的作用,保障市场经济健康、有序的发展,制定并有效实施反不正当竞争法是一个非常重要的社会与法律问题。我国于1993年制定了《反不正当竞争法》,但随着我国社会主义市场经济的进一步发展,国际经济日趋多元化,现有的反不正当竞争法律体系已经不能满足中国市场经济发展之需要。一方面,在1993年我国制定《反不正当竞争法》时,我国的市场经济体制才刚刚确立,有关市场规制方面的立法经验不足,这导致我国反不正当竞争法的很多规则都是在借鉴域外先进立法经验的基础上建立起来的,与我国经济发展之实际并不匹配,反不正当竞争法律适用也存在较大的问题。如1993年的立法具有应急性、原则性的特点,涵盖了反垄断法的部分内容;对于某些像混淆行为、侵犯商业秘密等不正当竞争行为的规定过于粗疏,以至于在司法实践中可操作性低下,难以执行。另一方面,随着我国市场经济的快速发展,经济基础发生了变化,传统的劳动密集型产业逐步过渡到高精尖端产业,相应地,上层建筑也应该发生对应的变化,才能适应经济发展之需要。且与西方国家形成鲜明对比的是,中国市场经济的建立与发展不是自下而上的自发过程,而是由上往下的谨慎探索与"自觉"引导。加之新经济模式、新技术的发展,导致原有的反不正当竞争法律体系难以应对复杂多变的国际经济形势。如1993年的《反不正当竞争法》对于执法机构的赋权力度远远不能满足执法之需要,法律责任规定也存在规定不明以及规定欠缺等问题,难以满足市场经济发展的需要。为此,需要结合我国市场经济发展之实际,以问题为导向对《反不正当竞争法》进行完善。

二、中国反不正当竞争法的完善历程

我国的《反不正当竞争法》于2017年11月4日完成了第一次修订,2019

年4月23日完成了修正。2022年11月22日,为了营造公平竞争的市场环境,规范治理新经济、新业态、新模式发展中出现的扰乱竞争秩序的行为,维护经营者、消费者的合法权益和社会公共利益,切实解决监管实践中的突出问题,加快完善反不正当竞争法律制度,市场监管总局起草了《反不正当竞争法(修订草案征求意见稿)》,由此拉开了第三次反不正当竞争法完善的大幕。下面对前两次修改完善进行介绍。

(一)2017年《反不正当竞争法》的修订

为了满足经济发展之需要,以体系化的方式厘清竞争立法的脉络,全面建立反不正当竞争协调机制,解决好《反不正当竞争法》与《广告法》《反垄断法》《价格法》等法律的条款重复和冲突等诸多问题,决定对1993年版的《反不正当竞争法》进行修改。2016年2月25日,国务院法制办公室[1]发布《反不正当竞争法(修订案送审稿)》;2017年2月22日,在第十二届全国人大常委会第二十六次会议上,国务院提出了关于提请审议《反不正当竞争法(修订草案)》的议案;2017年8月28日,第十二届全国人大常委会第二十九次会议对《反不正当竞争法(修订草案二次审议稿)》进行审议;在2017年10月30日开幕的第十二届全国人大常委会第三十次会议上,《反不正当竞争法(修订草案三次审议稿)》被提交表决并获得通过,由此完成了《反不正当竞争法》的第一次修改。

此次修改进一步扩大了《反不正当竞争法》的适用范畴,总则中将"保障社会主义市场经济健康发展"修改为"促进社会主义市场经济健康发展",将非营利性服务业纳入反不正当竞争法的规制范围;删除了五项与《反垄断法》相重合的行为,即删除了原《反不正当竞争法》规定的禁止公用企业不正当竞争、行政机关滥用职权、经营者低于成本倾销商品、搭售、串通招投标规定,协调《反不正当竞争法》与《反垄断法》的实施,使我国的竞争法体系更加和谐、内部逻辑更加清晰;对原《反不正当竞争法》当中的混淆行为、商业贿赂、虚假宣传、侵犯商业秘密、不正当有奖销售、商业诋毁相关规定进行了修改,重新梳理了不正

〔1〕 根据2018年国务院机构改革方案,国务院法制办公室与司法部的职责融合,重新组建司法部,不再保留国务院法制办公室。

当竞争行为的定义，淡化了竞争关系在不正当竞争行为认定的比重，使相关条文更符合新情况的要求，也更具有可操作性；回应数字经济发展之实际，新增关于规制互联网领域内不正当竞争行为的专项；回应现实执法之需要，扩充执法机构的职权，规范执法程序；增强法律威慑力，总体上加重了各类不正当竞争行为对应的法律责任，完善责任规制等。

（二）2019年《反不正当竞争法》的修正

2019年4月23日，第十三届全国人民代表大会常务委员会第十次会议决定，对《反不正当竞争法》作出了修正。相较2017年的修改，此次修正全部集中于商业秘密的相关条款。

扩大了商业秘密的法律保护范围，将原来保护的“技术信息”和“经营信息”归纳为新增“商业信息”的下位概念，然后将不归于技术信息和经营信息的商业秘密以“等商业信息”进行归纳；在不正当行为侵犯商业秘密中增加“电子侵入”的方式，同时新增商业秘密的侵权类型，使法院对商业秘密间接侵权行为的裁判有明确的法律依据；加强了侵害商业秘密的侵权行为责任，新增惩罚性赔偿规定，“恶意实施”“情节严重”的可以要求1~5倍的赔偿数额；为提高权利人合法权益的保护，减轻了商业秘密侵权案件原告的举证责任，权利人只需要证明商业秘密法定要件中的“采取保密措施”，再合理表明商业秘密被侵犯的后果即可，而涉案信息“是否为公众所知悉”“是否具有商业价值”“是否属于商业信息”将由被告承担举证责任。

三、中国的反不正当竞争执法

（一）执法机构

反不正当竞争法的实施途径主要有两种，一种是司法，即通过民事诉讼、刑事诉讼活动来保障市场主体的合法权益，打击不正当的竞争行为。另一种是行政执法，即监督检查部门对不正当竞争的行为进行调查处理，其是反不正当竞争法的重要实施方式。在2018年我国国家机构改革前，反不正当竞争的执法权主要集中于县级以上人民政府履行工商行政管理职责的部门。而在机关设置改革后，主要由市场监督管理部门负责。即根据我国《反不正当竞争法》的规定，国务院建立反不正当竞争工作协调机制，研究决定反不正当竞争重大政策，协调处理维护市场竞争秩序的重大问题。县级以上人民政府履行市场监督管理职责的部门对不正当竞争行为进行查处；法律、行政法规规定由其他部门查处的，依照其规定。因不正当竞争行为可能涉及多部法律的管辖，如反垄断法、商标法、广告法等，不正当竞争行为的认定标准和处罚尺度并不统一。为此，在确定市场监督管理机关作为不正当竞争行为的主要执法机关的基础上，保留一定的执法灵活性，如果法律、行政法规规定由其他部门查处的，则应依相关法律、行政法规的规定。如根据《反不正当竞争法》规定，发布虚假广告的，依照《广告法》的规定处罚。而根据《广告法》的规定，“发布医疗、药品、医疗器械、农药、兽药和保健食品广告，以及法律、行政法规规定应当进行审查的其他广告，应当在发布前由有关部门(以下称广告审查机关)对广告内容进行审查；未经审查，不得发布”。“广告审查机关应当依照法律、行政法规规定作出审查决定，并应当将审查批准文件抄送同级市场监督管理部门。”因而，我国形成了以市场监督管理机关为主，其他机关共同执法的反不正当竞争执法机构设置。

(二)执法机构的权力

为了方便我国反不正当竞争执法机构的执法，《反不正当竞争法》赋予了执法机构一定的权力。例如：(1)询问权。询问被调查的经营者、利害关系人及其他有关单位、个人，要求其说明有关情况或者提供与被调查行为有关的其他资料。监督检查部门调查涉嫌不正当竞争行为，被调查的经营者、利害关系人及其他有关单位、个人应当如实提供有关资料或者情况。(2)检查权。在向监督检查部门主要负责人书面报告，并经批准后，执法机关可以进入涉嫌不正当竞争行为的经营场所进行检查，查询、复制与涉嫌不正当竞争行为有关的协议、账簿、单据、文件、记录、业务函电和其他资料。(3)查封、扣押权。在向设区的市级以上人民政府监督检查部门主要负责人书面报告，并经批准后，执法机关可以查封、扣押与涉嫌不正当竞争行为有关的财物，查询涉嫌不正当竞争行为的经营者的银行账户。(4)处罚权。检查监督部门有权对不正当竞争行为和拒不配合调查的行为进行处罚。处罚的形式包括罚款、吊销营业执照、责令停止违法行为、消除影响、治安管理处罚等。

（三）执法机构的义务

为防止权力的滥用、误用，我国的《反不正当竞争法》也规定了执法机构的义务，规定监督检查部门中的工作人员滥用职权、玩忽职守、徇私舞弊或者泄露调查过程中知悉的商业秘密的，依法给予处分。执法机构具体的义务包括：（1）依法行权义务，必须按照法定程序行使查封、扣押权等；（2）保密义务，监督检查部门及其工作人员对调查过程中知悉的商业秘密负有保密义务，并为举报人保密；（3）依法公开的义务，监督检查部门调查涉嫌不正当竞争行为，应当遵守《行政强制法》和其他有关法律、行政法规的规定，并应当将查处结果及时向社会公开，监督检查部门应当向社会公开受理举报的电话、信箱或者电子邮件地址等信息；（4）依法告知的义务，对实名举报并提供相关事实和证据的，监督检查部门应当将处理结果告知举报人等。

第十二章　不正当竞争行为

第一节　市场混淆行为的规制

一、市场混淆行为概述

市场混淆行为是不正当竞争行为中常见的一种，又被称为仿冒行为、商业混同行为、欺骗性交易行为。虽然理论上这几种称谓的侧重点有所不同，如仿冒行为是从混淆的手段出发进行界定的概念，且仿冒的范围偏窄，不能涵盖整个混淆行为的全部形式；欺骗性交易行为则是从交易相对方出发界定的概念，但其范围又过于宽泛，涉及不少非混淆行为的不正当竞争行为。但整体来看，其都指向同一对象，内在含义相差不大，在实务中，常常作为同一概念使用。市场混淆行为源于英美法律的专业术语"Likelihood of Confusion"，后来被其他国家及国际组织所沿用，逐渐演变为反不正当竞争法律体系中的一个基本概念。国际条约以及许多国家都对市场混淆行为作出了规定，如《巴黎公约》[1]，《与贸易有关的知识产权协议》(TRIPs 协议)也对商品地理标志混淆作出了规定，德国的《反不正当竞争法》、美国法学会编纂的《美国不正当竞争法重述》中都有对市场混淆行为的相关规定。我国的《反不正当竞争法》并没有明确市场混

〔1〕《巴黎公约》第10条规定：特别禁止下列情况；(1)采用任何手段对竞争对方的企业、商品或工商业活动造成混乱的一切行为；(2)在经营商业中利用谎言损害竞争对方的企业、商品或工商业活动的信誉；(3)在经营商业中使用会使公众对商品的性质、制造方法、特点、使用目的或数量发生混乱的表示或说法。

淆行为的基本概念，而是通过列举的方式将其表述出来。《关于禁止仿冒知名商品特有的名称、包装、装潢的不正当竞争行为的若干规定》《最高人民法院关于适用〈中华人民共和国反不正当竞争法〉若干问题的解释》的出台则进一步对市场混淆行为的类型作出了解释，但仍未归纳其抽象概念。实际上，混淆行为是通过“搭便车”的不正当竞争行为来躲避市场竞争机制的影响，从而谋取不正当竞争利益的一种行为。即市场混淆行为是指经营者擅自使用与他人商业标识相同或近似的标识，或者故意将自己的商品与他人的商品相混淆，引人误认为其商品或服务与他人的商品或服务存在特定联系的不正当竞争行为。市场混淆具有以下特征：

(1)行为人是通过利用其他经营者成果的影响进行的不正当竞争，具有侵犯他人合法权益的性质；

(2)行为人实施了可能欺骗或者误导潜在的消费者的行为，使消费者做了错误判断而获取交易机会，因而也侵犯了消费者的合法权益；

(3)行为人做出的令人混淆或误导的方法主要是将自己的商品或身份与他人的商品或身份进行混淆，让人难以分辨。

二、市场混淆行为的法律类型

我国的《反不正当竞争法》对市场混淆行为的规制体现在“经营者不得实施下列混淆行为，引人误认为是他人商品或者与他人存在特定联系：(一)擅自使用与他人有一定影响的商品名称、包装、装潢等相同或者近似的标识；(二)擅自使用他人有一定影响的企业名称(包括简称、字号等)、社会组织名称(包括简称等)、姓名(包括笔名、艺名、译名等)；(三)擅自使用他人有一定影响的域名主体部分、网站名称、网页等；(四)其他足以引人误认为是他人商品或者与他人存在特定联系的混淆行为。”即市场混淆行为主要包括商品上商业标识市场混淆行为、商主体类商业标识市场混淆行为、联网相关商业标识的市场混淆行为等。商业标识是商主体在进行商业活动中表明自己的身份，积攒自己的商誉，由文字、图形或者其他要素组成的符号或者标记，包括商品标识和身份标识。有学者将这些可以被仿冒的商业标识分为三类:第一类是产品或服务的标志,如商品名称、包装、装潢。第二类是经营者的标志,如企业名称、社会组织名称、网站名称等。第三类是以知名人士或虚构形象的人身要素商品化所形成的商业标志,如知名人士的姓名、笔名,虚拟人物的姓名、肖像等。[1]

(一)混淆商品标识

混淆商品标识,即不经任何授权,擅自使用商品特有的名称、包装、装潢等,或者使用与有一定影响的商品近似的名称、包装、装潢等,造成和他人的商品相混淆,使购买者误认为是该商品的行为。商品的名称、包装、装潢等商品标识是公众对商品或服务所产生的第一印象,具有能够区别于其他商品或服务的显著特征,因为其具有一定影响力,使相关公众将该名称、包装、装潢等商业标识与该特定来源的商品或服务建立起了一种联系。而不正当竞争者擅自使用或者使用与有一定影响的商品相似的商品名称、包装、装潢就会造成相关公众的误认。认定有一定影响的商品名称、包装、装潢等,应考虑该名称、包装、装潢是否是商品的通用名称、图形、型号;是否仅直接表示商品的质量、主要原料、功能、用途、重量、数量及其他特点的商品名称;是不是由商品性质决定的商品形状、为获得技术效果而产生的商品形状,或者是使商品具有实质性价值而必须有的商品形状等。由经营者营业场所的装饰、营业用具的式样、营业人员的服饰等构成的具有独特风格的整体营业形象可以被认为是商品的"装潢"。商品特有的名称、包装、装潢中含有本商品的通用名称、图形、型号,或者直接表示商品的质量、主要原料、功能、用途、重量、数量以及其他特点,或者含有地名,他人因客观叙述商品而正当使用的,不构成不正当竞争行为。

(二)仿冒他人身份标识

仿冒他人身份标识,即未经允许,擅自使用或仿冒他人有一定影响力的身份标识,包括企业名称、社会组织名称、姓名、域名等。企业名称应该由地域、字号、行业、组织形式依次组成。其中,字号也就是商号,是区别不同经营者的依

[1] 刘继峰:《竞争法学》,北京大学出版社2018年版,第285页。

据。企业名称包括企业登记主管机关依法登记注册的、在中国境内进行商业使用的、具有一定的市场知名度、为相关公众所知悉的企业名称中的字号等。社会组织的名称混淆是指依法登记成立的社会团体、民间组织等非营利组织的名称混淆的行为。虽然这种社会组织往往是非营利的，但是经过相关的批准，也可以收取咨询费、评估费等，而且由于“身份”的特殊性，其不受竞争的影响。因此会有其他经营者冒充社会组织获取不正当利益。姓名包括在商品经营中使用的自然人的姓名，具有一定的市场知名度、为相关公众所知悉的自然人的笔名、艺名等。域名是上网单位的名称，是网络访问的基础，由点符号、数字、字母构成对应的是互联网 IP 地址，在互联网中一个域名只对应一个 IP 地址，是区别不同用户主体的关键，具有唯一性和排他性。行为人通过混淆行为，恶意攀附有一定影响力一方的商誉，窃取他人域名和商品的竞争优势从而获得不正当商业利益，因而也受反不正当竞争法的规制。

三、市场混淆行为的认定

根据《反不正当竞争法》的相关规定，要认定市场混淆行为，除考虑混淆行为的对象（包括商品名称、包装、装潢、企业名称、社会组织名称、姓名、域名主体部分、网站名称、网页等）外，还应对“一定影响”“擅自使用”“存在特定联系”做出准确的理解。需要说明的是，在 1993 年版的《反不正当竞争法》中对市场混淆行为的认定侧重于对“知名商品”和“特有”要件的认定，将知名商品独立于商品名称、包装、装潢之外，将二者割裂开来，而修改后的《反不正当竞争法》采用“一定影响”的判断标准能够对商品来源进行区分，就具有了区分商品的显著性特征，能够更好地服务于司法实践。

（一）“一定影响”的认定

判断某个商业标识具有一定影响的标准，需要从相关消费群体的认知、销售区域、销售时长以及广告宣传等因素综合判断。在实务中，“一定影响”往往是由执法机关或司法机关按照个案的情况进行认定。在法律修改前，司法实践中按照当时“知名商品”和“特有”的规定分为两个部分进行认定。第一部分是知名商品的认定,参照《最高人民法院关于审理不正当竞争民事案件应用法律若干问题的解释》(已废止)第1条规定的应当考虑该商品的销售时间、销售区域、销售额和销售对象,进行任何宣传的持续时间、程度和地域范围,作为知名商品受保护的情况等因素进行认定。第二部分是“特有”的认定,参照该司法解释第2条需要具有区别来源的显著性。“知名商品”和“特有”的规定对于认定“一定影响”具有借鉴与指导意义。从地域上看,由于我国地域辽阔,不同地域的习惯文化差异也很大,因而“一定影响”的范围显然不要求达到全国范围,而只需要在一定的地域具有影响力即可,建议以县级单位为最低限度,在县级行政区域以上都具有影响力则可以认定为“具有一定影响”。从公众的知悉度来看,“一定影响”应当是一个区间,需要借助客观情况如销售情况、投入宣传情况等因素进行综合认定,只要达到能够使相关公众识别的标准即可。但总体来说“一定影响”仍然是一个可裁量性的概念,需要裁判者根据实际情况,灵活把握。

(二)“擅自使用”的认定

擅自使用即未经允许就进行使用,可以从“擅自”与“使用”两方面进行理解。对于“擅自”的理解,行为人具有一定的故意,明知具有一定影响的商业标识属于其他经营者,但是依然实施了混淆行为来抢占其他经营者市场份额的故意,即从主观的态度对产生混淆结果的行为进行区分,但这并不意味着某些不存在主观过错的行为在无意间产生的混淆结果不受约束。对于“使用”的理解,则侧重于对混淆结果的判断,不仅包括在单纯交易环节中的使用,还包括在其他营销、宣传等环节的使用,只要该“使用”是针对有一定影响的商业标识,并产生了混淆的结果,就属于混淆行为中的使用。

(三)“存在特定联系”的认定

存在特定联系,即产生了混淆的结果。具体而言,即擅自使用与他人相同或相似的有一定影响的商业标识以及其他行为,造成了足以引人误认为是他人商品或与他人有加盟、许可等特定联系的混淆结果,混淆结果不仅包括误认为是他人的商品,还包括误认为与他人有一定关系。

第二节 商业贿赂行为的规制

一、商业贿赂行为概述

商业贿赂是贿赂行为引申至商业领域所产生的词汇,其产生源于商品经济的发展,本质上属于不正当竞争行为。根据事实、情节以及处罚依据的不同,商业贿赂分为不正当交易行为、一般违法行为和犯罪行为。不正当交易行为是商业贿赂中情节轻微、数额较小,违反商业道德和市场规则,依照党政机关、行业主管(监管)部门以及行业自律组织的有关规定,应当予以处理的行为;一般违法行为是商业贿赂中情节较轻、数额不大,违反《反不正当竞争法》和其他法律法规,尚未构成犯罪,应当给予行政处罚的行为;犯罪行为是商业贿赂中数额较大,或者具有其他严重情节,依照刑法应当受到刑罚处罚的行为,因而商业贿赂行为涉及经济法、行政法、刑法等多个法律部门。但刑法、行政法对商业贿赂行为的规定较为简单,一般是权钱交易行为,其认定也较容易,且相关规定大多是以《反不正当竞争法》为依据和基础作出的。实际上,商业贿赂是指在商业活动中违反公平竞争原则,采用给予、收受财物或者其他利益等手段,提供或获取交易机会或者其他经济利益的行为。囿于商业贿赂行为对市场经济的危害,各经济组织和国家都对其进行了规制,如《联合国反腐败公约》中要求缔约国对在商业活动过程中故意实施贿赂本国或外国以及国际组织的公职人员、利用影响力交易、私营部门内部的贿赂以及私营部门内部的腐败规定为犯罪;[1]美国的《克莱顿法》也规定,"商人在其商业过程中,支付、允许、收取、接受佣金、回扣或其他补偿是非法的";英国也相继出台了《反贿赂指南》《预防腐败法》《反

---

〔1〕 详见《联合国反腐败公约》第12条、第15条、第18条、第21条的规定。转引自吕来明、熊英:《反不正当竞争法比较研究——以我国〈反不正当竞争法〉修改为背景》,知识产权出版社2014年版,第173-175页。

贿赂法》等;德国在《反限制竞争法》中明确了企业和企业联合组织,不能向其他公司承诺或提供利益;日本《关于禁止私人垄断和确保公平交易的法律》也规定了禁止商业贿赂条款等。我国的《反不正当竞争法》并未对商业贿赂行为进行明确描述,而是通过禁止性规定进行解释:“经营者不得采用财物或者其他手段贿赂下列单位或者个人,以谋取交易机会或者竞争优势:(一)交易相对方的工作人员;(二)受交易相对方委托办理相关事务的单位或者个人;(三)利用职权或者影响力影响交易的单位或者个人。经营者在交易活动中,可以以明示方式向交易相对方支付折扣,或者向中间人支付佣金。经营者向交易相对方支付折扣、向中间人支付佣金的,应当如实入账。接受折扣、佣金的经营者也应当如实入账。经营者的工作人员进行贿赂的,应当认定为经营者的行为;但是,经营者有证据证明该工作人员的行为与为经营者谋取交易机会或者竞争优势无关的除外。”并且存在用商业贿赂定义涵盖贿赂定义的现象,这种表述并不能准确定义商业贿赂行为。其实,为更好地厘清商业贿赂的概念,我国中央治理商业贿赂领导小组还曾发布《关于在治理商业贿赂专项工作中正确把握政策界限的意见》,对商业贿赂的定义作了明确规定。《国家工商行政管理局关于禁止商业贿赂行为的暂行规定》也对商业贿赂行为进行了较为详细的介绍。

商业贿赂行为具有以下特征:

(1)商业贿赂行为具有隐蔽性。商业贿赂行为往往隐藏在交易形式丰富的市场交易环境下,通常与回扣、折扣、佣金以及附赠等相关,打着法律的“擦边球”,往往很难被发现。

(2)商业贿赂的手段具有多样性。商业贿赂行为既可以通过直接的财物贿赂他人,还可以通过其他手段,诸如提供国内外各种名义的旅游、考察等给付财物以外的其他利益手段贿赂他人以达到不正当交易的目的。

(3)商业贿赂行为一般具有长期性。商业贿赂不同于一般的贿赂,商业贿赂往往是行贿方与受贿方为建立长期的交易关系而发生的,交易的长期性也促成了商业贿赂行为的长期性。

(4)商业贿赂行为对市场竞争具有破坏性。市场正常的竞争活动是经营者通过商品质量、价格等方面的竞争实现优胜劣汰。而通过贿赂方式获得的不正当竞争优势,会破坏正常的市场竞争机制,损害竞争者的利益,尤其是一些经济能力不足的小微企业要想获得公平的竞争环境更是难上加难。同时,行为人也可能将贿赂成本附加在产品上,诱导消费者选择与贿赂相关的商品,损害消费者的合法权益。商业贿赂涉及经济社会生活的许多方面,往往与国家机关及其工作人员滥用职权、以权谋私有很大关系,因而商业贿赂也会严重影响清廉政府、清明政治的建设,扰乱国家机关的管理活动,影响政府的公信力。

二、商业贿赂行为构成要件

商业贿赂行为须满足以下三个构成要件:

(1)贿赂主体是经营者。这里的经营者是广义的概念,不应当只局限于交易的经营者本人,应当包含能够代表经营者的其他个人或群体。如经营者的工作人员基于雇佣或者委托关系代表经营者进行商业活动,本着为经营者谋取利益(或为谋取自身利益)进行市场交易的活动,可能会实施商业贿赂行为,应当受到反不正当竞争法的处罚。当然如果经营者有证据能够证明相关工作人员的行为与经营者的意志没有关系,也不是为了帮助经营者博得竞争的优势,那么工作人员的行贿行为就不应推定为经营者的行为。具体而言,商业贿赂的主体既包括各类公司、企业及其从业人员,个体工商户以及其他经营者和社会团体、行业自律组织、社会中介组织及其从业人员;也包括国家机关、事业单位、人民团体及其工作人员等。而受贿方,我国的《反不正当竞争法》规定了三类受贿主体,即交易相对方的工作人员,受交易相对方委托办理相关事务的单位或者个人,利用职权或者影响力影响交易的单位或者个人。这表明,受贿主体不仅包括交易的相对主体,同时包括能直接影响到交易的其他主体。且把其他能直接影响交易的主体纳入受贿方的范畴,可以使商业贿赂的外延清晰化,有利于执法实践。

(2)商业贿赂行为的目的在于获取不正当的交易机会或竞争优势。目的的不同是商业贿赂区别于其他类型贿赂的主要特征,“如果是为了晋升和留学等目的而实施贿赂则不构成商业贿赂，仅仅是构成普通的行贿”。[1] 从实施商业贿赂行为的主体目的来看，行为人的主观方面必然是故意的，即行为人在进行商业贿赂行为时明知可能会损害正常的市场竞争秩序，但仍以谋求竞争优势为目的而积极促使该商业贿赂行为的发生。

(3)商业贿赂的行为具有多样性，包括财物或者其他手段。商业活动中，提供、接受违反公平竞争原则的商业赞助或者旅游、考察以及其他活动；提供、收受各种会员卡、消费卡(券)、购物卡(券)和其他有价证券；提供、使用房屋、汽车等物品；提供、收受干股或红利；通过赌博，以及假借促销费、宣传费、广告费、培训费、顾问费、咨询费、技术服务费、科研费、临床费等名义给予、收受财物或者其他利益，以提供、获取交易、服务机会、优惠条件或者其他经济利益的，属于商业贿赂。

三、商业贿赂行为的认定

对于商业贿赂行为的认定，因商业贿赂的形式多样化，因而对其的认定，应结合个案情况进行分析，下面就具体的贿赂行为进行介绍说明。

(一)回扣与折扣

回扣，是指经营者销售商品时在账外暗中以现金、实物或者其他方式退给对方单位或者个人的一定比例的商品价款。账外暗中，是指未在依法设立的反映其生产经营活动或者行政事业经费收支的财务账上按照财务会计制度规定明确如实记载，包括不记入财务账、转入其他财务账或者做假账等。折扣，即商品购销中的让利，是指经营者在销售商品时，以明示并如实入账的方式给予对方的价格优惠，包括支付价款时对价款总额按一定比例即时予以扣除和支付价款总额后再按一定比例予以退还两种形式。此处的明示和入账，是指根据合同约定的金额和支付方式，在依法设立的反映其生产经营活动或者行政事业经费收支的财务账上按照财务会计制度规定明确如实记载。并不是所有的回扣和折扣都是商业贿赂行为，以明示的方式给予对方折扣或者给予中间人的佣金是

---

[1] 车浩：《行贿罪之“谋取不正当利益”的法理内涵》，载《法学研究》2017年第2期。

合法的。如果在账外暗中给予返利、折算成各种实物则构成违法。即判断回扣与折扣是否合法,应判断其是否明示、如实入账。

(二)附赠

经营者在商品交易中不得向对方单位或者其个人附赠现金或者物品。但按照商业惯例赠送小额广告礼品的除外。根据立法相关规定,经营者不得以财物为诱饵,排挤其他经营者。因而若附赠大额商品进行利益诱惑,可能会产生影响交易竞争的结果。实践中,并没有关于"小额"的具体说明,通常由执法人员根据当地人均收入水平或者该额度占交易或合同标的的百分比来确定小额的范围。具体而言,判断附赠行为是否能够构成商业贿赂,首先需要考虑附赠行为是否与交易内容相关,附赠行为是相对于买卖双方交易行为的附属行为,因而附赠的行为也应该与交易和服务的内容相关,即其目的是获得交易机会或竞争优势。其次要考虑赠送行为的价值和后续影响,若价值不大,不足以影响行为人的交易,则可以认为是合理的附赠。价值较大时,并不能当然认定其属于商业贿赂,还要考虑该附赠行为是否与后续的交易行为挂钩,如果附赠方的捐赠行为没有寻求竞争优势的目的,受赠方接受捐赠并没有利益负担,则不宜按商业贿赂定性。但如果赠送行为与后续交易行为相关联,就应当认定为商业贿赂。此外,还应注意捐赠应当符合《公益事业捐赠法》以及其他有关规定,明示并如实入账,不直接或间接与商品交易挂钩,不损害其他经营者合法权益,并且用于公益事业。以捐赠为名,通过给予财物获取交易、服务机会、优惠条件或者其他经济利益的,属于商业贿赂。

(三)佣金

佣金,是指经营者在市场交易中给予为其提供服务的具有合法经营资格中间人的劳务报酬,其可以由交易双方共同向中间人支付,也可以是其中一方支付。经营者销售或者购买商品,可以明示方式给中间人佣金。经营者给中间人佣金的,必须如实入账;中间人接受佣金的,必须如实入账。对于佣金合法性认定的关键是:(1)收取佣金的主体应当具有合法的营业资质;(2)满足明示如实入账的要求;(3)佣金支付的目的合法,即只能是向中间人支付的合法劳务报酬。在拥有中介资质的正常商业经营中产生的佣金只要按照会计管理制度如实入账,可以认定为合法佣金。但在旅游行业“人头费”“停车费”这类名目产生的佣金并不属于合法目的的劳务报酬,采用的手段和方式违反了法律的强制性规定,只要产生利益诱惑,无论是否入账都属于商业贿赂。

第三节　虚假或引人误解的商业宣传行为规制

一、虚假或引人误解的商业宣传行为概述

经营者对其生产或经营的商品或服务通过广告等形式进行宣传,是扩大其产品或服务的知名度、吸引消费者的有效手段。即商业宣传构成现代市场竞争的重要手段。而随着宣传手段的不断增多,经营者在宣传方面的竞争也变得更加激烈。商业宣传应以真实性为基础,如果商业宣传失去了真实性,进行了虚假或引人误解的宣传,那么不仅不会发挥商业宣传的正面效果,还会不正当地攫取其他经营者的合法利益,损害消费者权益,削弱市场的透明度,破坏市场经济的健康发展。囿于虚假或引人误解商业宣传的危害性,许多国家(地区)都对虚假或引人误解的宣传作出了禁止性的规定。如加拿大《竞争法》规定,任何人不得直接和间接地为了产品促销、产品供应和使用以及其他任何商业利益,以任何方式对公众进行虚假或引人误解的陈述,以致对消费者产生实质性影响;日本《反不正当交易法》规定“事业人不得就自己供给的商品或服务交易,作出以下各项表示:第一,使一般消费者误认为其商品或服务的质量、规格及其他内容比其实际情况或比与其有竞争关系的其他事业人的情况显著优良,从而可能会不正当地引诱顾客,阻碍公平竞争;第二,使一般消费者误认为其商品或服务的价格及其他交易条件比其实际情况或比与其有竞争关系的其他事业人的情况显著有利,从而可能会不正当地引诱顾客,阻碍公平竞争的表示;第三,除以上两项所列情况外,由公正交易委员会指定的、可能会使一般消费者对

其商品或服务的交易事项造成误认,从而可能会不正当地引诱顾客,阻碍公平竞争的表示"等。我国《反不正当竞争法》规定,经营者不得对其商品的性能、功能、质量、销售状况、用户评价、曾获荣誉等作虚假或者引人误解的商业宣传,欺骗、误导消费者。经营者不得通过组织虚假交易等方式,帮助其他经营者进行虚假或者引人误解的商业宣传。《广告法》也规定,广告不得含有虚假或者引人误解的内容,不得欺骗、误导消费者。广告以虚假或者引人误解的内容欺骗、误导消费者的,构成虚假广告等。即虚假或引人误解的商业宣传行为是指经营者违背了诚实守信原则,通过对商品或服务进行虚假或引人误解的宣传,从而获得交易机会的一种不正当竞争手段。

虚假或引人误解的商业宣传行为具有以下特征:

(1)从主体上看,虚假或引人误解的商业宣传的行为主体是广义范围上的经营者,除商品或服务的经营者之外,还包括了广告经营者。

(2)从行为方式上看,虚假宣传主要是通过虚构事实或隐瞒真相等方法对商品作虚假或引人误解的商业宣传来参与竞争。虚假的内容包括宣传内容不真实、宣传的内容违背科学、使用错误数据进行宣传等情况,如对商品的特性、来源、价格以及用户评价等进行虚假宣传。

(3)无论是虚假的商业宣传还是引人误解的商业宣传,都以欺骗、误导消费者为后果,实际造成或者足以导致欺骗、误导。如果对商品的宣传介绍不准确或者不真实,但不足以导致产生欺骗、误导的实际后果,并不是虚假宣传。反之,如果宣传在某些方面是真实的,但隐瞒了其他重要信息,即片面宣传真实,但整体上足以甚至已经造成相关公众误解,产生欺骗、误导可能性的宣传,构成虚假宣传。

(4)虚假宣传的方式具有多样性,包括虚假广告、利用大众媒体进行不正当宣传报道、利用网络进行虚假或引人误解的商业宣传等方式发布虚假信息之外,还可以由内部人员冒充顾客参与交易,虚假定价等。

二、虚假或引人误解的商业宣传行为认定

根据我国《反不正当竞争法》的规定,对虚假宣传的认定只需满足"虚假"

或“引人误解”的其中一个要件即可，并考虑后果性要件“欺骗、误导消费者”。

（一）关于“虚假”宣传的认定

何为“虚假”，从语义上看，即不真实。主要包括以下几方面的情况：一是对商品进行不真实的内容宣传，即表述的情况不真实。如宣传商品本来没有的功能，或者夸大商品的功能等。二是违背科学结论，当某种事实已经被科学实验所证实，而商业宣传中利用虚假的数据或演示手段，来违背已经被证实的科学结论，就属于虚假宣传，常见于保健品的宣传。三是数据不真实，即无根据地使用各种数据、百分比等作商业宣传，如对饮料中某些物质的含量、保健品中珍贵药材的比例等进行不真实的意思表示。四是歪曲公理或相关知识，使人们陷入错误的认识而作出违心的判断，即对产品的功能、性能等作扩张解释、夸大宣传。

（二）关于“引人误解”的认定

引人误解，是指经营者利用广告或其他形式对商品内容所作的宣传致使相关公众的认识发生错位进而可能进行错误选择的一种宣传方式。判定是否引人误解，应当根据日常生活经验、相关公众一般注意力、发生误解的事实和被宣传对象的实际情况等因素，对引人误解的商业宣传行为进行认定。通常而言，可以从以下几方面认定引人误解：一是将科学上未定论的观点、现象等当作定论的事实进行宣传。经营者利用未经科学认证的某些观点进行商品宣传，其真实性难以保障，可能误导消费者进行消费。二是利用具有歧义的词语或概念进行商品宣传。由于语言的魅力，一些用语在不同的语境中通常具有不同的含义，而商业宣传都会进行不同程度的艺术加工，从而导致消费者难以理解宣传用语，歧义词就是最常见的一种，通常表现出一词多义、词汇外延不明确、暗示不当、信息不全等形式，尽管任何语言都不可避免地存在某些歧义，一般的歧义也不会影响人的判断。但是当经营者希望通过这些歧义手段来误导消费者消费时，就可能构成引人误解的宣传。三是利用权威进行误导。这主要是利用公众对权威的信任或盲从而取得消费者对宣传产品的特殊印象与好感，从而增加交易机会。权威包括专家、名人、权威机构等，不要求这些权威与商品有特定联系,只要求这些权威足以让人信服即可。

(三)关于"欺骗、误导消费者"的认定

对于虚假宣传,一般情况下,经营者需要承担无过错责任,即只要实施了虚假或引人误解的商业宣传行为,无论行为人是故意、过失还是无过错,皆要承担法律责任,因而关于"欺骗、误导消费者"的认定只要求虚假宣传行为使消费者有受骗的可能性即可。一般而言,引人误解的真实宣传和不引人误解的虚假宣传都不在反不正当竞争法所要调整的虚假宣传范围之内,要求"虚假"或"引人误解"的行为足以使消费者陷入错误的认识,而"欺骗、误导消费者"则是因为消费者陷入了错误认识,而作出了违反本人意愿的购买决策,二者之间应存在因果关系。即误导的概念并不局限于本身即为虚假的言论,或者局限于使消费者已实际产生虚假印象的言论,只要有关言论易于产生误导作用便已足够。

三、虚假宣传与相关不正当竞争行为的辨析

(一)虚假宣传行为与商业诋毁行为

虚假或引人误解的宣传行为与商业诋毁行为具有一定的相似性,二者都是通过传播某些不真实的信息或者具有歧义性的信息影响消费者的判断,从而获得交易机会。在实践中,商业诋毁行为在一定条件下也可以满足虚假宣传的构成要件。二者的相似之处主要表现在:一是目的具有相同性,都是迷惑消费者从而获得不正当的交易机会;二是手段具有一定的相似性,都是通过一定的宣传手段对外传递信息,且传递的信息都是不真实或不具体的。尽管二者具有一定的相似性,但总体而言,二者的差别巨大。一方面,二者虽在手段上具有一定的相似,但虚假宣传行为采取的是不真实的或误导性的宣传方式来进行不正当竞争,而商业诋毁行为是采取捏造或散布虚假的同类竞争对手的信息来进行不正当竞争。另一方面,二者的作用对象也不同,虚假宣传是对自己的产品或服务进行虚假或引人误解的商业宣传,而商业诋毁是对他人的产品或服务进行虚假宣传。且二者损害的法益也明显不同,虚假宣传直接损害的是消费者的合法利益,侵害的是市场竞争秩序、公平交易权,而商业诋毁直接损害的是竞争对手

的合法利益。

(二)虚假宣传行为与商业混淆行为

虚假宣传行为与商业混淆行为都是采用不正当的虚假手段,企图误导或迷惑相关公众对其产品的客观认知。但虚假宣传行为虚假冒用的范围要大于市场混淆行为虚假冒用的范围,在某些领域可能会与市场混淆行为发生重合,从而产生责任的竞合。当然,并不是所有的虚假宣传行为都会导致市场混淆。实际上,这两种行为在某些情况下并不必然发生重合,应当予以区分适用。商业混淆行为主要是通过借助他人的商业信誉,采取"搭便车"的形式来为自己获利,而虚假宣传行为是市场主体通过对商品"特性"作虚假表示来误导消费者从而获利,因而二者虽有相似之处,但并不能视为同一类型的不正当竞争行为。第一,从表现形式上看,虚假宣传一般表现为对商品的功能、质量、评价等进行虚假宣传,如夸大商品功能或者"刷单"等,并不会产生与他人商品相混淆的效果。而商业混淆行为是市场主体利用他人良好的商誉,让其商品或服务与他人的商品或服务相类似,从而让消费者产生混淆的结果,影响消费者的判断,使相关公众无法识别到商品的真正主体。第二,从侵害法益上看,虚假宣传行为直接损害的是消费者的合法利益,间接才损害到竞争对手的合法利益;而商业混淆行为侵害的法益直接为被冒用的同业竞争者的合法利益。第三,经营者的目的也有所不同,商业混淆行为仅仅是经营者想攀附他人的商业信誉、商品声誉,窃取他人的劳动成果,而虚假宣传是经营者为了增加自己产品的销量而做出的夸大产品功效等行为。

第四节　侵犯商业秘密行为的规制

一、商业秘密概述

对于商业秘密的概念,不同国家或地区的界定是不同的。如《与贸易有关的知识产权协议》中规定:“自然人和法人应有可能阻止由其合法掌握的信息在未得到其同意的情况下,被以违反诚信商业做法的方式泄露、获得或使用,只要此信息:(1)在作为一个实体或其组成部分的精确形状及组合不为正规地处理此种信息的那部分人所共知或不易被其得到的意义上说是秘密的;(2)由于是秘密的而具有商业价值;(3)被其合法的掌握者根据情况采取了合理的保密措施。”日本的《不正当竞争防止法》规定,“一个拥有诸如制造或者销售方式之类的,在商业上具有实用性、被作为保密进行保守、不为一般公众所知悉的技术信息和经营信息的经营者,在他人实施或者可能实施任何下列行为而所有人的经营利益可能受到损害时,有权请求停止侵害或者排除妨碍”。美国的《统一商业秘密法》认为,“商业秘密意为特定信息,包括配方、样式、编辑产品、程序、设计、方法、技术或工艺等,其:(1)由于未能被可从其披露或使用中获取经济价值的他人所知悉且未能用正当手段已经可以确定,因而具有实际或潜在的独立经济价值。同时(2)是在特定情势下已尽合理保密努力的对象”。我国原国家工商行政管理局在1995年11月23日发布并于1998年修订的《关于禁止侵犯商业秘密行为的若干规定》中规定,“本规定所称商业秘密,是指不为公众所知悉、能为权利人带来经济利益、具有实用性并经权利人采取保密措施的技术信息和经营信息”。而后来的《反不正当竞争法》对其进行了修改,“本法所称的商业秘密,是指不为公众所知悉、具有商业价值并经权利人采取相应保密措施的技术信息、经营信息等商业信息”。由此可见,商业秘密的基本构成要件主要包括秘密性、价值性和保密性,而德国颁布的《商业秘密法》在此基础上,又新添了一构成要素——合法性,即信息必须合法才能被保护为商业秘密。[1]因而,可以将商业秘密认定为是一种具有秘密性、价值性、保密性的商业信息。

根据我国《反不正当竞争法》的规定,商业秘密可以分为技术信息和经营信息两类。技术信息是指利用科学技术知识、信息和经验获得的技术方案,包括但不限于设计、程序、公式、产品配方、制作工艺、制作方法、研发记录、实验数

〔1〕 赵丰、周围:《德国商业秘密立法保护的新发展及其对中国的启示》,载《国际贸易》2021年第7期。

据、技术诀窍、技术图纸、编程规范、计算机软件源代码和有关文档等信息。与技术有关的结构、原料、组分、配方、材料、样品、样式、植物新品种繁殖材料、工艺、方法或其步骤、算法、数据、计算机程序及其有关文档等信息也可被认为是技术信息。经营信息是指与权利人经营活动有关的各类信息,包括但不限于管理诀窍、客户名单、员工信息、货源情报、产销策略、财务数据、库存数据、战略规划、采购价格、利润模式、招投标中的标底及标书内容等信息。与经营活动有关的创意、管理、销售、财务、计划、样本、招投标材料、数据等信息也可被认为是经营信息。而商业信息是指与商业活动有关的,包括但不限于技术信息、经营信息的任何类型和形式的信息,如包括客户的名称、地址、联系方式以及交易习惯、意向、内容等在内的客户信息等。具体而言,商业秘密具有以下特征:

(1)秘密性,表现为不被公众所知悉,即指该信息不为其所属领域的相关人员普遍知悉或者不能从公开渠道轻易获得。其具有相对性,并不是要求非权利人之外的所有其他人都不知道该信息,而是该秘密只能限定在一定范围内被相关人员所知晓。这个范围通常是由权利人所确定,因为商品要被使用才会产生价值,而仅依靠商业秘密的权利人自己是无法实现的,所以需要授权其他的人使用,如雇员等。对于有关信息是否构成"不为公众所知悉",根据我国国家市场监督管理总局 2020 年 9 月 4 日公布的《商业秘密保护规定(征求意见稿)》,"具有下列情形之一的,可以认定有关信息不构成'不为公众所知悉':(一)该信息已经在国内外公开出版物或者其他媒体上公开披露或者已经通过公开的报告会、展览等方式公开;(二)该信息已经在国内外公开使用;(三)该信息为其所属领域的相关人员普遍掌握的常识或者行业惯例;(四)该信息无需付出一定的代价而容易获得或者从其他公开渠道可以获得;(五)仅涉及产品尺寸、结构、部件的简单组合等内容信息,进入公开领域后相关公众可通过观察、测绘、拆卸等简单方法获得。申请人提交的技术查新报告、检索报告、公开渠道查询商业信息的资料等与涉案信息不构成实质上相同的,可以推定该信息'不为公众所知悉',但有相反证据证明的除外"。《最高人民法院关于审理侵犯商业秘密民事案件适用法律若干问题的规定》也对此进行了规定,"具有下列情形之一的,人民法院可以认定有关信息为公众所知悉:(一)该信息在所属领域属于一般常识或者行业惯例的;(二)该信息仅涉及产品的尺寸、结构、材料、部件的简单组合等内容,所属领域的相关人员通过观察上市产品即可直接获得的;(三)该信息已经在公开出版物或者其他媒体上公开披露的;(四)该信息已通过公开的报告会、展览等方式公开的;(五)所属领域的相关人员从其他公开渠道可以获得该信息的。将为公众所知悉的信息进行整理、改进、加工后形成的新信息,符合本规定第三条规定的,应当认定该新信息不为公众所知悉”。

(2)价值性。商业秘密的价值性是指商业秘密能够为权利人带来商业利益或竞争优势,包括其具有现实的或者潜在的商业价值。商业秘密的价值性高度依附于其秘密性,可以说,如果商业秘密没有秘密性,其价值性可能就不复存在。根据《商业秘密保护规定(征求意见稿)》,判断商业秘密的价值性,可以考虑:①该信息给权利人带来经济收益的;②该信息对其生产经营产生重大影响的;③权利人为了获得该信息,付出了相应的价款、研发成本或者经营成本以及其他物质投入的;④涉嫌侵权人以不正当手段获取或者试图获取权利人的商业秘密的;⑤其他能证明该信息能为权利人带来商业利益或竞争优势的情形。

(3)保密性。保密性是指商业秘密的所有人采取合理的、必要的措施,保护商业秘密不被公众所知悉。商业秘密的权利人应当主动采取与商业秘密的商业价值、独立获取难度等因素相适应、合理且具有针对性的保密措施,防止商业秘密的泄露。多个权利人共有商业秘密的,均应当采取相应保密措施。对商业秘密保密性的认知通常从两个方面进行把握,一是权利人是否采取了合理的保密措施;二是是否对接触商业秘密的人进行了约束,如限制用途等。根据《最高人民法院关于审理侵犯商业秘密民事案件适用法律若干问题的规定》,人民法院应当根据商业秘密及其载体的性质、商业秘密的商业价值、保密措施的可识别程度、保密措施与商业秘密的对应程度以及权利人的保密意愿等因素,认定权利人是否采取了相应保密措施。根据《商业秘密保护规定(征求意见稿)》,“具有下列情形之一,足以防止涉密信息泄露的,可以认定权利人采取了‘相应保密措施’:(一)限定涉密信息的密级、保密期限和知悉范围,只对必须知悉的相关人员告知其内容;(二)任职离职面谈,提醒、告诫现职员工和离职员工履行其保密义务;(三)对该信息载体采取了加密、加锁、反编译等预防措施或在相关载体上加注保密标志或加密提示;(四)对于涉密信息采用密码或者代码等;(五)对于涉密的机器、厂房、车间等场所限制来访者,采取基本的物理隔离措施,如门禁、监控、权限控制等;(六)制定相应的保密管理制度并与相关人员签署保密协议;(七)在竞业禁止协议中对保密义务进行明确约定的;(八)权利人在劳动合同或保密协议中对商业秘密范围有明确界定且与其所主张的秘密范围相符的;(九)确保涉密信息他人轻易不能获得的其他合理措施”。

二、侵犯商业秘密的行为

从微观上看,商业秘密是企业参与市场竞争的重要手段。商业秘密是企业的无形财富,一旦被侵害,有可能会导致企业破产,且企业也越来越依赖商业秘密取得相应的竞争优势。而从宏观上看,保护商业秘密不仅有助于市场经济的健康发展,还有助于促进经济贸易,推动高新技术的发展。囿于商业秘密的重要性,近年来,包括美国、欧盟和中国在内的世界主要经济体均对商业秘密的保护进行了完善。如 2016 年美国签署了《保护商业秘密法案》,欧盟亦通过了《商业秘密保护指令》,而我国也先后于 2017 年、2019 年对商业秘密保护的专门法——《反不正当竞争法》进行了特别修订。不仅如此,2020 年 1 月 15 日中美两国签署的第一阶段经贸协议,首章即强调加强两国的商业秘密立法保护与打击侵权合作。关于侵犯商业秘密的行为,根据我国《反不正当竞争法》的规定,“经营者不得实施下列侵犯商业秘密的行为:(一)以盗窃、贿赂、欺诈、胁迫、电子侵入或者其他不正当手段获取权利人的商业秘密;(二)披露、使用或者允许他人使用以前项手段获取的权利人的商业秘密;(三)违反保密义务或者违反权利人有关保守商业秘密的要求,披露、使用或者允许他人使用其所掌握的商业秘密;(四)教唆、引诱、帮助他人违反保密义务或者违反权利人有关保守商业秘密的要求，获取、披露、使用或者允许他人使用权利人的商业秘密。经营者以外的其他自然人、法人和非法人组织实施前款所列违法行为的，视为侵犯商业秘密。第三人明知或者应知商业秘密权利人的员工、前员工或者其他单位、个人实施本条第一款所列违法行为，仍获取、披露、使用或者允许他人使用该商业秘密的，视为侵犯商业秘密”。而根据市场监督管理总局关于《商业秘密保护规定（征求意见稿）》，“下列行为不属于侵犯商业秘密行为：（一）独立发现或者自行研发；（二）通过反向工程等类似方式获得商业秘密的，但商业秘密或者产品系通过不正当手段获得，或违反保密义务的反向工程除外；（三）股东依法行使知情权而获取公司商业秘密的；（四）商业秘密权利人或持有人的员工、前员工或合作方基于环境保护、公共卫生、公共安全、揭露违法犯罪行为等公共利益或国家利益需要，而必须披露商业秘密的。前款所称反向工程，是指通过技术手段对从公开渠道取得的产品进行拆卸、测绘、分析等而获得该产品的有关技术信息，但是接触、了解权利人或持有人技术秘密的人员通过回忆、拆解终端产品获取权利人技术秘密的行为，不构成反向工程”。即侵犯商业秘密的行为主要可以分为三类：一是非法获得商业秘密的行为；二是合法拥有商业秘密，但非法使用的行为；三是第三人的行为。

（一）非法获得商业秘密的行为

非法获得商业秘密的行为，即行为人通过不正当的手段获取权利人的商业秘密并进行使用，其对商业秘密的拥有或使用本身是非法的。主要包括两种形式：一是以盗窃、贿赂、欺诈、胁迫、电子侵入或者其他不正当手段获取权利人的商业秘密。主要方式包括但不限于：（1）派出商业间谍盗窃权利人或持有人的商业秘密；（2）通过提供财务、有形利益或无形利益、高薪聘请、人身威胁、设计陷阱等方式引诱、骗取、胁迫权利人的员工或他人为其获取商业秘密；（3）未经授权或超出授权范围进入权利人的电子信息系统获取商业秘密或者植入电脑病毒破坏其商业秘密的，其中，电子信息系统是指所有存储权利人商业秘密的电子载体，包括数字化办公系统、服务器、邮箱、云盘、应用账户等；（4）擅自接触、占有或复制由权利人控制下的，包含商业秘密或者能从中推导出商业秘密的文件、物品、材料、原料或电子数据,以获取权利人的商业秘密;(5)采取其他违反诚信原则或者商业道德的不正当手段获取权利人商业秘密的行为。二是披露、使用或者允许他人使用前项手段获取的权利人的商业秘密的行为。这里的"披露",是指将权利人的商业秘密公开,足以破坏权利人的竞争优势或损害其经济利益的行为。"使用",是指将权利人的商业秘密应用于产品设计、产品制造、市场营销及其改进工作、研究分析等。

(二)合法拥有但非法使用商业秘密的行为

在这类行为中,行为人合法地拥有商业秘密的使用权,但却进行了非法使用,主要包括两种形式:一种是与权利人有业务关系的单位和个人违反合同的约定或者违反权利人保守商业秘密的要求,披露、使用或者允许他人使用其所掌握的权利人的商业秘密;另一种是权利人的职工违反合同约定或者违反权利人保守商业秘密的要求,披露、使用或允许他人使用其所掌握的权利人的商业秘密。这里的"保密义务"或者"权利人有关保守商业秘密的要求"包括但不限于:(1)通过书面或口头的明示合同或默示合同等在劳动合同、保密协议、合作协议等中与权利人订立的关于保守商业秘密的约定;(2)权利人单方对知悉商业秘密的持有人提出的要求,包括但不限于对通过合同关系知悉该商业秘密的相对方提出的保密要求,或者对通过参与研发、生产、检验等知悉商业秘密的持有人提出的保密要求;(3)在没有签订保密协议、劳动合同、合作协议等情况下,权利人通过其他规章制度或合理的保密措施对员工、前员工、合作方等提出的其他保守商业秘密的要求。"限制性使用商业秘密",包括但不限于在保密协议、劳动合同、合作协议、合同等中与权利人订立的法定或约定的对商业秘密的限制使用。员工或前员工在工作过程中所形成的自身知识、经验、技能除外。

(三)第三人的行为

这类行为同样分为两类:一类是教唆、引诱、帮助他人违反保密义务或者违反权利人有关保守商业秘密的要求,获取、披露、使用或者允许他人使用权利人的商业秘密。当然,这类行为也不全是由第三人实施,实践中,权利人的职工或者知悉商业秘密的人都可能实施这类行为。为了方便理解,这里主要讨论的是第三人教唆、引诱、帮助他人违反保密义务或者违反权利人有关保守商业秘密的要求,获取、披露、使用或者允许他人使用权利人的商业秘密的行为。主要方式包括但不限于:(1)故意用言辞、行为或其他方法,以提供技术、物质支持,或者通过职位许诺、物质奖励等方式说服、劝告、鼓励他人违反保密义务或者违反权利人有关保守商业秘密的要求;(2)以各种方式为他人违反保密义务或者违反权利人有关保守商业秘密的要求提供便利条件,以获取、披露、使用或者允许他人使用权利人的商业秘密的行为。另一类是第三人明知或者应知商业秘密权利人的员工、前员工或者其他单位、个人违反商业秘密保护的行为,仍获取、披露、使用或者允许他人使用该商业秘密的行为。

三、侵犯商业秘密行为的构成要件

关于侵犯商业秘密行为的构成要件,主要从主体、主观方面以及客观行为来进行把握。

从主体来看,与其他不正当竞争行为不同,实施侵犯商业秘密行为的主体不仅包括经营者,还包括经营者内部的职工、第三人等。市场监督管理总局关于《商业秘密保护规定(征求意见稿)》也明确了“任何自然人、法人或非法人组织实施了侵犯中国商业秘密权利人的商业秘密的行为或为其实施侵犯商业秘密行为提供帮助的行为,均适用本规定”。从主观上看,实施侵犯商业秘密的行为主体通常具有主观上的恶意,因而在证明责任上,有法官认为,关于商业秘密的证明,“直接推定系争商业信息符合商业秘密的法律构成,应由被告证明系争商业信息不属于商业秘密,属于证明责任倒置,明显减轻了商业秘密权利人的举证责任”。[1] 而根据《反不正当竞争法》的规定,在侵犯商业秘密的民事审判程序中,商业秘密权利人提供初步证据,证明其已经对所主张的商业秘密采取保密措施,且合理表明商业秘密被侵犯,涉嫌侵权人应当证明权利人所主张的商业秘密不属于本法规定的商业秘密。商业秘密权利人提供初步证据合理表明商业秘密被侵犯,且提供以下证据之一的,涉嫌侵权人应当证明其不

〔1〕 喻志强、戈光应:《商业秘密侵权诉讼举证新规则的适用》,载《人民司法》2020 年第 19 期。

存在侵犯商业秘密的行为:一是有证据表明涉嫌侵权人有渠道或者机会获取商业秘密,且其使用的信息与该商业秘密实质上相同;二是有证据表明商业秘密已经被涉嫌侵权人披露、使用或者有被披露、使用的风险;三是有其他证据表明商业秘密被涉嫌侵权人侵犯。从客观方面上看,行为人应当实施了不正当侵犯权利人商业秘密的行为,包括但不限于教唆、引诱、帮助等方式参与他人违反保密义务,披露、使用或允许他人使用商业秘密的行为等。

第五节　不正当有奖销售行为的规制

一、不正当有奖销售行为概述

有奖销售是指经营者以销售商品或者获取竞争优势为目的,向消费者提供奖金、物品或者其他利益的行为,包括抽奖式和附赠式等有奖销售。抽奖式有奖销售是指经营者以抽签、摇号、游戏等带有偶然性或者不确定性的方法,决定消费者是否中奖的有奖销售行为。附赠式有奖销售是指经营者向满足一定条件的消费者提供奖金、物品或者其他利益的有奖销售行为。有奖销售是经营者在销售活动中经常采用的营销方式,它不仅可以活跃市场,给消费者带来实惠,还可以刺激消费,提高经营者的市场影响力。但其中的一些不正当有奖销售行为却严重违反了诚实信用原则,违背了固有的商业惯例,极大地侵犯了消费者的合法权益,扰乱了正常的市场竞争秩序。因而,世界各国(地区)都对有奖销售这种形式进行了严格的规定。如日本《反不正当竞争法》规定"按照正常的商业习惯,以不当的利益,招徕竞争者的顾客,以同自己进行交易的行为是不公正的交易行为"。《不当赠品及不当表述防止法》也明确规定,"公正交易委员会为了防止不当地引诱顾客,认为有必要时,可以就赠品价额的最高额、总额、赠品的种类、提供方法或其他有关提供赠品的事项作出限制,或者禁止提供赠品"。同时,日本公正交易委员会也对附赠的奖品或奖金进行了明确的限制。

德国《关于有奖销售的法令》也明确规定了"禁止在商业交易中除商品或服务之外提供、宣告或给予额外的馈赠商品或服务"。除此之外,法令还规定了经营者所赠奖金的数额应当控制在折扣法规定的范围内。法国 1986 年公布的《公平交易法》规定了经营者只能将价格低廉的小型物品作为礼物赠送给消费者,其余的禁止附赠。即"禁止任何产品或财产之出售或出售之要约,或劳务提供或劳务提供之要约,即时或附期无偿地赋予消费者请求赠品之权利。该项赠品包括产品、财产或劳务,而与所出售或提供之产品、财产或劳务不同者。唯上述之禁止规定,不适用于小件物品、价值微薄的劳务及样品"等。我国的《反不正当竞争法》也明确规定了"经营者进行有奖销售不得存在下列情形:(一)所设奖的种类、兑奖条件、奖金金额或者奖品等有奖销售信息不明确,影响兑奖;(二)采用谎称有奖或者故意让内定人员中奖的欺骗方式进行有奖销售;(三)抽奖式的有奖销售,最高奖的金额超过五万元"。

不正当的有奖销售行为具有以下特征:

(1)行为人的关系并不仅限于经营者与消费者之间的交易关系,而涵盖市场竞争的各个环节,如经营者为了推广移动客户端、招揽客户、提高知名度、获取流量、提高点击率等,附带性地提供物品、奖金或者其他利益的行为也属于有奖销售行为。也有例外,如经政府或者政府有关部门依法批准的有奖募捐及其他彩票发售活动并不属于有奖销售行为。

(2)行为人主要利用消费者中奖的侥幸心理,通过提供奖品、奖金或其他利益吸引消费者的方式与其他经营者进行竞争,当然其归根结底都是为了影响消费者的消费选择。

(3)不正当有奖销售的危害具有双重性。无论是抽奖式有奖销售,还是附赠式有奖销售,其形式都应当包括利益,如金钱、物品或者某种物品的使用权等其他利益。因而如果行为人进行不正当有奖销售一方面侵犯了消费者的合法利益,另一方面剥夺了其他经营者的交易机会,从而损害市场竞争。

二、不正当有奖销售的形式

有奖销售的形式具有多样性,因而可以将其分为不同类型的有奖销售行为,除前文提到的抽奖式有奖销售和附赠式有奖销售外,还包括让利式有奖销售、折扣式有奖销售等。而根据我国《反不正当竞争法》的规定,不正当有奖销售的形式主要包括信息不明的有奖销售、欺骗式有奖销售和超出限定额有奖销售三种类型。经营者应当建立档案,如实、准确、完整地记录设奖规则、公示信息、兑奖结果、获奖人员等内容,妥善保存两年并依法接受监督检查。

(一)限制兑奖的有奖销售

限制兑奖的有奖销售是指行为人通过模糊不明的语言对兑奖条件进行描述,使消费者产生误解,从而影响消费者兑奖的一种不正当有奖销售方式。如奖品数量有限制但并未明示,或限制兑奖时间未告知等情况,影响中奖的消费者兑奖,或者夸大中奖金额、中奖概率等。因而,经营者在有奖销售前,应当明确公布奖项种类、参与条件、参与方式、开奖时间、开奖方式、奖金金额或者奖品价格、奖品品名、奖品种类、奖品数量或者中奖概率、兑奖时间、兑奖条件、兑奖方式、奖品交付方式、弃奖条件、主办方及其联系方式等信息,不得变更,不得附加条件,不得影响兑奖,但有利于消费者的除外。在现场即时开奖的有奖销售活动中,对超过500元奖项的兑奖情况,应当随时公示。奖品为积分、礼券、兑换券、代金券等形式的,应当公布兑换规则、使用范围、有效期限以及其他限制性条件等详细内容;需要向其他经营者兑换的,应当公布其他经营者的名称、兑换地点或者兑换途径。

(二)欺骗式有奖销售

欺骗式有奖销售是指行为人并未真实表明奖品的性质、种类等,存在虚假不实的信息,造成消费者判断错误。从严格意义上看,信息不明的有奖销售也属于欺骗式有奖销售的一种,但信息不明的有奖销售主要针对的是奖品本身的信息不明,而欺骗式有奖销售的行为范畴不仅包括了奖品本身,还包括了其他信息的欺骗,所以我国《反不正当竞争法》将其单列一条。欺骗式有奖销售行为主要包括以下两类形式,一是谎称有奖,包括:(1)虚构奖项、奖品、奖金金额等;(2)仅在活动范围内的特定区域投放奖品;(3)在活动期间将带有中奖标志的商品、奖券不投放、未全部投放市场;(4)将带有不同奖金金额或者奖品标志的商品、奖券按不同时间投放市场；(5)未按照向消费者明示的信息兑奖；(6)其他谎称有奖的方式等。二是经营者在有奖销售中，采用让内部员工、指定单位或者个人中奖等故意让内定人员中奖的欺骗方式等，内定人员不仅包括经营者的亲戚、朋友或者员工，还包括与经营者存在利益关系的其他主体。这种行为违背了有奖销售的初衷，消费者不能通过正当的环节获得奖品，此举与谎称有奖并无实质上的不同。

(三)超出限定额有奖销售

高额的有奖销售会吸引消费者的猎奇与投机心理，影响市场的竞争，因而世界各国(地区)都对有奖销售的额度进行了限制，如日本《关于限制向一般消费者提供赠品的事项》中对附赠的奖品或奖金的规定如下："交易额在1000日元以下的，奖品或奖金的价值不得超过100日元；交易额在1000日元到50万日元之间的，奖品或奖金的价值不得超过交易额的10%；交易额在50万日元以上的，奖品或奖金的价值不得超过5万日元。但商店为顾客搬运大件商品，位于交通不便地方的旅馆为顾客提供接送车辆等，只要符合商业惯例，可以不受限制。厂家和批发商每年向零售商提供的奖品及奖金的价值总额不得超过19万日元。但是厂家和批发商向零售商提供一些广告宣传上的必要资助，或邀请零售商参加一些商业惯例中的联谊活动，一般是允许的。"法国《公平交易法》也明确规定赠送的小件物品、样品的最高金额应根据主商品的纯销售价来确定，如果赠送物品的价格超过规定实价，则构成不正当竞争。如果纯销售价低于或等于500法郎，小件物品、样品的最高金额不得超过规定实价的7%。如果纯销售价在500法郎以上的，不超过30法郎加规定实价的1%。无论如何，赠品价值不得超过350法郎。[1] 且赠品上必须有明确的广告标志以表明属于广告用品。如果是样品，则必须标明"免费样品不得出售"的字样。我国《反不正当竞争法》仅规定了"抽奖式的有奖销售，最高奖的金额超过5万元"。通常而言，有下列情形之一的，可以认定为最高奖的金额已经超过了5万元：一是最高

[1] 何之迈：《公平交易法专论》，中国政法大学出版社2004年版，第354页。

奖设置多个中奖者的，其中任意一个中奖者的最高奖金额超过5万元；二是同一奖券或者购买一次商品具有两次或者两次以上获奖机会的，累计金额超过5万元；三是以物品使用权、服务等形式作为奖品的，该物品使用权、服务等的市场价格超过5万元；四是以游戏装备、账户等网络虚拟物品作为奖品的，该物品市场价格超过5万元；五是以降价、优惠、打折等方式作为奖品的，降价、优惠、打折等利益折算价格超过5万元；六是以彩票、抽奖券等作为奖品的，该彩票、抽奖券可能的最高奖金额超过5万元；七是以提供就业机会、聘为顾问等名义，并以给付薪金等方式设置奖励，最高奖的金额超过5万元；八是以其他形式进行抽奖式有奖销售，最高奖金额超过5万元。经营者以非现金形式的物品或者其他利益作为奖品的，按照同期市场同类商品的价格计算其金额。

第六节　商业诋毁行为的规制

一、商业诋毁行为概述

商业诋毁，又称商业诽谤，是指经营者在市场活动中编造、传播虚假信息或者误导性信息，损害竞争对手的商业信誉、商品声誉，以削弱竞争对手的市场竞争力，而使自身获得竞争优势的不正当竞争行为。可以说，市场经济就是信誉经济，经营者的信誉往往可以作为市场力量直接参与竞争，而经营者的信誉集中表现为商誉，包括商业信誉和商品声誉。从某种程度上来看，商誉代表经营者的形象与商品的品质保证，是消费者对企业和商品的社会评价，是经营者日积月累的无形资产。良好的商誉是一种重要的市场资源，是经营者与消费者之间的桥梁和纽带。而商业诋毁行为直接侵害了竞争对手的商誉，因而广受世界各国（地区）的规制。如在美国《兰哈姆法》中第43条第1款将向他人提供虚假信息视为“商业丑闻”。日本《反不正当竞争法》直接将商业诋毁行为界定为“告知或者散布损害有竞争关系的他人经营上信用的虚假事实的行为”。德国

《反不正当竞争法》还将贬损竞争对手的服务、产品、商业行为、各种关系等划归为不正当竞争。我国《反不正当竞争法》也规定“经营者不得编造、传播虚假信息或者误导性信息,损害竞争对手的商业信誉、商品声誉”。其实,综观商业诋毁的发展历程,其主要源于民事诽谤,而这种诽谤并不限于市场经济领域,可以涉及人生的方方面面,因而各国对商业诋毁的规定最早多见于民事规定,后随市场经济的发展才逐渐对其进行专业化规制。总体来看,商业诋毁这种不正当竞争行为有如下的特点:

(1)从性质上来看,诋毁属于侵权行为,侵害的是竞争对手的商业信誉和商品信誉。商业信誉是人们对于经营者在经济活动中的资信状况、守法状况和道德状况进行的评价;商品信誉是人们对特定商品的质量、价格、服务等状况所作的积极评价。

(2)商业诋毁行为利用的是信息不对称原理。在市场经济中,足够多的市场信息能够有效减少人们认识上的不确定性,从而促使消费者合理消费。但由于经营者与消费者“先天上”在信息收集、处理、分析等方面存在较大差距,从而导致部分经营者铤而走险实施不正当的竞争行为,商业诋毁行为就是其中的典型。

(3)行为人通过编造、传播虚假信息或者误导性信息来诋毁竞争对手的商誉。而这种诋毁手段既可能是口头的,也可能是书面的,而随着数字经济的发展,也可能是数据上的,其表现形式具有多样性。

(4)商业诋毁行为的危害具有双重性。一方面,商业诽谤行为的危害不仅表现在对市场主体合法权益的侵害,甚至可能通过排挤竞争对手等不正当竞争手段实现自身行业垄断的目的。如在“阿里公司诉上海芮石公司商业诋毁案”中,上海芮石公司在其公司网站主页发表的对阿里公司的不当言论便已构成了对原告商业信誉的损害。另一方面,市场中庞杂紊乱的信息以及各种商业诋毁手段层出不穷,使消费者无法理智辨别特定消费物,从而导致消费者利益受损。[1]

---

[1] 鲁耀徽:《商业诋毁行为法律规制研究》,载《黑龙江大学学报》2015年第4期。

二、商业诋毁行为的认定

商业诋毁行为的认定应考虑以下几个方面：

(1)行为主体。商誉诋毁行为的主体原则上应是与经营者处于同一市场阶段的竞争者，行为人与受害人之间应存在竞争关系。即只有参与市场活动的经营者实施诋毁竞争对手商誉的行为才构成商业诋毁行为。而一般非经营者实施的编造、传播虚假信息或者误导性信息的行为，可能构成侵犯名誉权的行为。此外，如果特定经营者与他人之间就实施商业诋毁行为有共谋，该他人就应与该经营者共同对该行为承担法律责任。〔1〕

(2)从主观方面来看，商业诋毁行为存在明显的主观恶意。即行为人故意地、有预谋地实施诋毁行为损害其竞争对手的商誉，目的是贬损竞争对手的商誉从而排挤其竞争，获取不正当的竞争优势而占领市场。在判断经营者主观是否为故意时，可以基于经营者客观行为表现，结合行为本身的正当性基础、行为主体的身份，以及所附的注意义务等因素综合判断。〔2〕

(3)从客观方面来看，商业诋毁行为人实施了编造、传播虚假或者误导性信息的行为。“编造”一词本身即有“捏造、虚构”的内涵，因而商业诋毁中的“编造”，是指捏造完全虚假的或者具有误导性的信息，或者在真实信息中掺杂虚假或者具有误导性信息的行为。“传播”则是指将编造的不实言论向不特定的多数人或者特定的共同客户传递的行为。在实践中，单纯的“编造”行为不一定构成商业诋毁行为，而单纯的“传播”行为可能构成商业诋毁。具体而言，商业诋毁的表现形式主要有：一是刊登对比性或者声明性广告，贬低竞争对手；二是利用商品说明书吹嘘其商品质量，贬低竞争对手；三是在公开场合散发传单或者小册子，对竞争对手的生产、销售、服务、产品质量等进行诋毁；四是自己或者唆使、雇用他人，以客户或者消费者的名义向国家机关、新闻单位、行业协会、消费者组织等有关部门作虚假的投诉；五是在对外经营过程中，向业务客户

〔1〕 王先林：《竞争法学》，中国人民大学出版社2018年版，第176页。

〔2〕 沈强：《对商业诋毁纠纷案件的审理》，载《人民司法》2011年第13期。

及消费者散布虚假事实,以贬低竞争对手的商业信誉,诋毁其商品或服务的质量声誉等。

(4)在行为后果上产生了损害竞争对手商誉的结果。只要诋毁行为在竞争的相关市场中可以引发社会公众对竞争对手的不利评价,就可以认为该行为损害了竞争对手的商誉,并不要求对竞争对手产生实质性的危害。

第七节 互联网新型不正当竞争行为的规制

一、互联网新型不正当竞争行为概述

平台经济是以互联网平台为主要载体,以数据为关键生产要素,以新一代信息技术为核心驱动力、以网络信息基础设施为重要支撑的新型经济形态。而随着我国信息技术的不断发展,新型的经济形态也得到了快速发展,互联网正逐渐成为人民群众日常生活的一部分。网民规模的不断扩大也进一步激发了互联网市场的活力,越来越多的产业走向平台化和线上化,以获取更多的交易机会。市场在哪里,竞争就在哪里,互联网市场的竞争越发激烈,而借助互联网平台的特性,不正当竞争的行为也趋于多样化,即互联网市场中的不正当竞争行为既有传统市场中的不正当竞争行为,又有新型的不正当竞争行为。因而我国的《反不正当竞争法》在 2017 年修订时,明确规定经营者不得利用技术手段,通过影响用户选择或者其他方式,实施妨碍、破坏其他经营者合法提供的网络产品或者服务正常运行的行为。

所谓的"新型不正当竞争行为"是指与传统的不正当行为相比,经营者主要利用互联网的特性而实施的不正当竞争行为。这些行为不仅在形态上与传统竞争行为不同,且行为的实施方式、实施目的以及实施效果等皆发生了实质性改变。当然,传统的不正当竞争行为也借助互联网的特性表现出新的形式,但其并未改变传统不正当竞争行为的本质。如市场混淆行为借助互联网技术,

可以表现为:(1)擅自使用他人有一定影响的域名主体部分、网站名称、网页等相同或近似的标识;(2)擅自使用与他人有一定影响的应用软件、网店、自媒体、游戏界面等的页面设计、名称、图标、形状等相同或近似的标识;(3)擅自将他人有一定影响的商品名称、企业名称(包括简称、字号等)、社会组织名称(包括简称等)、姓名(包括笔名、艺名、译名)等标识设置为搜索关键词,但其本质仍是使人误认为是他人商品或者与他人存在特定联系,并没有超出传统市场混淆行为的范畴。虚假宣传行为也是一样,经营者可以利用互联网技术,通过网站、自媒体等网络手段进行展示、演示、说明、解释、推介或者文字标注,或者通过直播营销、话题营销、平台推荐、网络文案等方式,实施商业营销活动对经营者自身或者其商品的性能、功能、质量、曾获荣誉、资格资质等作虚假或者引人误解的商业宣传,还可以通过虚假交易或者组织虚假交易,虚假排名或者组织虚假排名,虚构交易额、成交量、预约量等与经营有关的数据信息,虚构用户评价、收藏量、点赞量、投票量、关注量、订阅量、转发量等流量数据,采用误导性展示等方式,隐匿差评,或者将好评前置、差评后置,或者不显著区分不同商品或者服务的评价,虚构点击量、关注度、阅读量、收听量、观看量、播放量等互动数据,采用谎称现货、虚构预订、虚假抢购等方式进行虚假营销,以返现、红包、卡券等方式足以诱导用户作出指定评价、点赞、转发、定向投票等行为对经营者自身或者其商品的销售状况、交易信息、经营数据、用户评价等作虚假或者引人误解的商业宣传。即传统的不正当竞争行为借助技术手段,或通过线上方式实施,其行为构成要件并没有发生本质改变,仍可归类于传统的不正当竞争行为。

何为互联网的特性,现今学界研究仍有争议,但普遍认为在大数据、人工智能算法以及边缘计算等数据技术,平台双边或多边结构,以及直接和(或)间接网络效应等要素和特征的赋能下,数据和算法成为驱动平台经济及其创新型商业模式高速发展的重要动因,同时构成了驱动平台发展壮大的双轮设施。[1]

---

〔1〕 陈兵、林思宇:《互联网平台垄断治理机制——基于平台双轮垄断发生机理的考察》,载《中国流通经济》2021年第6期。

而在互联网特性的影响下,互联网新型不正当竞争行为具有以下特征:

(1)隐蔽性更强。互联网经济是建立在虚拟数字信息之上的数字经济,其更新换代的速度极快,且后台数据极易被复制和篡改,这就导致通过互联网平台实施的不正当竞争行为,其手段与措施更加的隐蔽,普通人难以发现。且竞争行为涉及的主体发生了变化。传统的不正当竞争行为一般是针对某一类型主体或群体,通常通过排除或者限制竞争的手段,以谋取竞争优势。而在互联网经济中,由于多边市场结构的存在,平台经营者不仅扮演着连接买方和卖方的中介角色,还扮演着满足两方或多方用户需求的生产者和供给者的角色。因而发生在多边市场结构下的不正当竞争行为,也可能会对竞争对手以外的其他市场主体产生影响。

(2)表现形式越发多样,具备明显的高技术性。随着新模式、新技术与新应用的出现,竞争行为形态也发生了相应的变化,除传统的不正当竞争行为之外,还出现了新的不正当竞争行为,如数据爬取、封锁屏蔽等,而这类行为通常普遍具有高技术性。

(3)危害范围广、损害大。互联网技术的发展使市场主体可以进行跨界竞争,"地球村"变得不再是梦想,市场经济的发展不再受时空、地域的限制。相应地,互联网新型不正当竞争行为的损害后果也会随技术的发展而快速蔓延,给市场主体造成更大的损害。

二、典型互联网新型不正当竞争行为的介绍

根据我国《反不正当竞争法》的规定,典型的互联网新型不正当竞争行为包括:(1)未经其他经营者同意,在其合法提供的网络产品或者服务中,插入链接、强制进行目标跳转;(2)误导、欺骗、强迫用户修改、关闭、卸载其他经营者合法提供的网络产品或者服务;(3)恶意对其他经营者合法提供的网络产品或者服务实施不兼容;(4)其他妨碍、破坏其他经营者合法提供的网络产品或者服务正常运行的行为。即主要包括违背用户意愿插入链接、强行跳转,恶意干扰,恶意不兼容三类行为。

(一)违背用户意愿的插入链接、强行跳转

插入链接,是网上浏览信息常见的一种设置,目的是帮助用户快速寻找和访问相似的内容,提高用户体验。但是有的经营者会通过设置恶意插件或病毒等技术,修改网页的跳转,如在其他经营者合法提供的网络产品或者服务中,插入跳转链接、嵌入自己的产品或者服务链接;利用关键词联想等功能,设置指向自身产品或者服务的链接,欺骗或者误导用户点击等流量劫持行为。这不仅损害了消费者的自主选择权,还损害了竞争对手的合法权益。对于互联网经营者而言,现今主要的盈利模式通常是在用户一方市场进行免费服务以争取流量(点击量),而另一方收费市场(通常是广告商市场)则根据免费市场的用户量、流量或其他数据进行付费来保证整体的盈利。因而流量构成了互联网经营者市场竞争的关键,违背用户意愿的插入链接、强行跳转的不正当竞争行为不仅使经营者损失了交易机会,还会使其整体利益受损。而且这种行为存在“搭便车”的嫌疑,不符合基本的商业道德,应当受到《反不正当竞争法》的规制。

(二)恶意干扰

互联网上的恶意干扰,是指经营者利用信息不对称理论,误导、欺骗、强迫用户修改、关闭、卸载其他经营者合法提供的网络产品或者服务的行为。这种行为主要通过妨碍、干扰其他经营者合法提供网络产品或者服务的机会来排除、限制市场竞争,通常包括以下几种形式:(1)违背用户意愿下载、安装、运行应用程序,损害消费者合法权益或者影响其他经营者合法提供的设备、功能或者其他程序正常运行;(2)对非基本功能的应用程序不提供卸载功能或者对应用程序卸载设置障碍,损害消费者合法权益或者影响其他经营者合法提供的设备、功能或者其他程序正常运行;(3)无正当理由,对其他经营者合法提供的网络产品或者服务实施屏蔽、拦截、修改、关闭、卸载,妨碍其下载、安装、运行、升级、转发、传播等;(4)调整其他经营者的网络产品或者服务在搜索结果中的自然排序位置,并实施恶意锁定等。当然,经营者的干扰行为也可因存在正当理由而获得适用除外,如经营者对频繁弹出的,对用户造成干扰的信息以及不提供关闭方式的飘浮、视窗等信息的拦截、屏蔽。

（三）恶意不兼容

恶意不兼容是指经营者使用自身的技术，恶意排斥其他软件使用的行为。互联网经济即数字经济，是由各种技术相互协同产生作用的，而各种技术之间可能存在相互可替代性，经营者通过恶意不兼容可以排除其他技术的运用，限制用户的选择。当然，软件之间的不兼容是计算机常见的一种现象，安装在同一台计算机上的两个软件因相互冲突而无法使用，本身无可指摘。但通过不正当的手段排除、限制其他软件的使用违背了市场竞争的基本商业道德，因而要受到《反不正当竞争法》的规制。对于此种行为的把握，重点应放在对“恶意”的理解上。“恶意”即不怀好意，通常通过行为人的行为来判断其是否存在恶意，应综合考虑以下因素：不兼容行为的主观意图；不兼容行为实施的对象范围；不兼容行为实施对市场竞争秩序的影响；不兼容行为对其他经营者合法提供的网络产品或者服务正常运行的影响；不兼容行为对消费者合法权益以及社会福利的影响；不兼容行为是否符合诚信原则、商业道德、特定行业惯例、从业规范、自律公约等。

参考文献

一、著作类

(一)中文类

[1]陈林:《中国行政垄断制度的经济绩效》,中国社会科学出版社 2014 年版。

[2]邓小平:《解放思想,实事求是,团结一致向前看》,载《邓小平文选》第 2 卷,人民出版社 1994 年版。

[3]戴奎生、邵建东、陈立虎:《竞争法研究》,中国大百科全书出版社 1993 年版。

[4]傅筑夫:《中国封建社会经济史》(第 2 卷),北京人民出版社 1982 年版。

[5]何立慧:《经济法问题研究》,经济科学出版社 2008 年版。

[6]何之迈:《公平交易法专论》,中国政法大学出版社 2004 年版。

[7]李昌麒、许明月:《消费者权益保护法》,法律出版社 2014 年版。

[8]李昌麒:《经济法——国家干预经济的基本法律形式》,四川人民出版社 1995 年版。

[9]李昌麒:《经济法学》,法律出版社 2016 年版。

[10]孔祥俊:《反垄断法原理》,中国法制出版社 2001 年版。

[11]孔祥利:《焦点问题中的政府经济行为》,中国社会科学出版社 2003 年版。

[12]马伯煌:《中国经济政策思想史》,云南人民出版社 1993 年版。

[13]文学国主编:《滥用与规制:反垄断法对企业滥用市场支配地位行为之规制》,法律出版社 2003 年版。

[14]李国海:《英国竞争法研究》,法律出版社 2008 年版。

[15]刘媛:《金融消费者法律保护机制的比较研究》,法律出版社 2013 年版。

[16]刘瑞复:《经济法:国民经济运行法》,中国政法大学出版社 1994 年版。

[17]刘继峰主编:《竞争法学》,北京大学出版社 2018 年版。

[18]吕来明、熊英:《反不正当竞争法比较研究——以我国〈反不正当竞争法〉修改为背景》,知识产权出版社 2014 年版。

[19]蒋岩波:《互联网行业反垄断问题研究》,复旦大学出版社 2019 年版。

[20]孟雁北:《反垄断法》(第 2 版),北京大学出版社 2017 年版。

[21]种明钊主编:《竞争法》,法律出版社 2005 年版。

[22]许光耀主编:《欧共体竞争法通论》,武汉大学出版社 2006 年版。

[23]许光耀主编:《垄断协议的反垄断法调整》,人民出版社 2018 年版。

[24]王先林主编:《竞争法学》,中国人民大学出版社 2018 年版。

[25]王晓晔:《欧共体竞争法》,中国法制出版社 2001 年版。

[26]王晓晔主编:《反垄断与市场经济》,法律出版社 1998 年版。

[27]王健、朱宏文:《反垄断法实施问题研究》,法律出版社 2013 年版。

[28]季晓南:《中国反垄断法研究》,人民法院出版社 2001 年版。

[29]樊元、宋则行:《外国经济史》(第 2 册),人民出版社 1981 年版。

[30]尚明:《主要国家反垄断法律汇编》,法律出版社 2004 年版。

[31]孙国华、朱景文主编:《法理学》,中国人民大学出版社 1999 年版。

[32]孙晋、李胜利主编:《竞争法原论》,法律出版社 2020 年版。

[33]孙晋:《公平竞争审查制度基本原理与中国实践》,经济科学出版社 2020 年版。

[34]汪昌海、李佳娥:《华夏货殖五千年》,湖北人民出版社 2000 年版。

[35]薛克鹏:《经济法基本范畴研究》,北京大学出版社 2013 年版。

[36]薛克鹏主编:《经济法学》,中国政法大学出版社 2018 年版。

[37]徐士英:《竞争法论》,世界图书出版公司 2007 年版。

[38]徐士英:《竞争政策研究——国际比较与中国选择》,法律出版社 2013 年版。

[39]杨紫烜:《经济法》(第 3 版),北京大学出版社、高等教育出版社 2009 年版。

[40]袁家方、曲德森:《市场经济秩序》,海洋出版社 1990 年版。

[41]叶俊荣:《行政法案例分析与研究方法》,台北,三民书局 1999 年版。

[42]尹雪萍:《发展中国家视角下的印度竞争法研究》,法律出版社 2015 年版。

[43]张守文等:《市场经济与新经济法》,北京大学出版社 1993 年版。

[44]张霭珠、陈力君:《定量分析方法》,复旦大学出版社 2003 年版。

[45]张莉莉:《经济法自由理念研究》,中国检察出版社 2007 年版。

[46]张穹:《反垄断理论研究》,中国法制出版社 2007 年版。

[47]国家市场监督管理总局反垄断局:《中国反垄断立法与执法实践》,中国工商出版社 2020 年版。

[48]国务院反垄断委员会编:《〈中华人民共和国反垄断法〉知识读本》,人民出版社 2012 年版。

(二)外文类

[1][美]E. 博登海默:《法理学:法律哲学与法律方法》,邓正来译,中国政法大学出版社 2017 年版。

[2][美]约翰 · 克劳奈维根编:《交易成本经济学及其超越》,朱舟、黄瑞虹译,上海财经大学出版社 2002 年版。

[3][美]罗斯科 · 庞德:《通过法律的社会控制》,沈宗灵译,商务印书馆 1984 年版。

[4][美]赫伯特·霍温坎普:《联邦反托拉斯政策:竞争法律及其实践》,许光耀、江山、王晨译,法律出版社 2009 年版。

[5][美]马歇尔·C. 霍华德:《美国反托拉斯法与贸易法规》,孙南申译,中国社会科学出版社 1991 年版。

[6][美]保罗·A. 萨缪尔森、威廉·D. 诺德豪斯:《经济学》,高鸿业等译,中国发展出版社 1992 年版。

[7][美]迈克尔·P. 托达罗:《经济发展与第三世界》,印金强、赵荣美译,中国经济出版社 1992 年版。

[8][美]乔治·J. 施蒂格勒:《产业组织和政府管制》,潘振民译,上海三联书店 1989 年版。

[9][美]理查德·A. 波斯纳:《反托拉斯法》,孙秋宁译,中国政法大学出版社 2003 年版。

[10][美]丹尼尔·贝尔:《资本主义文化矛盾》,赵一凡等译,生活·读书·新知三联书店 1989 年版。

[11][美]罗纳德·德沃金:《认真对待权利》,信春鹰、吴玉章译,中国大百科全书出版社 1998 年版。

[12][英]沙龙·汉森:《法律方法与法律推理》(第 2 版),李桂林译,武汉大学出版社 2010 年版。

[13][英]威廉·布莱克斯通:《英国法释义》,游云庭、缪苗译,上海人民出版社 2006 年版。

[14][英]约翰·密尔:《论自由》,许宝骙译,商务印书馆 1959 年版。

[15][英]约瑟夫·拉兹:《法律体系的概念》,吴玉章译,中国法制出版社 2003 年版。

[16][英]弗里德里希·奥古斯特·哈耶克:《通往奴役之路》,王明毅等译,中国社会科学出版社 1997 年版。

[17][英]西蒙·毕晓普、迈克·沃克:《欧盟竞争法的经济学:概念、应用和测量》,董红霞译,人民出版社 2016 年版。

[18][英]亚当·斯密:《国民财富的性质和原因的研究》,郭大力、王亚南译,商务印书馆1979年版。

[19][英]詹姆斯·E.米德:《效率、公平与产权》,施仁译,北京经济学院出版社1992年版。

[20][德]柯武刚、史漫飞:《制度经济学:社会秩序与公共政策》,韩朝华译,商务印书馆2000年版。

[21][德]路德维希·艾哈德:《来自竞争的繁荣》,祝世康译,商务印书馆1983年版。

[22][德]曼弗里德·诺伊曼:《竞争政策:历史、理论及实践》,谷爱俊译,北京大学出版社2003年版。

[23][德]克劳斯·罗克辛:《德国刑法学总论》,王世洲译,法律出版社2005年版。

[24][法]米歇尔·福柯:《词与物——人文科学考古学》,莫伟民译,上海三联书店2001年版。

[25][法]亨利·勒帕日:《美国新自由主义经济学》,李燕生译,北京大学出版社1985年版。

[26][法]卢梭:《社会契约论》,李平沤译,商务印书馆2011年版。

[27][日]根岸哲、舟田正之:《日本禁止垄断法概论》,王为农、陈杰译,中国法制出版社2006年版。

[28][日]我妻荣:《新法律学词典》,董璠舆等译,中国政法大学出版社1991年版。

二、期刊类

(一)中文类

[1]陈秀山:《政府失灵及其矫正》,载《经济学家》1998年第1期。

[2]陈林、李康萍:《公平竞争审查视阙下行政性垄断与资源错配》,载《产业经济研究》2018年第4期。

[3]陈兵:《数字经济下相关市场界定面临的挑战及方法改进》,载《中国流通经济》2021 年第 2 期。

[4]陈兵:《互联网新型不正当竞争行为法律适用疑难问题及完善》,载《法治研究》2021 年第 6 期。

[5]陈兵、林思宇:《互联网平台垄断治理机制——基于平台双轮垄断发生机理的考察》,载《中国流通经济》2021 年第 6 期。

[6]陈永伟:《平台条件下的相关市场界定:若干关键问题和一个统一分析流程》,载《竞争政策研究》2020 年第 3 期。

[7]丁茂中:《论规范垄断协议行为的立法完善》,载《政治与法律》2020 年第 3 期。

[8]丁茂中:《论我国行政性垄断行为规范的立法完善》,载《政治与法律》2018 年第 7 期。

[9]丁茂中:《论我国公平竞争审查制度的建立与健全》,载《竞争政策研究》2017 年第 2 期。

[10]车浩:《行贿罪之"谋取不正当利益"的法理内涵》,载《法学研究》2017 年第 2 期。

[11]常传领、金纯:《试论政府干预及其法律规制》,载《现代法学》2004 年第 6 期。

[12]房立波、赵全新、杜连敬:《我国公平竞争审查的成效、问题与对策研究》,载《价格理论与实践》2018 年第 9 期。

[13]樊富强:《澳大利亚关于国有企业竞争中立政策的实施与评析》,载《对外经贸实务》2016 年第 10 期。

[14]侯利阳:《轴辐协议的违法性辨析》,载《中外法学》2019 年第 6 期。

[15]黄洁:《我国公平竞争审查模式的再思考》,载《新疆社科论坛》2018 年第 2 期。

[16]黄进喜:《反垄断法适用除外制度的法理分析与制度完善》,载《东南学术》2011 年第 1 期。

[17]胡莎:《论卡特尔行为的过渡犯罪化》,载《中国刑事法杂志》2015年第5期。

[18]胡承槐:《关于国家权力来源的三种政治哲学的比较分析》,载《浙江社会科学》2004年第6期。

[19]焦海涛:《公平竞争审查制度的实施激励》,载《河北法学》2019年第10期。

[20]焦海涛:《反垄断法上的竞争损害与消费者利益标准》,载《南大法学》2022年第2期。

[21]焦海涛:《互联网不兼容行为中"恶意"的解释与认定》,载《法学家》2022年第4期。

[22]焦海涛:《反垄断法上轴辐协议的法律性质》,载《中国社会科学院研究生院学报》2020年第1期。

[23]蒋岩波、喻玲:《我国反垄断民事诉讼制度面临的挑战及其变革》,载《江西社会科学》2011年第4期。

[24]姜彦君:《中外行政性垄断与反垄断立法比较研究》,载《政法论坛》2002年第3期。

[25]江国华、刘新鹏:《法律制度实施效果第三方评估机制》,载《江汉论坛》2019年第8期。

[26]江山:《论纵向非价格限制的反垄断规制》,载《法律科学(西北政法大学学报)》2020年第1期。

[27]江平:《市场自由与市场秩序》,载《清华法学》2010年第3期。

[28]纪海龙:《数据的私法定位与保护》,载《法学研究》2018年第6期。

[29]金善明:《公平竞争审查机制的制度检讨及路径优化》,载《法学》2019年第12期。

[30]李国海:《论英国竞争法的发展历程》,载《经济法论丛》2006年第12卷。

[31]龙卫球:《数据新型财产权构建及其体系研究》,载《政法论坛》2017

年第4期。

[32]龙卫球:《再论企业数据保护的财产权化路径》,载《东方法学》2018年第3期。

[33]龙俊:《商业诋毁构成要件研究——兼评新〈反不正当竞争法〉第11条》,载《河北法学》2019年第4期。

[34]刘继峰:《我国反垄断法纵向垄断协议安全港制度的完善》,载《中州学刊》2023年第2期。

[35]刘继峰:《"中心辐射型"卡特尔认定中的问题》,载《价格理论与实践》2016年第6期。

[36]刘乃梁:《公共危机的社会共治:制度逻辑与法治进路》,载《江西财经大学学报》2020年第6期。

[37]刘大洪、吕忠梅:《现代经济法体系的反思与重构》,载《法律科学(西北政法学院学报)》1998年第1期。

[38]卢代富、吴春燕:《企业运行中的国家干预法律制度研究》,载《现代法学》1998年第6期。

[39]鲁耀徽:《商业诋毁行为法律规制研究》,载《黑龙江大学学报》2015年第4期。

[40]孟雁北:《中国竞争倡导制度对国际经验的借鉴与创新——以公平竞争审查制度为例》,载《中国市场监管研究》2018年第9期。

[41]宁度:《美国〈纵向合并指南〉的介评与启示:以竞争损害的认定为中心》,载《竞争政策研究》2020年第5期。

[42]彭真军、高文艺:《论我国反垄断法对纵向限制竞争行为的规制》,载《经济论坛》2006年第8期。

[43]尚虎平、孙静:《失灵与矫治:我国政府绩效"第三方"评估的效能评估》,载《学术研究》2020年第7期。

[44]沈强:《对商业诋毁纠纷案件的审理》,载《人民司法》2011年第13期。

[45]时建中:《强化公平竞争审查制度的若干问题》,载《行政管理改革》2017年第1期。

[46]石佑启、杨治坤:《中国政府治理的法治路径》,载《中国社会科学》2018年第1期。

[47]孙晋、孙凯茜:《我国公平竞争审查主体制度探析》,载《湖北警官学院学报》2016年第4期。

[48]孙晋、钟原:《竞争政策视角下我国公平竞争审查豁免制度的应然构建》,载《吉林大学学报(社会科学版)》2017年第4期。

[49]孙晋、阿力木江·阿布都克尤木:《公平竞争审查引入第三方评估的重要性及其实现》,载《江海学刊》2020年第2期。

[50]孙晋、袁野:《共享经济的政府监管路径选择:以公平竞争审查为分析视角》,载《法律适用》2018年第8期。

[51]孙晋、钟瑛嫦:《互联网平台型产业相关产品市场界定新解》,载《现代法学》2015年第6期。

[52]孙晋、徐则林:《纵向非价格垄断协议执法情况概述》,载《中国工商报》2017年第6期。

[53]孙吉胜:《美国政府管制改革的分析和启示》,载《中国行政管理》2005年第4期。

[54]王晓晔:《论相关市场界定在滥用行为案件中的地位和作用》,载《现代法学》2018年第5期。

[55]王晓晔:《知识产权滥用行为的反垄断法规制》,载《法学》2004年第3期。

[56]王晓晔:《行政垄断规制的困境与展望》,载《中国物价》2014年第3期。

[57]王利明:《和而不同:隐私权与个人信息的规则界分和适用》,载《法学评论》2021年第2期。

[58]王苑:《个人信息保护在民法中的表达——兼论民法与个人信息保护

法之关系》，载《华东政法大学学报》2021 年第 2 期。

[59]王先林：《论联合限制竞争行为的法律规制——〈中华人民共和国反垄断法（草拟稿）〉的相关部分评析》，载《法商研究》2004 年第 5 期。

[60]王先林：《论滥用市场支配地位行为的法律规制——〈中华人民共和国反垄断法（草案）〉相关部分评析》，载《法商研究》2007 年第 4 期。

[61]王健：《威慑理念下的反垄断法刑事制裁制度——兼评〈中华人民共和国反垄断法（修改稿）〉的相关规定》，载《法商研究》2006 年第 1 期。

[62]王民、李健：《社会共治制度初探》，载《行政论坛》2014 年第 5 期。

[63]王一平：《简析竞争推进的域外实践及对我国实施公平竞争审查制度的借鉴意义》，载《中国价格监管与反垄断》2017 年第 2 期。

[64]习近平：《高举中国特色社会主义伟大旗帜　为全面建设社会主义现代化国家而团结奋斗——在中国共产党第二十次全国代表大会上的报告》，载《中国合作经济》2022 年第 10 期。

[65]徐士英：《国家竞争政策体系基本确立的重要标志——有感于〈公平竞争审查制度〉的实施》，载《中国价格监管与反垄断》2016 年第 7 期。

[66]杨成广：《互联网产业相关市场界定的困境与出路》，载《新经济》2021 年第 1 期。

[67]杨祖卿：《数字市场中的数据隐私保护：维度拓展、实践困境及路径突破——基于反垄断法视角》，载《南方金融》2023 年第 1 期。

[68]易斌、郭华：《政府购买图书馆服务第三方评估机制研究》，载《图书馆学研究》2020 年第 12 期。

[69]殷杰、王亚男：《社会科学中复杂系统范式的适用性问题》，载《中国社会科学》2016 年第 3 期。

[70]喻志强、戈光应：《商业秘密侵权诉讼举证新规则的适用》，载《人民司法》2020 年第 19 期。

[71]应品广：《竞争政策视角下行政性垄断规制新模式：从"事后救济"到"事前控制"》，载《江西财经大学学报》2016 年第 4 期。

[72]应品广:《反垄断法的豁免——中国的视角和选择》,载《中南大学学报(社会科学版)》2010 年第 5 期。

[73]张晨颖:《垄断协议二分法检讨与禁止规则再造——从轴辐协议谈起》,载《法商研究》2018 年第 2 期。

[74]张玉洁、李毅:《公平竞争审查制度构建的价值维度与实践进路》,载《学习与实践》2018 年第 6 期。

[75]张骏:《转售价格维持反垄断法实施的理想路径选择》,载《法学评论》2020 年第 4 期。

[76]张骏:《我国〈反垄断法〉的立法目的研究》,载《重庆工商大学学报(社会科学版)》2012 年第 5 期。

[77]张江莉:《论相关产品市场界定中的"产品界定"——多边平台反垄断案件的新难题》,载《法学评论》2019 年第 1 期。

[78]张守文:《公平竞争审查制度的经济法解析》,载《政治与法律》2017 年第 11 期。

[79]张小强、卓光俊:《论网络经济中相关市场及市场支配地位的界定——评〈中华人民共和国反垄断法〉相关规定》,载《重庆大学学报(社科版)》2009 年第 5 期。

[80]张占江:《中国法律竞争评估制度的建构》,载《法学》2015 年第 4 期。

[81]张占江:《政府反竞争行为的反垄断法规制路径研究——基于路径适用的逻辑展开》,载《上海财经大学学报》2014 年第 5 期。

[82]张玉洁、李毅:《公平竞争审查制度构建的价值维度与实践进路》,载《学习与实践》2018 年第 6 期。

[83]郑鹏程、黎林:《澳大利亚公平竞争审查中的竞争支付制度及其启示》,载《价格理论与实践》2017 年第 11 期。

[84]郑鹏程:《反垄断诉讼相关市场界定证据规则研究》,载《湖南社会科学》2016 年第 1 期。

[85]郑和园:《公平竞争审查制度中自我审查的理论逻辑与实践路径》,载《价格理论与实践》2017 年第 12 期。

[86]赵磊:《数据产权类型化的法律意义》,载《中国政法大学学报》2021 年第 3 期。

[87]赵丰、周围:《德国商业秘密立法保护的新发展及其对中国的启示》,载《国际贸易》2021 年第 7 期。

[88]詹馥静、王先林:《反垄断视角的大数据问题初探》,载《价格理论与实践》2018 年第 9 期。

[89]周丽霞:《澳大利亚竞争政策及其审查机制给我国带来的启示》,载《价格理论与实践》2016 年第 9 期。

(二)外文类

[1] Antoni Bolecki, *Polish Antitrust Experience with Hub - and - spoke Conspiracies*, 4 Yearbook for Antitrust and Regulatory Studies 25(2011).

[2]Donald I. Baker, *Antitrust and Politics at the Justice Department*, 9 J. L. & Pol. 1993.

[3]Dwight Waldo, *Development of Theory of Democratic Administration*, 46 The American Political Science Review 81(1952).

[4]Herbert Hovenkamp, *Markets in Merger Analysis*, 57 Antitrust Bull 877 (2012).

[5]Höppner, T., *Defining Markets for Multi-Sided Platforms: The Case of Search Engines*, 38 World Competition 349(2015).

[6]Posner R A., *An Economic Approach to the Law of Evidence*, 51 Stanford Law Review 1477(1999).

[7]Rasek, A., and Wismer, S., *Market Definition in Multi-Sided Markets, in OECD*, Rethinking Antitrust Tools for Multi-Sided Platforms(2018).

[8] Stigler, G. J., *The Theory of Economic Regulation*, 2 Bell Journal of

Economics3(1971).

[9] Tina Hart & Linda Fazzani, *Intellectual Property Law*, Macmillan Press Ltd., 1997.

[10] Werden, G., *Why (Ever) Define Markets? An Answer to Professor Kaplow*, 78 Antitrust Law Journal 729 (2012).

后　记

收笔之际，难掩欣喜之情，但又觉得怅然若失，尤有未尽之意。

犹记得2020年受疫情困扰，被迫闲住宅内，整理过往教学资料，偶然间萌生了写本书的想法，但随后的工作调动和相关法律法规的修改使这一写作陷入停顿。后来，经过陆陆续续地写作和研究，2022年年底才终于完成本书的初稿，后几经修改才得以完善，其仍有所不足，期待各位读者提出批评指正以便后续完善。

我国的市场经济发展迅速，相应地导致了我国的经济立法也发展迅速，尤其是数字经济的快速发展给竞争法律的规制带来了极大的挑战。为进一步回应市场经济发展的需要，竞争法界同人从各个角度对我国的竞争法律制度进行了研究，进一步丰富了我国的竞争法律体系建设。作为一名后来者，这些年，我脚步匆匆地行走在竞争法律制度研究的学术道路上，不时虽会有所迷茫，但仍不忘初心，踱步慢行。《竞争法研究》一书既是对我过往研究的一个总结，也是我研究路上的一个新起点。回望过去，犹记得自己初入竞争法学界的蹒跚学步；展望未来，希望自己能继续深耕，不断推陈出新。

最后，我要特别感谢老一辈竞争法学者在中国竞争法领域上的探索，让我辈能站在“巨人的肩膀上”成长起来，感谢多年来一直支持自己的家人、师长、同学、同事和朋友，感谢为本书做出贡献的每一个人。

肖小梅

2023年8月